여러분 덕택입니다

신한은행 창업주
이희건 회고록

나남
nanam

신한은행 창업주 이희건 회고록

여러분 덕택입니다

2022년 6월 29일 발행
2022년 6월 29일 1쇄

지은이   이희건
발행자   趙相浩
발행처   (주)나남

주소   10881 경기도 파주시 회동길 193
전화   031-955-4601(代)
팩스   031-955-4555
등록   제1-71호(1979.5.12)
홈페이지   www.nanam.net
전자우편   post@nanam.net

ISBN   978-89-300-4112-6
         978-89-300-8655-4(세트)

신한은행 창업주
이희건 회고록

여러분 덕택입니다

나남
nanam

발간사

이희건 한일교류재단 이사장
류시열 (柳時烈)

2022년 7월 7일이면 신한은행이 창립된 지 40주년이 됩니다. 신한은행 창립을 주도하신 고故 이희건李熙健 명예회장께서는 재일교포 기업인들을 탁월한 리더십으로 뭉쳐 모국에 은행다운 은행을 세우는 일에 앞장서셨습니다.

1917년 경북 경산에서 태어난 이 명예회장께서는 15세 유년시절에 맨손으로 일본으로 건너가 생활전선에 뛰어들었습니다. 온갖 험난한 역경을 뚫고 오사카大阪에서 금융인으로 우뚝 서셨고, 그 여세를 몰아 재일교포 주주들을 주축으로 한 신한은행을 1982년 7월 7일 한국에 세우기에 이르렀습니다.

이 명예회장께서는 일생을 '금융보국金融報國'에 헌신하셨고 또 재일교포 사회 발전에 앞장서시다 2011년 3월 21일 별세하셨습니다.

그분은 한국과 일본의 금융계에 커다란 족적足跡을 남기셨지만 생전에 자신의 업적을 과시하지 않으셨습니다. 회고록이나 자서전을 쓰시라는 주위의 권고를 오랫동안 고사하셨습니다. 이런 종류의 책이라면 으레 미화美化되기 마련이라며 손사래를 치신 것입니다.

4

그러다 말년에 들어서는 후세에 도움이 될 만한 체험이나 경영철학이라면 기록으로 남길 필요가 있다고 판단하여 구술하셨습니다.

그 구술 기록, 숱한 국내외 관련자들의 증언, 그의 육성을 옮긴 언론 인터뷰기사 등을 재구성하며 '이희건 회고록'을 발간합니다. 증언에 적극적으로 참여하신 유족과 주변 여러 인사분들께 머리 숙여 감사드립니다.

이 명예회장께서는 단순히 '성공한 금융인'의 차원을 넘어 아직도 후진적인 우리 금융 풍토에서 '고객이 주인'인 경영철학을 실천에 옮긴 혁신가이셨습니다. 또 재일교포의 권익 향상을 위해 온몸을 던졌기에 동포들에게 든든한 정신적 지주 역할을 하신 분입니다. 이와 함께 한일 양국의 우호적인 교류사를 재현한 '사천왕사 왔소'라는 문화행사의 전통을 남기셨습니다.

아무쪼록 이 회고록 발간을 계기로 이 명예회장의 치열했던 일대기가 재조명되고 그분의 염원인 한일 우호 증진이 이루어지기를 간절히 기원합니다. 늦게나마 정리한 이 책을 명예회장님의 영전에 머리 숙여 바칩니다.

2022년 6월

추천사

신한금융지주회사 회장
조용병(趙鏞炳)

무수히 많은 기억 중 유독 또렷한 장면들이 있습니다. 단어 하나하나에서 깊은 통찰을 얻고, 찰나刹那의 순간이 억겁億劫의 시간으로 남기도 합니다. 모든 직원이 모인 자리, 먼발치에서 들었던 이희건 명예회장님의 뜨거운 연설이 그렇습니다. 확신에 찬 눈빛과 진심을 담은 음성이 가슴속에 각인되어 중요한 순간마다 선명한 가르침으로 떠오릅니다. 제 집무실 책상 위 가장 잘 보이는 곳에는 명예회장님이 남기신 50훈訓이 놓여 있습니다. 50개의 글귀에 담긴 지혜는 경영의 지침서가 되어 후배가 마주하는 수많은 갈림길에 명쾌한 방향을 제시하고 있습니다.

팬데믹의 혼돈과 국제 정세의 불확실성을 경험한 지금, 명예회장님의 회고록 발간은 무척 반갑고 감사한 소식입니다. 꿈을 향한 일관된 열정은 위기의 해법을 제시하고, 주변을 돌보는 나눔은 자칫 분주함을 핑계 삼아 지나칠 수 있는 공감의 가치를 깨닫게 합니다. 역경을 성공으로 이끈 추진력은 이 시대 모두의 삶에 크고 작은 의미를 남길 것입니다. 화려함으로 치장한 위인전이 아닌 응원과 격려를 전하는 따뜻한 산문집을 읽는 느낌입니다. 많은 이들의 고민을 풀어주는 단비 같은 이야기가 담겨 있습니다.

소년 시절부터 시작한 타국에서의 삶은 참으로 고되고 험난했을 것입니다. 차별과 편견을 겪으며 우리 민족과 고향 산천에 대한 그리움에 사무쳐 눈물로 지새운 날도 많았을 것입니다. 시대를 읽는 혜안을 갖추고 어엿한 기업인으로 자리 잡은 이후에도 고국을 향한 마음은 한순간도 변하지 않았습니다. 우리 현대사의 중요한 순간마다 재일교포 기업인들의 염원을 한데 모아 도움의 손길로 함께해 왔습니다. '금융보국'과 '고객중심'의 철학은 오늘날 신한금융그룹의 근간이 되어 많은 후배들의 마음에 굳건히 새겨져 있습니다.

이번 자서전이 나오기까지 수고해 주신 모든 분들께 깊이 감사드립니다. 책장을 넘기는 내내 명예회장님의 힘찬 육성을 다시 듣는 것 같아 큰 힘이 되었습니다. 이제 신한의 전설을 넘어 시대의 스승으로 기억될 것이라 확신합니다. 고인이 걸어온 공감과 헌신의 삶이 한일 양국에 널리 알려져 지친 이들에게 위로를, 도전하는 모두에게는 용기를 가져다주길 기대해 봅니다.

2022년 6월

나는 자화자찬自畵自讚을 민망스럽게 여긴다. 내가 하는 일은 성과로서 평가받으면 그만이지 과대포장하여 과시용으로 쓰이는 것을 탐탁잖게 생각한다. 그래서 오랜 세월 금융인, 단체장 등으로 활동하면서 언론 인터뷰를 가급적 사양했다. 사내 공식행사에서도 축사는 가급적 짧게 했으며 미사여구가 그득한 스피치 원고 대신에 즉흥 연설을 하곤 했다.

지인이나 회사 임원들은 "대표자의 이미지가 기업 가치에도 영향을 미치니 신문, 방송에 자주 나오면 좋겠다"고 건의했다. 그럴 때마다 나는 "금융서비스의 질을 높이는 게 우선"이라며 가급적 사양했다.

남이 알아주지 않아도 화내지 않으면 이 또한 군자 아니겠는가?

人不知而不慍 不亦君子乎

《논어》 학이學而 편에 나오는 이 구절의 유가적 가치관에 영향을 받았을까? 나는 자랑하러 얼굴을 내미는 게 영 쑥스럽다. '판사는 판결문으로 말한다'는 경구警句를 원용하자면 '금융인은 경제정의를 바탕으로 한 경영실적으로 말한다'가 어울리지 않으랴?

성공전략이나 경영철학을 책으로 묶어내는 일도 면구스럽기는 마찬가지였다. 한때 잭 웰치Jack Welch, 리 아이아코카Lee Iacocca 등 미국의 유명 경영인들은 자신의 활약상을 요란하게 소개한 자서전 출간으로 자기 '몸값'을 높이기도 했다. 나는 경영인들의 자서전, 회고록을 즐겨 읽기는 하지만, 내가 쓰겠다는 마음은 선뜻 들지 않았다.

그러다 1986년 2월 삼성그룹 창업자인 호암 이병철李秉喆, 1910~1987 회장님의 자서전《호암자전》을 읽고 큰 감명을 받아 내 심경에도 약간의 변화가 생겼다. 그분의 삶과 사업을 담담한 필치로 그렸기에 더욱 공감이 갔다. 호암의 3대 경영철학인 사업보국事業報國, 인재제일, 합리추구 등이 나의 지론과도 흡사했다.

기업인, 특히 창업자가 쌓은 오랜 경륜의 기록이 후세 경영인에게 적잖은 도움이 될 수 있겠기에 나도 기록을 남길 필요성을 어렴풋이 느끼기 시작했다.

1998년 3월 현대그룹 창업자인 아산峨山 정주영鄭周永, 1915~2001 회장님의 자서전《이 땅에 태어나서》를 심독心讀하고는 내 심장이 뛰는 소리가 들렸다. 갖은 풍파를 헤치고 일어선 그분의 활화산 같은 도전정신에 감명받았기 때문이다. 서울올림픽을 유치한 주인공인 정 회장님과 재일교포의 올림픽성금 건 때문에 몇 차례 만나면서 그분의 열정에 감동했다.

호암, 아산, 이들 두 거목 기업인은 나에게 언제나 '큰바위 얼굴'이었다. 나보다 연상인 이분들과 수십 년 세월 동안 교유하며 가형家兄 같은 친근감을 느꼈기에 그분들의 회고록은 나에게도 큰 자극제가 되었다.

상인의 도덕성을 설파한 일본의 경세가 이시다 바이간石田梅岩, 1685 ~1744 선생을 오래 사숙私淑했는데, 그분의 가르침과 내 깨달음을 아울러서 정리하고 싶기도 했다.

나도 언젠가 내 삶을 술회述懷하는 소책자를 남기고 싶다는 열망이 생겼다. 하늘에서 뚝 떨어진 행운이 아니라 치밀한 계획, 풍부한 상상력, 끈기 있는 추진력의 산물임을 역설하고 싶었다.

막상 회고록을 쓰자고 하니 역사의 엄중함에 숙연해진다. 궁형宮刑을 당하면서도 진실을 기록하려 발분發憤한 사성史聖 사마천司馬遷의 기개를 내가 가졌을까. 부끄러운 일탈 행위까지도 가식 없이 드러낸 '미국 건국의 아버지' 벤저민 프랭클린Benjamin Franklin, 1706~1790의 진솔성을 나도 발휘할 수 있을까. 그런 부담감을 안고 가능한 한 솔직하게 털어놓으려 노력했다.

나의 경영철학은 '성誠, 신信, 인忍'이라고 요약할 수 있다. 성실하게 최선을 다하고, 상대방이 나의 신용을 믿도록 하며, 일이 완성될 때까지 인내한다는 뜻이다. '지성이면 감천'이란 가치관과 일맥상통한다.

나는 수치로 드러나는 경영실적보다도 상호존중하는 조직, 품위 있는 사회, 격조 높은 국격國格 등 무형의 가치를 더 중시한다. 그렇더라도 나는 공리공론空理空論은 배격하며 실천 가능한 덕목을 추구한다. 지행합일知行合一을 설파한 왕양명王陽明의 철학에서 영향을 받았기 때문이다.

여러 성현의 통찰력, 고전의 가르침, 경영현장에서의 깨달음 등을 내 나름대로 소화하여 50개 항목으로 정리한 '오십훈五十訓'이 여러 경영인과 혁신을 꿈꾸는 젊은이들에게 조그마한 도움이라도 된다면 다행이겠다.

이 회고록은 나의 개인사이지만 다른 한편으로는 나와 '신한금융그룹'을 존재하게 한 '한일 100년사'이기도 하다. 이 시대를 살아간 세대의 파란만장한 체험의 편린片鱗들도 곳곳에 배치했다. 여기에 실명으로 등장하는 인물은 대체로 나와 각별한 인연을 가진 분들이다. 일일이 거명하지는 않았지만 오늘날 '신한금융그룹'을 이룩하는 데 기여한 수많은 고객과 임직원들에게 머리 숙여 감사드린다.

사람의 기억력이란 게 오묘해서 오랜 옛날의 사소한 일은 생생하게 떠오르는가 하면, 근래 겪은 중요한 일은 오히려 생각나지 않기도 했다.

여러 후세 금융인과 신한금융그룹 임직원이 앞으로 걸어가야 할 글로벌 금융환경의 험난한 길에서 이 졸저가 작은 등불이나마 되기를 소망한다.

이 희 건

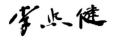

차 례

1
청운의
꿈을 품고

2
현해탄의
파도를 넘어

3
오사카흥은

청운의
꿈을 품고

1

그리운 고향 경산

깡촌 마을

산자수명山紫水明이라 했던가. 나의 태지胎地인 경북 경산군 압량면 가일
리 마을은 그렇게 산이 깊고 물이 맑았다. 요즘엔 경산시로 행정지명
이 바뀌고, 대구 바로 옆인 데다 지하철 노선도 생겨 번듯한 도회지이
지만, 내가 태어나 자랄 때는 전기도 들어오지 않는 '깡촌'이었다.

1917년 6월 29일 나는 이 마을 137번지의 허름한 농가에서 아버
지 순천 이씨順天李氏 이은화李殷和, 1868~1932 공, 어머니 강진 안씨康津安氏
안이생安二生, 1891~1960 여사 슬하의 4남 2녀 가운데 셋째로 태어났다.
만 나이로 당시 아버지는 48세, 어머니는 26세였다. 손위로는 형님 희
복熙福과 누님 필련畢連, 손아래로는 여동생 일련日連, 남동생 희로熙魯와
희란熙蘭이 있다.

산이 깊고 물이 맑은 아름다운 마을이라지만 계곡 사이의 구릉이어서
농토가 부족했다. 너른 평야가 없고 마을 일대의 좁은 논은 모조리 천
수답天水畓이었다. 150여 가구가 옹기종기 모여 사는 곳이어서 이웃끼

리 화목하게는 지냈지만, 가난을 천형天刑처럼 여길 수밖에 없었다.

가뭄이라도 들면 아낙네들은 삼삼오오 물동이를 머리에 이고 남정네들은 항아리를 등짐에 지고, 논에서 몇 km 떨어진 오목천五木川까지 걸어가 물을 길어 와야 했다. 하지만 그걸로 대지의 목마름을 달래기엔 역부족이었다. 마냥 하늘만 쳐다보며 비가 내리기를 기다렸으니 풍년을 기대하기가 어려웠다. 벼 줄기 하나에 곡식 낱알이 10여 알 달릴까 말까 한 때도 있었다.

마을 안팎에 대추나무가 많아 그나마 다행이었다. 어떤 집에서는 대추나무를 많이 키워 그 열매를 팔아 돈을 벌기도 했다. 훗날 경산은 전국에서 대추를 가장 많이 생산하는 고장이 된다.

초근목피

요즘 사람들은 상상도 하지 못할 초근목피草根木皮란 말을 나는 어려서 자주 들었고 가끔 체험도 했다. 문자 그대로 '풀뿌리'와 '나무껍질'인데 먹을 식량이 모자라 이런 것을 야산에서 채취해 끼니를 때우는 것이다.

내가 어릴 때 우리 집은 그만큼 가난하지는 않았는데 이웃에서는 이런 경우가 흔했다. 춘궁기가 되면 식량이 떨어진 집에서는 먹거리를 구하기 위해 부녀자, 아이들이 총동원되어 산으로 올라가 소나무 가지를 꺾어 왔다. 나뭇가지 껍질을 벗겨 안에 있는 즙을 빨아 먹었다. 약간 달콤한 맛이 난다. 나뭇가지를 말렸다가 물에 불려 즙이 우러 나면 또 빨아 먹는다.

어떤 사람들은 소나무 즙만으로는 허기를 달래지 못해 부드러운 나무 속살을 삶아 먹기도 했다. 아이들은 삶은 나무를 먹고 소화를 시키지 못해 배변할 때 항문이 찢어지기도 했다. '찢어지게 가난하다'라는 말이 여기서 유래되었다. '보릿고개는 태산보다 높다'는 말도 있었다.

흉년 이듬해에는 춘궁기春窮期가 더 길어지게 마련이다. 임산부는 제대로 먹지 못해 젖이 마르고 아기는 영양실조로 몸이 쪼그라들었다. 대여섯 살 되는 아이들은 영양 부족으로 팔다리는 가늘고 배는 볼록 튀어나왔다. 요즘 아프리카 빈민촌에서 보이는 굶주리는 아이들 모습과 흡사하다. 부녀자들도 오래 굶으면 얼굴이 싯누렇게 변하는데 이를 부황浮黃이라 했다. 한국에서 이 단어는 아마 사어死語가 됐으리라.

우리 어머니는 워낙 부지런하고 준비성이 철저한 분이라 해마다 가을이 되면 도토리 줍기에 전력을 기울였다. 마을 뒷산을 헤집고 다니며 도토리, 밤을 주워 왔다. 도토리는 쓴맛 때문에 바로 먹지 못하고 물에 며칠 동안 담가놓아야 한다. 껍질을 벗긴 도토리 알맹이로 전분을 만들어 겨울 식량으로 먹었다. 나도 어머니를 따라 도토리, 밤을 주우러 바지런히 다녔다.

새까만 겨울옷

내가 어릴 때에는 한국의 농사꾼 대다수는 의복을 자주 갈아입을 형편이 되지 못했다. 추석이 지나면 겨울옷을 마련하여 이듬해 봄이 올 때까지 한 벌로 세탁도 하지 않고 주야장천晝夜長川 입는 게 예삿일이었

1960년대 초 경산 고향마을 전경을 찍은 사진을 토대로 그린 유화.

다. 겨울이 지나면 원래 하얗던 옷에 때가 묻어 새까맣게 변하는데 그
래도 갈아입을 다른 옷이 없었다. 겨울철엔 목욕하기가 어려워 몸과
옷에서 악취가 풍겼다. 우리 집에서는 어머니가 워낙 깔끔한 분이라
겨울에도 옷을 빨아 아이들에게 깨끗한 옷을 입혔다. 부엌에서 물을
데워 목욕도 자주 했다.

　당시에 농촌 지역에서는 주거환경이 열악했다. 대부분이 초가여서
지붕에 얹은 볏짚 아래에 벌레들이 버글거렸다. 방바닥에 장판을 깔
형편이 못 돼 짚더미를 깐 집도 수두룩했다. 벽지를 바를 사정이 되지
못해 황토를 그대로 둔 집이 허다했다. 가난한 집에서는 방바닥 짚더

미에서 굼벵이가 꿈틀거리기도 했다.

그렇게 곤궁한 곳이었지만 그래도 나는 어린 시절을 보낸 고향 마을
이 그리워서 훗날인 1960년대 초에 사진 예술가를 보내 마을 일대를
촬영하게 했다. 또 화가에게 의뢰하여 그 사진을 토대로 마을 전경을
유화로 그리도록 했다. 내가 죽마고우竹馬故友와 함께 뛰놀던 마을 앞동
산도 그림으로 재현했다.

　한국에 오면 내가 숙박하는 서울 명동 로얄호텔 1418호 벽에 걸린
그림 두 점을 쳐다보며 어린 시절을 회상하곤 했다.

서당에서 깨달은 세상 이치

서당 입학

어릴 때 우리 집 이웃에 곧 허물어질 듯 낡은 기와집이 있었다. 마당에는 잡초가 무성하고 담장은 오래 손질하지 않아 군데군데 허물어진 상태였다. 귀신이 나올 것 같은 흉가로 보였는데 이곳이 서당이었다.

내가 6세 때 동짓날에 아버지가 내 손을 잡고 서당으로 데려갔다. 나는 무서워서 벌벌 떨면서 서당 안으로 들어섰는데 훈장 선생님을 보곤 기절할 뻔했다. 찌그러진 망건을 쓰고 컴컴한 방 안에 앉은 노인이 부릅뜬 눈으로 나를 쏘아보는 것 아닌가. 더욱이 훈장 선생님은 안경을 썼는데, 나는 안경이라는 물건을 처음 보았다.

훈장 선생님과 아버지는 맞절을 하며 서로 예의를 표시했다. 아버지는 훈장 선생님에게 뭐라고 말씀하셨는데, 아마 "저희 차남을 잘 가르쳐 주십시오!"라고 부탁했으리라.

아버지가 나를 서당에 맡기고는 집으로 돌아가시자 더욱 무서워졌다. 그러나 다행히 주변에 내 또래 아이들이 일고여덟 명 앉아 있는 데다 컴컴했던 방이 좀 훤하게 보여 공포감이 줄어들었다. 벽에는 한문이 그득한 족자들이 걸려 있었다.

"금생여수金生麗水요, 옥출곤강玉出崑岡이라!"

훈장 선생님이 큰 소리로 선창하자 아이들이 복창했다. 나도 아무 뜻도 모르면서 따라했다. 다른 아이들은 나보다 한두 살 위였다.

"한래서왕寒來暑往이요, 추수동장秋收冬藏이라!"

훈장 선생님은 수염이 기다랗고 몸이 깡말라 곧 돌아가실 것처럼 보이는 노인인데도 목소리는 우렁찼다. 나도 화답하느라 고함치듯 소리를 높였다.

재미있는 훈장 선생님

서당에 가던 첫날은 그렇게 떨렸는데 자꾸 다니다 보니 흥미진진했다. 훈장 선생님은 보기와는 달리 아이들을 살갑게 대해 주었고, 유머 감각도 뛰어났다. 아이들이 지루해할 때면 옛날이야기를 들려주었는데 만담가漫談家처럼 등장인물의 목소리를 다양하게 변화시켰다. 그분이 요즘 태어났다면 아마 유명한 코미디언으로 활약했으리라. 지금도 기억나는 이야기 줄거리는 다음과 같다.

안동 도산서원 아랫마을에 '어흠 선생'이란 선비가 계셨다. 하도 근엄하게 몸가짐을 가지며 '어흠!'이라 헛기침을 자주 하기에 이런 별명이 붙었단다. 동네 사람들이 모여 이 선비를 웃게 하면 쌀 한 가마니를 주기로 하는 내기를 벌였지. 그러나 아무도 어흠 선생을 웃기지 못했다. 그때 어느 나그네가 '어흠 선생이 춤까지 추도록 하겠으니 쌀 두 가마니를 주시오'라고 제의했다. 동네 사람들은 설마 그러랴 하며 쌀 두 가마니를 마련했다.

나그네는 선비를 찾아가 큰절을 올리며 인사했다. 선비가 나그네에게 어느 마을에서 왔느냐 물으니 나그네는 '두둥'에서 왔다고 대답했다. 선비는 '두둥'이 처음 듣는 지명이어서 고개를 갸우뚱했다. 그러면서 입으로 '두둥? 두둥? 두둥?'이라는 말을 반복해서 내뱉었다. 이를 지켜보던 마을 사람들은 선비가 노래를 부르며 어깨춤을 추는 것으로 알았다. 나그네는 쌀 두 가마니를 받고 떡을 만들어 마을 사람들에게 도로 내놓았다.

훈장 선생님의 이야기에는 언제나 재미뿐 아니라 교훈이 담겨 있었다. '하늘이 무너져도 솟아날 구멍이 있다'는 속담 따위도 자주 들려주었다.

서당에서는 놀이로 공부하는 경우도 많았다. 승경도陞卿圖놀이가 대표적으로 큼직한 종이에 정일품正一品에서 종구품從九品까지 벼슬자리를 그려 놓고 구슬을 굴리며 놀았다. 여러 품계 관직을 익히는 놀이였다.

'원놀이'라 하여 고을 원님이 재판하는 장면을 재현하는 놀이도 했다. 모의재판인 셈이다. '고을모둠놀이'는 전국 지명을 익히는 놀이였다.

화승작火繩作은 손가락 길이의 심지에 불을 붙여 이 심지가 다 타기

전에 재빨리 글을 짓는 놀이였다. 서당의 학동들이 글을 짓는 실력까지는 갖추지 못했기에 훈장 선생님이 주로 시범을 보여 주었다.

《격몽요결》 배워 바른 몸가짐

'立春大吉 建陽多慶'

봄이 되면 곳곳에 이런 글씨가 나붙었다. 어른들은 큰 소리로 '입춘대길 건양다경이라!'고 읽었다. 크게 길吉하고 경사스러운 일이 많기를 바라는 내용이었다. 나는 《천자문》 책을 뒤지며 '봄 춘春' 자를 찾았으나 보이지 않았다.

"훈장님! 《천자문》에 '봄 춘' 자가 안 보이는데예?"

"그래, 니 말이 맞다. 원래 없단다."

아버지가 월사금月謝金으로 지게에 쌀 한 자루를 실어 서당에 왔을 때 훈장 선생님이 아버지에게 나를 칭찬했다.

"아드님이 엄청시리 총명합니더! 율곡栗谷 선생님이 어릴 적에 《천자문》에 '봄 춘' 자, '북녘 북北' 자가 없다고 지적했다 카데예."

1년가량 서당을 다닌 끝에 《천자문》을 모두 암송하기에 이르렀다. 모래를 담은 나무상자를 무릎 앞에 놓고 나뭇가지를 붓 삼아 글씨를 썼다. 종이가 귀한 때여서 그렇게 했다. 가끔 종이가 생기면 벼루에 먹을 갈아 붓으로 글씨를 쓰면 마음이 편안해졌다. 서예 대가 한석봉韓石峯, 1543~1605 선생의 서체를 따라 수백 번 썼다.

가을걷이가 한창일 무렵에 내가 천자문을 뗐다 하여 세책례洗冊禮
가 열렸다. 구어口語로는 '책거리'라고 하는 이 행사는 학업 성취를 축
하한다는 의미를 지니고 스승의 가르침에 보답하는 격식을 갖춘다.
그날 어머니는 팥, 콩, 깨가 든 송편을 만들어 큰 소쿠리에 담아 서당
에 가져왔다. 훈장과 학동들은 송편을 나누어 먹으며 "참 맛있네!"라
고 감탄사를 연발했다. 송편은 지혜를 담는 상징이었다.

훈장 선생님은 나에게 격려 겸 당부 말씀을 하셨다.

"욕 봤데이! 인자(이젠) 《소학》, 《명심보감》, 《격몽요결》도 차근차
근 읽어야제!"

천자문을 뗐다지만 입으로 낭송할 줄 아는 정도이지 뜻은 제대로
이해하지 못했다.

'망담피단罔談彼短 미시기장靡恃己長'은 '남의 단점을 말하지 말고 자
기 장점을 믿지 말라'는 뜻이므로, 어린 아이에게도 어렵지 않은 내용
이다. 그러나 '유곤독운遊鯤獨運 능마강소凌摩絳霄'는 '노니는 큰 물고기가
붕鵬새로 변신하여 붉은 하늘로 날아간다'는 뜬구름 잡는 내용이어서
알기 어려웠다.

어른이 되어 천자문을 살펴보니 동양의 지혜를 사자성어 250개로
축약한 난해한 내용이어서 어린이의 학문 입문入門교재로는 적절치 않
았다.

율곡의 《격몽요결擊蒙要訣》은 청소년의 올바른 몸가짐을 제시한 책인
데 오랫동안 내 머리에 남은 요점은 '다른 사람을 만날 때 상대를 존중

하라', '많이 배웠다고 우쭐거리거나 힘이 세다고 남을 업신여기면 안된다' 등이다.

훈장 선생님은 곰방대에 담뱃잎을 채워 넣고 화로에서 불을 붙여 담배를 피웠다. 담배 연기가 서당 안에 꽉 찼다. 훈장 선생님의 서안書案에는 회초리가 놓여 있었다. 다행스럽게도 우리 훈장 선생님은 그 회초리로 서안이나 방바닥을 탁탁 쳤을 뿐 아이들의 종아리는 때리지 않았다.

서당에 1년간 다닌 후 보통학교에 가려 했으나 우리 마을에는 학교가 없어 멀리 자인면慈仁面까지 가야 했다. 어린 내가 가기에는 거리가 너무 멀어 서당에 2년간 더 다녔다. 나는 서당에서 3년간 지식체계의 기초를 다진 셈이다.

몸가짐과 마음자세를 가르친《격몽요결》에서 평생 실천할 덕목을 배웠다. 옷차림을 깨끗이 하고 허리를 꼿꼿하게 펴는 습관은 이때부터 몸에 뱄다. 성인聖人이 되는 10가지 공부법을 그림으로 그린 퇴계 이황李滉, 1501~1570 선생의《성학십도聖學十圖》도 내 삶에 큰 자양분을 주었다.

출생년 1917년 … 격동의 세계

어느 해이고 중요하지 않은 때가 있으랴만, 내가 태어난 1917년은 그래도 더욱 각별한 시기였다. 러시아에서는 황제를 내쫓은 혁명이 일어났고 유럽에서는 제1차 세계대전이 벌어지고 있었다. 지구 반대편인 조선 땅 경산의 산골짜기에서는 엄마 뱃속에서 내가 꿈틀거리고 있을 때였다.

나는 자라면서 나의 출생년에 관한 역사의식 때문에 세계사에 대한 관심이 컸다. 역사책을 즐겨 읽고 자식이나 손자들에게 그 내용을 가끔 들려주었다. 특히 러시아 혁명이 발발하던 장면을 그린 역사서적을 꺼내 장남 승재勝載 앞에서 낭독하곤 했다.

"러시아에서는 1905년 1월 22일 이른 아침에 수만 명의 노동자들이 페테르부르크 동궁冬宮 광장에 몰려들었다. 이들은 성상聖像과 황제 초상을 들고 '배고파 못 살겠다!'고 외치며 개혁을 요구했다. 황제는 그때 궁에 없었다. 경찰과 군대는 노동자들의 평화적 시위를 용인하지 않고 무차별 발포했다. 광장의 하얀 눈더미는 사상자들의 선혈로 벌겋게 물들었다. '피의 일요일 사건'이다. 사망자는 600여 명, 부상자는 수천 명이었다. 황제는 개혁을 약속했으나 그 후 이행되지 않았다.

러시아는 제1차 세계대전에 참전했는데 전사자들이 속출하고 물자 부족이 심각해지자 국민들의 불만이 높아갔다. 1917년 3월 수도 상트페테르부르크에서는 노동자와 군인들이 전쟁 중지를 요구하는 한편 '전제정치 타도!'를 외쳤다. 마침내 황제(차르)가 물러나고 임시정부가 발족했다. 이를 '3월 혁명'이라 한다.

그러나 임시정부가 전쟁을 그치지 않고 토지개혁을 미루자 레닌을 앞세운 볼셰비키(다수파라는 뜻이며 급진파)가 무장봉기를 일으켜 임시정부를 무너뜨리고 소비에트 정부를 수립했다. 이를 '11월 혁명'이라 부른다. 이런 러시아 혁명의 영향 때문에 영국, 프랑스, 아시아,

아프리카 여러 나라에서는 사회주의 물결이 몰아치기 시작했다."

1917년에 태어난 동갑내기 가운데 국내외에 저명한 인사가 적잖다. 외국인으로는 미국의 존 F. 케네디 대통령, 필리핀의 페르디난드 마르코스 대통령, 저명한 역사학자 에릭 홉스봄 교수 등이 돋보인다. 한국인으로는 박정희朴正熙 대통령, 정일권丁一權 국무총리, 윤이상尹伊桑 작곡가, 윤동주尹東柱 시인, 김순남金順男 작곡가, 장욱진張旭鎭 화가, 홍진기洪璡基 〈중앙일보〉 회장, 이동욱李東旭 〈동아일보〉 회장 등 각계의 거물이 즐비하다. 김소희金素姬 명창, 김자경金慈璟 성악가 등 여성 음악가도 있다.

　같은 연도에 태어났다는 이유만으로 나는 이 저명인사들에 대해 오랜 세월 동안 관심을 가졌다. 그들은 어디에서, 어느 부모 아래에서 태어났으며 어떻게 성장했을까. 그들은 험난한 역경을 어떻게 이겨냈을까. 그들에 관한 기사가 신문에 보도되면 유심히 읽었다. 박정희 대통령과는 소년 시절에 잠시나마 한솥밥을 먹기도 했다. 이 사연은 후술하겠다.

바깥 세계에 눈뜬 아이

보통학교 입학

1925년 7~8월에 전국에 엄청난 물난리가 났다. '을축乙丑 대홍수'였다. 한강이 넘쳐 경성(서울) 일대가 물바다가 됐다는 뉴스가 전해졌다. 경산에서도 폭우가 쏟아져 우리 마을도 물바다가 됐다. 평소에 건너던 마을 개천에 싯누런 빗물이 흘러 넘쳐 어디가 개천이고 어디가 땅인지 구별할 수 없었다.

그해 전국적으로 600명 넘게 물에 빠져 숨졌다. 집이 부서지고 농사를 망친 것은 말할 것도 없다. 어린 시절이지만 자연재해의 무서움을 실감했기에 세월이 흘러도 오래 기억한다.

1926년 만 9세 때 나는 우리 집에서 6km나 떨어진 자인보통학교에 입학했다. 왕복 12km인데 산을 넘고 개천을 건너야 하므로 어린 나에게는 등하교가 고행이나 마찬가지였다. 그래도 배우는 게 즐거워서 그런 고생쯤은 기꺼이 감수했다. 서당과 결별하고 근대식 학교에서 공부하게 된 셈이다. 혼자서 걸어갈 나이가 됐다.

모든 수업은 일본어로 진행됐다. 1주일에 두 번 있는 조선어 수업에서만 한국말을 썼다. 국어는 일본어, 국사는 일본사였다. 한국사는 거의 배우지 않았다. 역사 교과서에는 그나마 퇴계退溪, 율곡栗谷은 나왔다.

보통학교 1학년 때인 1926년 12월 어느 겨울날, 얼음이 꽁꽁 언 연못에서 썰매놀이를 하다 집에 돌아왔을 때다. 손님들이 아버지와 함께 두런두런 얘기를 나누고 있었다.

"대정大正이 죽었네."

이런 말이 들리기에 부엌에서 아궁이에 잔솔가지로 불을 때며 저녁밥을 짓고 있는 어머니에게 물었다.

"대정이 누굽니꺼?"

어머니는 매캐한 연기 탓에 잔기침을 콜록거리며 대답했다.

"니는 모를끼다. 저 … 바다 건너 … 일본 … 콜록!"

이튿날 학교에 가 보니 일장기에 검은 띠를 단 조기弔旗가 걸려 있었다. 알고 보니 일본천황 요시히토嘉仁 다이쇼大正 별세 소식이었다. 그때 어른들은 '다이쇼'라는 일본어 발음 대신 '대정'이라 불렀다. 당시의 조선총독 사이토 마코토齋藤實도 한국인 어른들은 '재등실'이라 말했다. 다이쇼에 이어 쇼와昭和 천황 히로히토裕仁가 등극했다.

힘든 학교 조회

산수 과목도 당연히 일본어로 배웠다. 2학년 때 외운 구구단이 내 입에는 평생 일본어로 남아 있다.

"산 시 주니$3 \times 4=12$, 시 로쿠 니주시$4 \times 6=24$ ⋯ ."

쉬는 시간에나 방과 후에는 친구들과 한국말로 대화하는 이중 언어생활이 시작됐다. 집에서는 가족끼리 한국말을 썼지만 숙제할 때는 입에서 일본어가 중얼중얼 튀어나왔다.

3학년 때 일본 역사를 배웠는데 맨 앞에는 일본 천황의 조상 아마테라스 오미카미天照大神의 이야기가 나온다. 역사 교과서 앞부분에 초대 천황인 진무神武가 활을 쏘는 모습 그림이 실려 있었다. 진무부터 124대 쇼와 천황까지 모든 천황의 이름을 외워야 했다. 암송 시험이 기말고사였다.

국어 교과서에는 국민 영웅으로 노기 마레스케乃木希典, 1849~1912 대장과 도고 헤이하치로東鄕平八郎, 1848~1934 제독 등 군인들이 주로 소개되었다.

1929년 우리 마을에 압량보통학교가 문을 열어 나는 4학년부터는 이곳으로 다녔다. 집에서 멀지 않은 데다 내 덩치도 커져 이젠 가벼운 발걸음으로 학교에 갈 수 있게 되었다.

학교 청소는 학생들의 몫이었다. 청소당번 학생 4명은 수업을 마친 직후 교실 마루를 쓸고 물걸레로 닦았다. 청소를 마치고 담임 선생님에게 검사를 맡아 깨끗하다고 판정 받아야 집에 갈 수 있었다.

1년에 2회 장학관이 학교에 시찰하러 오면 며칠 전부터 대청소를 하느라 야단법석이 된다. 교실 바닥과 복도 마루에 양초를 발라 헝겊으로 문질러 반질반질 윤이 나게 했다. 교실 벽면에는 그림이나 글씨를 붙여 보기 좋게 꾸몄다. 운동장에서 잔돌을 줍고 잡초를 뽑았다. 학생들이 그렇게 고생하며 청소했는데도 정작 장학관은 그런 데는 관심도 없는 듯했다. 그는 건성으로 학교를 스윽 둘러볼 뿐이었다.

전교생이 운동장에 모이는 조회 시간은 몹시 힘들었다. 매주 월요일 아침에 학생들은 운동장에 정렬해 일본 천황이 있는 도쿄東京 방향으로 서서 허리를 굽히고 경례한다. 거의 1분 동안 코를 박고 그런 자세를 취한다. 교장의 훈화는 20~30분간이나 지루하게 이어진다. 천황 폐하께 충성을 다 바치라고 강조하는 내용이다.

천황의 생일축하일인 천장절天長節 때는 더욱 엄숙한 의식이 거행된다. 일본 국가인 '기미가요'를 제창하고 교육칙어敎育勅語를 낭송한다. 교육칙어는 1890년 메이지明治 천황이 국민에게 직접 분부하는 형식으로 선포됐으며, 국민의 충성심과 효도정신이 교육의 근원임을 강조한다. 효도, 부부애, 형제애, 준법정신 등 12개 실천 덕목이 명기돼있다. 학생들은 뜻도 제대로 모르면서 교육칙어를 앵무새처럼 읊어야했다. 학교에는 교육칙어 사본을 보관하는 공간이 있는데 이곳을 신성시했다.

이야기 박사 다나카 선생님

일본 히로시마廣島현 출신의 다나카 히로시田中博 담임 선생님은 나에게 세상을 향한 호기심, 동경심을 갖도록 만든 주역이다. 내가 학교에 다닐 때는 담임을 맡았고, 졸업 후엔 교장 자리에 올랐다. 밝고 너그러운 성품을 지닌 다나카 선생님은 동서고금의 신화부터 성인들의 격언까지 온갖 이야기보따리를 풀어헤쳤다.

나는 난생처음 접하는 미지의 세계, 그곳에서 벌어지는 일들이 마냥 신기하기만 했다. 그중에서도 특히 귀를 쫑긋거리게 하는 이야기는 세계사, 세계지리, 각국 풍속담이었다.

선생님은 언젠가 에도江戸시대의 경세가이자 농정가인 니노미야 손토쿠二宮尊德, 1787~1856의 일대기를 들려주었다. 니노미야도 나처럼 가난한 집에서 태어났지만 절차탁마切磋琢磨하여 백성을 구하는 경세제민經世濟民 사상가로 우뚝 섰다는 이야기다. 니노미야가 자필문서에는 김金이라고 서명했다는 이야기를 들을 때는 '이 사람은 한반도에서 건너간 김 씨의 후예가 아닐까?'라고 상상했다.

훗날 내가 일본에서 어느 정도 기반을 잡았을 때 다나카 선생님을 찾아뵈려 했다. 히로시마 쪽에 지인을 보내 수소문했으나 찾지 못했다. 아마 1945년 8월 원폭이 히로시마를 강타했을 때 별세했을 것이란다. 존경하는 스승을 그렇게 잃었으니 세계사의 격랑을 실감했다.

보통학교 5~6학년 때 내 덩치는 여느 어른만큼 컸다. 훗날 내가 장성해서는 키가 175cm에 이르렀는데 일본에 가니 평범한 남성 신장이 160cm쯤 될 때여서 나는 그들보다 머리통 하나만큼 키가 큰 편이었다. 해마다 가을이면 학교에서 운동회가 열렸다. 나는 또래 아이보다 키가 훨씬 크고 힘이 센 편이라 운동회에서 펄펄 날았다. 상품으로 받은 공책, 연필은 동생들에게 나눠 주었다.

세월이 흘러 내가 고향에 갔을 때 마침 압량보통학교에 나의 조카

뻘인 이문재李文載 교장이 봉직하고 있어서 감회가 새로웠다. 나보다 열 살 아래인 그는 내가 고향을 떠날 때는 다섯 살 코흘리개였다. 이웃에 살아 그 아이를 자주 봤는데 초롱초롱한 눈망울이 돋보였다. 머리에 허연 서리가 내려앉은 이 교장을 다시 보니 세월의 무상함이 느껴졌다.

경주 수학여행

6학년 때인 1931년 가을엔 경주로 수학여행을 갔다. 경산역에서 기차를 여러 번 구경하기는 했으나 타 보기는 처음이었다. 기적소리를 울리며 달리는 기차에 몸을 실으니 쾌감은 이루 말할 수 없이 컸다.

경주역에서 내려 여관에 들어가 방 하나에 20명이 잤다. 요, 이불은 때가 꼬질꼬질했고 베개도 모자랐다. 이불 하나를 5명이 덮고 잤는데 양쪽 끝 아이가 서로 이불을 당기는 바람에 가운데 누운 나도 잠을 설쳤다.

석굴암에서 동해의 해돋이를 보려면 새벽 4시 30분에 일어나야 했다. 곤히 잠든 아이들을 선생님이 이불을 휙 들추며 깨웠다.

"기쇼오(기상)!"

여전히 방바닥에 누운 아이들은 선생님의 솥뚜껑같이 두툼한 손으로 뺨을 찰싹찰싹 맞고 잠에서 깨어났다. 아이들은 비몽사몽 상태로 토함산에 올랐다. 출발할 때는 새벽의 찬 기운에 어깨를 움츠렸으나 중턱쯤에 이르니 몸에서 땀이 흘렀다.

석굴암 경내에 들어서자 저 멀리 동해 수평선에서 불덩어리 같은 해가 솟았다. 장엄한 일출 광경을 보니 대자연의 장관에 경탄하지 않을 수 없었다. 햇살이 쏟아지는 석굴암 본존불本尊佛을 보니 마치 활짝 웃는 얼굴 같았다. 어린 마음이지만 법열法悅 비슷한 감동을 느꼈다.

독실한 불교신자인 어머니 영향 때문이기도 했겠다. 어머니는 평소에 마을 부근의 작은 사찰에 가서 우리 가족의 무병장수를 빌곤 했다. 1년에 한두 차례는 내 손을 잡고 걸어서 우리 마을에서 꽤 멀리 떨어진 대구 팔공산 동화사桐華寺에 가서 불공을 드렸다. 어머니는 대웅전에서 백팔배하며 내가 잘되기를 비손했으리라.

나는 어머니와 함께 팔공산 갓바위에도 가끔 갔다. 통일신라 때 만들어진 거대한 석불 앞에는 소원을 빌러 전국에서 모여든 불제자들로 언제나 붐빈다.

"아들을 낳으려면 물동이를 머리에 이고 물을 한 방울도 떨어뜨리지 않고 갓바위까지 올라가 기도드리면 된다."

내가 어릴 때 동네 어른들이 이런 말씀을 하곤 했는데 실제로 갓바위에 올라갈 때 보니 물동이를 머리에 인 여성들이 여럿 보였다.

나는 석굴암에서 느낀 감동을 오랫동안 가슴속에 간직했다. 그 후 어려운 상황에 처할 때마다 활짝 웃는 석굴암 본존불의 얼굴을 연상하면 마음이 편해지고 일도 잘 풀렸다.

경주의 석굴암은 1911년에 발견되었다. 1909년 이미 조선을 통치하던 통감부는 조선의 문화와 역사를 조사 연구한다며 일본 전문가들을 고도古都에 보냈다. 경주에 온 일본인 건축사학자 세키노 다다시關野貞

는 석굴암을 발굴하고 1932년 저서《조선미술사》에서 석굴암을 극찬했다.

의장意匠의 기이함, 구조의 오묘함은 일본·중국에서도 비교할 만한 것을 찾기 어렵다. 석굴의 중앙에는 석연좌石蓮座 위에 석가여래의 좌상을 안치했다. 높이는 약 9척, 무비無比의 걸작傑作이다.

내 고향 경산은 신라 때 국사國師였던 원효元曉, 이두 문자를 체계화한 설총薛聰,《삼국유사》를 지은 일연一然 등 3성현聖賢을 낳은 고장이다. 이들의 위대한 업적에 대해 어릴 때부터 어른들에게서 자주 들었다.

깡촌에서 벗어나

대구사범학교에 응시

1932년 2월 무렵, 보통학교 졸업을 눈앞에 두었을 때다. 어른들이 보는 〈동아일보〉에 만주에 관한 기사가 자주 실렸다. 1931년에 일어난 만주사변으로 일본이 중국 동북부를 장악하였으니 그쪽으로 관심이 쏠리는 모양이었다.

"만주로 가모(가면) 큰 재미를 본다 카던데."

어른들은 삼삼오오 모여 그렇게 수군거렸다. 나는 산골짜기에 살지만 학교에서 다나카 선생님의 이야기를 통해 이미 넓은 세상에 눈을 떴다. 언제까지나 이 좁은 촌 동네에서 살기 싫었다.

그러나 마땅한 돌파구가 보이지 않았다. 부모님은 내가 보통학교를 졸업하면 집안 농사를 돕기를 바라는 눈치였다. 우리 마을의 여느 아이들처럼 ….

그러던 어느 날 다나카 선생님이 나를 불렀다.

"대구사범학교에 응시해 보지 않을래?"

"예? 들어가기 엄청나게 어려운 학교라 카던데예. 아무 준비도 안했심더."

"우리 압량학교 수석 졸업생이 뭐가 겁이 나냐? 며칠 바짝 앉아 총정리하면 되지."

"먼저 부모님한테 허락을 받아야 합니더."

아버지는 썩 내키지 않는 반응이었다. 마음 같아서는 보내고 싶지만 학비 때문에 걱정인 모양이었다.

"사범학교는 수업료가 모두 면제되고 성적 우수자는 기숙사비도 내지 않아도 된다고 합니더."

"누가 그라더노?"

"학교 선생님이 말씀하셨심더."

"그라모 일단 시험을 쳐 봐라."

대구사범학교는 1923년 4월 초등교사를 양성하는 학교로 설립됐다. 설립 당시에는 '경북공립사범학교'였으나 1929년엔 '관립 대구사범학교'로 교명을 바꾸었다. 이 학교는 평양사범, 경성사범과 더불어 전국 3대 명문 사범학교로 손꼽혔다.

당시에 경북, 경남 지역에서는 보통학교를 전교 1~2등으로 졸업한 수재들이 대구사범학교 또는 밀양농잠학교에 응시하곤 했다. 이 명문학교의 합격생을 내면 보통학교의 교장이나 교사들은 큰 자부심을 느꼈다.

보통학교 6학년 때의 교과목은 수신修身, 국어, 조선어, 산술算術, 국사, 지리, 이과(과학), 직업, 도화圖畵, 창가, 체조, 가사실습 등 12과목에 조행操行 평가가 있었다. 나는 창가, 도화, 요즘으로는 음악, 미술에 재능이 모자라 성적이 나빴다. 나머지 과목은 최상급이었다.

박정희 소년과 룸메이트

나는 1932년 3월 초에 보통학교를 졸업하고 대구사범학교에 응시했다. 교장 선생님은 학교의 명예가 걸린 사안이어서 나를 물심양면으로 도우며 격려하셨다. 시험일보다 열흘가량 앞서 대구사범학교 부근에 하숙을 구해 마무리 공부에 몰입하도록 배려했다. 다나카 선생님이 하숙집을 물색했고 나를 거기까지 데려다 주었다.

하숙집에 들어가니 이미 여러 수험생들이 투숙하고 있었다. 응시생이 여럿인 학교에서는 선생님까지 함께 숙식하며 시험을 준비했다. 압량보통학교에서는 나 혼자만 왔다.

자그만 방에서 서넛이 함께 먹고 자며 공부에 몰두했다. 이때 같은 방에 구미보통학교를 나온 박정희 학생이 있었다. 체구는 작았지만 차돌처럼 단단한 느낌을 주는 소년이었다.

"박정희? 나는 이희문李熙文이야. 남자 이름에 희熙자가 든 경우는 드문데, 우리 둘이 같은 방을 쓰게 됐으니 이것도 기맥힌 인연이다. 그쟈?"

"그렇네. 같이 합격하모 좋겠다!"

"너거 구미보통학교에서는 몇 명이나 응시하노?"

"일곱 명 ….."

"일곱이나? 나는 혼자인데 ….."

"상주보통학교에서는 열 셋이나 응시한다 카던데."

박정희의 공책을 보니 글씨가 명필이었다. 각 과목마다 일목요연하게 핵심내용을 잘 정리해 놓았다. 글씨를 칭찬하자 박정희도 내 공책의 글씨를 보고 말했다.

"니 글씨가 더 좋은데!"

이렇게 우리는 11일 동안 한 이불을 덮고 잤고 한솥밥을 먹었다. 박정희는 밥 먹는 시간마저 아깝다며 하숙집 주인아주머니에게 부탁했다.

"밥에 반찬을 다 넣어 비빔밥으로 만들어 주이소!"

하숙집 아주머니가 경북 안동 출신이어서 안동식 헛제삿밥을 먹게 되었다. 제사상에 오르는 여러 가지 나물을 넣고 고추장 대신에 간장을 넣어 비벼 먹는 밥이었다. 식후에 숭늉 대신에 나온 안동 식혜도 맛보았는데 고춧가루를 넣어 만든 특이한 음료였다.

앉은뱅이 밥상을 펴놓고 공부를 하였기에 두어 시간 앉아 있으면 다리가 저렸다. 그럴 때면 박정희와 나는 집 밖으로 나와 대구 시가지를 거닐며 다리 운동을 했다. 멋진 서양식 석조 건물이 제법 많이 들어서 있었다.

"우리 동네 경산은 산골짜기라 번듯한 건물 하나 없다. 너거 구미는 어떻노?"

"마찬가지야."

"대구만 해도 그럴 듯한데, 경성은 어떻겠노?"

"대단하겠지."

하숙집으로 돌아올 때 박정희는 휘파람을 불곤 했는데 소리가 힘차고 맑아 듣기 좋았다.

예능 못 해 낙방

대구사범학교의 모집 인원은 100명인데 일본인 정원은 10명으로 소수였다. 소문으로는 대구사범에서는 일본인 학생이 워낙 적어서 그들이 활개 칠 분위기가 아니라 한다.

신입생 100명 가운데 60등 안의 성적으로 합격하면 관비생官費生이 되어 기숙사비가 면제되며 교복, 교과서도 무상지급된다고 한다. 이와 함께 매월 용돈 6원이 지급된다고 하니 공부만 잘하면 자기 돈 한 푼 쓰지 않고도 공부할 수 있는 셈이다. 관비생에 끼지 못하면 사비생私費生이 된다. 물론 관비생, 사비생 모두 수업료는 면제되었다.

시험은 학과, 예체능 실기, 구두시험(면접)으로 이틀에 걸쳐 실시되었다. 예체능 실기를 치르는 이유는 초등교원 양성학교이므로 음악, 미술, 체육에 대한 최소한의 능력을 가늠한 것이다. 나는 음치에 가까운 노래 실력이어서 크게 감점되었을 것이다. 그림 솜씨도 시원찮았다. 학과 성적이 좋아도 예체능에서 과락科落이 있으면 불합격 처리된다고 한다. 내가 거기에 해당된 모양이었다. 이렇게 좋은 조건의 학교에 나는 합격하지 못했다.

학교 게시판에 합격자 명단이 붙었는데 내 이름이 보이지 않았다. 박정희, 이름 석 자는 또렷이 보였다. 마음속으로 그의 합격을 축하하며 고향 집으로 발길을 돌렸다.

박정희는 4기생으로 입학했는데 구미보통학교 졸업생으로는 최초의 대구사범 합격생이라 했다. 훗날 알고 보니 대구사범 4기생 입학생 가운데 황용주黃龍珠 〈부산일보〉 주필, 서정귀徐庭貴 국회의원, 왕학수王學洙 고려대 교수, 조증출曺增出 문화방송 사장 등 명사들이 수두룩했다. '역사에는 가정이 없다'고 하지만 만약 내가 어릴 때 대구사범에 합격했으면 내 인생이 어떻게 되었을까, 하는 질문을 스스로 던져보곤 했다.

부러진 삽자루

대구사범 입시에서 미역국을 먹고 집에 돌아오니 어린 마음에도 체면이 서지 않았다. 4월부터 입학이라니 합격생들은 교복을 입고 멋진 학창 생활을 시작하였겠지….

심란한 판국에 그해 따라 유난히 봄장마가 심해 바깥에 나가기도 어려웠다. 아침저녁 가릴 것 없이 며칠 동안 장대비가 내렸다. 방구석에 틀어박혀 있으니 더욱 답답했다.

폭우 때문에 마을을 가로지르는 오목천에 물이 넘쳐 제방이 무너졌다. 비가 그치자 제방 복구 작업에 마을 주민들이 동원됐다. 한 가구에 1명씩 차출되었는데 우리 집에서는 내가 나갔다. 마침 희복熙福 형님이 사다 놓은 새 삽이 보여 들고 갔다.

다른 집에서도 내 또래 아이들이 몇몇 나왔다. 우리들은 콧노래를 부르며 신나게 삽질을 했다. 오랜만에 땀을 흘리며 일하니 답답했던 가슴이 시원스레 뚫리는 기분이 들었다.

"애들은 일 그만하고 집에 가거라."

작업을 진두지휘하던 이장님이 우리에게 말했다. 친구 몇몇과 함께 어깨에 삽을 메고 집으로 돌아왔다. 그때 친구 하나가 삽싸움 놀이를 하자고 제안했다. 삽자루를 잡고 칼처럼 휘두르는 놀이다.

챙강챙강!

금속끼리 부딪치는 소리가 요란하게 들리면 약간의 쾌감이 느껴진다. 한참 그렇게 놀고 있는데 갑자기 삽자루 끝의 목이 뚝 부러졌다. 산 지 얼마 되지 않은 새 삽이 망가졌으니 큰일 났다 싶었다. 나도 놀랐지만 내 삽을 내려친 아이는 울상이 되었다. 혼쭐이 날까 두려웠던 것이다.

나보다 나이가 여섯 살 많은 희복 형님은 기골氣骨이 장대한 청년이었다. 여느 사람은 형님의 덩치만 보고도 압도당할 정도였다. 나도 아버지보다는 형을 더 무서워했다. 그 무렵에 아버지는 기력이 떨어져 방에 누워 계실 때가 많았다. 아버지는 성품이 온화한 편이어서 내가 어릴 때 거의 꾸중을 하지 않으셨다.

목이 부러진 삽을 들고 집으로 돌아가자니 형의 꾸중이 두려운 데다 이것이 혹 불길한 징조가 아닌가 하여 불안했다. 마을 어귀에 있는 느티나무 아래에 앉아 잠시 쉬면서 심경을 정리했다.

그러다 문득 어느 책에서 읽은 경구가 떠올랐다.

'불운을 행운으로 바꾸는 것도 능력이다!'

삽이 부러진 것이 불길한 조짐이 아니라 행운의 신호가 아닐까, 이런 생각이 떠올랐다. 구태舊態를 청산하고 새 출발을 하라는 계시啓示가 아닌가. 나 홀로 멋대로 상상했지만 그럴 듯했다. 마침 까치 떼가 하늘로 날아오르는 모습이 보였다. 까치도 자기 마음대로 다니는데 나는 앉은뱅이처럼 늘 여기서 주저앉아야 하는가? 그럴 이유가 없지 않은가?

'그렇다! 이 촌구석에서 벗어나자!'

진로를 상의하려 다나카 선생님을 찾아갔더니 그 사이에 교장 선생님으로 승진하셨다. 물론 작은 학교이니 교장이라도 여전히 학생들을 직접 가르치기도 한다.

"경성에 가서 일을 하든 공부를 하든 새로 출발하고 싶습더. 이 산골에서 평생 농사만 짓고 살기엔 억울합니데이."

"부모님이 허락하실까?"

"허락 없이도 갈 낍니더."

"자네 결심이 그렇다면 그렇게 하게. '무데뽀無鐵砲'라는 말 알지? 총도 없이 전장에 나가는 무모함…그렇게는 가지 말고 준비를 하고 떠나거라."

"어떤 준비요?"

"일하고 싶다면 직장, 공부하고 싶으면 학교를 정해야지. 자네 집안 형편상 학교에 가기는 어려울 터이니 내가 경성에 일터를 소개해 줄게. 마침 지인이 제과점을 하고 있어."

선생님은 지인의 주소를 적어 주었다. 나는 머리를 조아리며 감사 인사를 올렸다. 일어서서 떠나려는데 선생님이 급히 지갑을 열어 돈을 꺼내 내 손에 쥐여 준다.

"경성에 가려면 깨끗한 의복을 입어야 한다. 이 돈으로 옷을 사 입고 차비로 써라."

"제가 어찌 선생님 돈을 받겠심꺼?"

"직장에서 월급 받아 갚으면 될 것 아니야?"

"선생님 은혜는 평생 안 잊겠심더!"

낯선 서울 생활

서울 도착

내가 서울(경성)로 떠나던 1932년 4월 말은 세계 대공황의 격랑이 몰아치던 때여서 전 세계가 뒤숭숭했다. 1929년 미국의 월스트리트 증권시장 붕괴로 시작된 대공황은 먼 나라 조선에까지 영향을 미쳤다. 일본에서도 신문 사회면은 영양실조, 실업, 자살, 야반도주 기사가 넘쳤다.

나는 대구 서문시장에 가서 파르스름한 상·하의 양복을 사 입고 서울행 열차를 탔다. 경부선 역마다 멈추는 완행열차여서 경성역까지 12시간이나 걸렸다. 대구역에서 오후 6시에 출발했는데 이튿날 새벽 6시에 도착한 것이다.

플랫폼을 빠져나와 개찰구로 나오니 경성역의 위용이 눈에 들어왔다. 장중한 원형 돔이 돋보이는 붉은 벽돌 건물이었다. 반원형 아치 모양의 천장을 지닌 중앙홀에는 햇빛이 쏟아져 들어와 실내인데도 눈이 부실 만큼 훤했다. 설계자는 도쿄대학 건축과의 유명한 쓰카모토 야스시塚本靖 교수라 한다.

4월인데도 역 밖으로 나오니 아침 공기가 쌀쌀해 나는 도로 역 안으로 들어와 내부 시설을 구경했다. 1층 대합실에는 사람들이 너무 붐벼 가만히 서 있기가 어려웠다.

　2층으로 올라가니 양식당과 티룸Tea Room(다방)이 있었다. 양식당에 들어가 밥을 사 먹을 형편이 되지 않아 그 앞에 서서 내부를 얼핏 살펴보았다. 네모반듯한 식탁들이 식당 홀에 질서정연하게 배치돼 있고 식탁엔 하얀 천이 덮여 있었다. 멋진 유니폼을 입은 남녀 종업원들이 듬성듬성 앉은 손님에게 다가가 주문을 받았다.

　티룸 안도 살펴보니 양복 차림에 넥타이를 맨 남자 손님들이 삼삼오오 둘러앉아 커피를 마시고 있었다. 간간이 뾰족 구두를 신은 여성도 보였다.

　경성역 밖으로 나오니 인력거꾼, 지게꾼이 우르르 몰려와 여행객에게 다가왔다. 이들 사이를 헤치고 나와 남대문 쪽으로 걸어갔다. 남대문 옆 건물에 조미료 아지노모토味の素를 선전하는 광고판이 붙어 있었다. 삿포로 맥주, 기린 맥주 광고판도 곳곳에 보였다.

　아지노모토는 1908년 일본 도쿄대학 화학과의 이케다 기쿠나에池田菊苗 교수가 다시마의 맛 성분을 연구하다 개발한 인공 조미료이다. 요리할 때 아주 조금만 넣어도 감칠맛이 나기에 한국인에게도 인기를 끌었다. 경산 촌구석에서는 돈을 주고도 살 수 없는 물건이었다.

　멀리서 보이던 남대문 앞에 가까이 가니 '숭례문'이란 큼직한 현판이 보였다. 아름답고 거대한 문이었다. 그런데 숭례문 주위엔 소달구지, 마차들이 여전히 어지럽게 왕래했다. 승용차와 버스도 간간이 다녔다. 전차길 주변에도 우마牛馬 배설물이 여기저기 뒹굴었다. 먼 훗날 남대문 옆자리에 신한은행 본점 빌딩이 들어설 줄이야 그때는 상상조차 하지 못했다.

소문으로만 들었던 철도호텔(현재 조선호텔)의 우아한 건물이 내 눈앞에 나타났다. 4층 건물이어서 단연 돋보였다. 요즘에야 4층이라면 대단하지 않지만 대부분 건물이 단층이었던 당시에는 철도호텔의 위용은 범상치 않았다. 그 호텔에서는 프랑스 요리가 제공되고 방마다 목욕실, 전화가 설치돼 있다는 풍문을 들은 바 있다. 어른들이 철도호텔에 대해 부럽다는 듯 말하는 이야기가 기억에 살아났다.

"철도호텔에서는 맨날 밤 딴스(댄스) 파티가 열린다 카던데!"

백화점 순례

남대문 부근에서 큰길을 따라 걸어오니 마침 조선은행(현재 한국은행) 건물이 보였다. 웅장한 석조 건물인데 일본의 유명한 건축가 다쓰노 긴고辰野金吾가 설계했다 한다. 건물 외벽은 화강석을 다듬어 붙였고 지붕은 청동으로 덮었다.

아침 출근시간이어서 단정한 양복 차림의 은행원들이 조선은행 안으로 들어가는 모습이 보였다. 어린 내 눈에도 은행원은 깔끔하고 기품 있는 사람으로 비쳐 단박에 선망의 대상이 되었다. 훗날 내가 신한은행을 세워 출근할 때 가끔 수십 년 전 조선은행 앞에서 느낀 인상이 되살아나곤 했다.

조선은행 건너편에는 미쓰코시三越백화점(현재 신세계백화점)이 보였다. 경산 촌놈인 나도 미쓰코시백화점이 얼마나 화려한지, '모던보이'와 '모던걸'들이 거기서 점심을 먹고 옥상정원에서 차를 마시며 서울 시내를 구경하는 호사를 누린다는 소문쯤은 이미 들었다.

나는 두근거리는 가슴을 안고 백화점 안에 들어갔다. 막 개점한 시간이어서 손님이 거의 없었는데 점원들이 나에게 정중하게 허리를 숙이며 인사하니 내가 오히려 당황스러웠다. 난생처음 받아 보는 환대였다. 고객의 마음을 사로잡기 위해선 인사하는 방식부터 중요함을 깨달았다. 이때의 깨달음이 훗날 신한은행 서비스 경영에 영향을 미쳤음은 물론이다.

1층에서는 화장품·구두·잡화 등을, 2층에서는 일본의상을, 3층에서는 양복을, 4층에서는 귀금속·가구 등을 팔았다. 눈이 휘둥그레질 만큼 호화로운 분위기는 물론 진열된 고급 물건들을 보며 잔뜩 주눅이 들었다. 감히 물건을 살 엄두는 나지 않았지만 언젠가는 나도 내 돈으로 백화점 쇼핑에 나서고 싶다는 욕망이 샘솟았다.

실제로 나는 훗날 백화점을 즐겨 다니게 된다. 문자 그대로 백화점에는 온갖 상품이 있다. 같은 상품이라도 브랜드, 가격, 디자인이 천차만별이다. 상품 트렌드를 살피면 산업 흐름을 파악할 수 있다. 금융업 종사자로서 이는 매우 중요하다. 대출심사를 할 때 개별업체의 재무상태, 기술력, 신용도를 살필 뿐 아니라 그 업종의 전망을 파악해야 하기 때문이다. 나는 평소 백화점의 디스플레이, 점원의 고객 응대 태도 등을 유심히 살핀다. 물건을 직접 골라 산다. 이런 행위 하나하나가 흥미롭고 살아있는 공부이다.

미쓰코시백화점 경성점에서 1~4층을 오르락내리락하며 구경하다 보니 어느덧 점심시간이 됐다. 4층 식당에서 한 그릇에 15전 하는 우동을 사 먹었다. 나에겐 적지 않은 돈이었지만 최소한의 호사는 누리고 싶었다. 뜨끈한 국물을 훌훌 마시고 나니 속이 든든했다. 소문 속 모던보이처럼 옥상정원에 올라가 서울 시가지를 내려다보았다. 서양식 건물들이 즐비하니 별세계처럼 보인다.

내친김에 화신和信백화점에도 갔다. 서울에 다녀온 어른들이 화신백화점을 구경했다고 하도 자랑하기에 나도 가 보고 싶었다. 종로 1가에 있는 화신백화점을 찾아갔다. 당시에 거부로 이름난 박흥식朴興植 사장이 소유한 백화점 건물의 위용에 놀랐다.

화신백화점 바로 맞은편에는 최남崔楠 사장 소유의 4층 동아東亞백화점이 우뚝 솟았다. 이 백화점은 미모의 여성을 고용했다고 한다. 그녀들은 '백화점 걸'로 불렸다.

나는 서울에 도착한 1932년 4월 이후 미쓰코시, 화신, 동아, 히라타平田, 미나카이三中井 백화점을 순례하곤 했다. 백화점 매장을 살피면서 새로운 문물에 대한 개안開眼을 체험했다.

동아백화점에서는 남자 간부가 여사원을 농락한 사건이 폭로되면서 손님들의 발길이 뚝 끊어졌다. 그해 7월에 화신백화점이 동아백화점을 인수하면서 두 백화점을 공중으로 잇는 육교가 설치되었다.

훗날 일본에 와 보니 백화점은 도시인의 일상에서 매우 중요한 공간

역할을 하고 있었다. 단순히 쇼핑만 하는 곳이 아니라 사교, 오락, 문화 활동의 메카였다. 부유층들은 가족끼리 백화점에 와서 쇼핑과 식사를 즐기고 전시회, 음악회도 참관했다. 오사카의 한큐阪急백화점에는 결혼상담소까지 개설했다.

훗날 나는 백화점에 신제품이 전시되면 남들보다 먼저 구입해서 써 보는 '얼리 어답터early adopter'가 되었다.

첫 직장 제과점

나는 서울에 도착한 첫날 오후 늦게 행인들에게 물어물어 다나카 선생님이 소개해 준 충무로 제과점을 찾아갔다.

유리로 만들어 속이 훤히 들여다보이는 제과점 진열장 안에는 울긋불긋한 꽃 모양의 나마가시生菓子 여러 종류가 놓여 있었다. 보기만 해도 입속에 침이 고일 정도다. 입에 덥석 넣기 아까울 만큼 아름답게 생겨 예술품 같다.

니시모토 요시오西本嘉男 사장은 다나카 선생님에게서 이미 연락을 받았다며 환대했다.

"일등으로 졸업했다며? 나는 학교 다닐 때 내내 꼴찌 근처를 맴돌았어."

"설마 그럴 리가요?

"정말이야. 그래도 빵 만드는 일이 재미있어 제과학원을 수석 졸업했어, 하하하!"

"대단하십니다. 무슨 일이든 시켜 주십시오."

"너무 서두르지 말고! 우선 마음대로 빵, 과자를 먹어 봐."

"얼마나 비싼 건데 … 제가 먹어도 돼요?"

"자네가 먹으면 얼마나 먹겠어. 과자가 비싸 봐야 사람만큼 비싸겠어?"

난생처음 보는 빵과 과자는 종류를 열 손가락으로 전부 셀 수 없을 만큼 많았다. 니시모토 사장이 건네 준 과자를 먹어 보니 환상의 맛이었다. 혀에 닿으면 사르르 녹아버리는 카스텔라, 달콤한 팥소를 꽉꽉 채워 넣은 단팥빵, 짭조름한 듯 고소하고 달달한 센베이煎餅 ….

마치 천상에서 내려온 음식 같았다.

제과점에서 할 수 있는 일이 별로 없었다. 밀가루 반죽을 만드는 일도 아무나 하는 줄 알았는데 제과 장인匠人 니시모토 사장은 반죽을 만드는 데 지극정성을 기울였다.

며칠 후 손님이 뜸한 한가한 시간에 사장이 종이 한 장과 색연필을 내밀었다.

"꽃을 그려 봐. 가장 아름답다고 느낀 꽃을 기억에 떠올려 …."

"예?"

"꽃 모양대로 나마가시를 만들려고 그래."

나는 그림 재주가 없어 형편없는 산수유 꽃 그림을 그리고 말았다. 사장은 빙그레 웃으며 그림을 품평品評했다.

"꽃 모양 그대로 그리려 했으니 이상하게 되었지? 그림이란 눈에 보이는 대로 그리는 게 아니라 마음에 맺힌 상을 그려야 하지."

"……."

나는 사장의 말뜻을 잘 이해하지 못했다.

"제과쟁이, 제빵쟁이라 하면 남들은 흔히 아무나 밀가루를 주물럭거려 구워내면 된다고 생각하지. 그러나 나는 예술가라는 자부심을 갖고 만들어. 심미안審美眼이 없으면 제과 명인이 되기 어려워."

"······."

"자네는 아무래도 제과에는 적성이 맞지 않는 것 같네. 다른 일자리를 찾아보는 게 좋겠네. 그때까지 부담 없이 여기에 머물게."

인쇄소 근무

나는 서점에 들를 때마다 서울에 오기를 잘했다고 생각했다. 시골에서는 구경할 수도 없는 수많은 종류의 책들이 서가에 그득 꽂혀 있어 나의 지적知的 호기심을 자극했다.

종로 2가의 박문서관博文書館은 내가 즐겨 찾는 서점이었다. 1만여 종의 책이 있다 한다.

외국소설을 번안하여 출판한 책들이 많았는데《짠발쟌 이야기》,《하므레트Hamlet》,《카르멘》등이었다. 책값이 비싸서 살 엄두를 내지 못했다. 서가 앞에 서서 이광수李光洙 작《무정》을 하루에 20여 페이지씩 여러 날에 걸쳐 독파했다.

하루는 책을 읽고 있는데 서점 주인이 나에게 말을 걸어왔다.

"책을 좋아하는 모양인데 지금 무슨 일을 하냐?"

"제과점에서 점원으로 일합니다."

"우리 서점에서 인쇄소도 운영하고 있어. 거기서 일해 보지 않으련? 책을 실컷 읽을 수 있지.”

나는 마침 일자리를 구할 때여서 잘 됐다 싶어 인쇄소로 일터를 옮겼다. 서점 건너편, 현재 종로 YMCA 뒤편에 인쇄소가 있었다. 내부로 들어가니 시커먼 쇠뭉치 인쇄기가 중앙부에 설치돼 있고 주변엔 활자 거치대, 제본기, 종이뭉치, 인쇄를 마친 책 등이 있었다. 공장장이 나를 활자 거치대 앞에 데려갔다.

“자네 이름 활자를 찾아보게.”

수많은 활자 가운데 이, 희, 문, 李, 熙, 文, 여섯 글자를 겨우 찾아냈다.

공장장은 활자에 잉크를 묻혀 작은 종이에 찍었다. 내 이름이 종이 위에 선명하게 찍혔다. 내 생애 최초의 명함이었다. 마법이 작용한 듯 신비스러웠다.

단오절이 다가와 《춘향전》 주문이 몰려 직공들은 부지런히 책을 찍고 있었다. 나는 일을 익히지 못해 잔심부름부터 했다. 인쇄한 책을 박문서관 서점으로 옮기거나 지방으로 보낼 책뭉치를 들고 서울역으로 갔다.

직공들은 인쇄소 부근의 합숙소에서 잠을 잤다. 밤에는 마음껏 책을 읽을 수 있어 행복했다. 그러나 낮 시간에 종일 무거운 책을 나르느라 힘을 썼기에 금세 잠에 곯아떨어지곤 했다.

인쇄소에는 가끔 유명한 문인 저자들이 방문했다. 원고를 갖고 오거나 교정지를 갖고 갔다. 이광수, 염상섭廉想涉, 현진건玄鎭健 등 거물 소설가를 먼발치에서 바라봤다.

벤저민 프랭클린

어느 날 나는 인쇄소 구석에서 굴러다니는 책 한 권을 우연히 발견하고는 밤을 꼬박 새우며 독파했다. '미국 건국의 아버지' 가운데 하나인 벤저민 프랭클린^{Benjamin Franklin}의 자서전이었다. 어린 벤저민이 혼자 집을 떠나 고생 끝에 성공하는 과정을 보니 마치 나의 현재와 미래를 보는 것 같아 읽는 동안 내내 가슴이 뭉클했다. 책 내용을 간추리면 다음과 같다.

미국인들은 미국 역사상 가장 존경하는 인물로 벤저민 프랭클린을 꼽는 경우가 많다. 그가 이렇게 존경받고 오늘날 미국인들에게 큰 영향을 미치는 것은 그의 생애가 성실, 혁신으로 가득 찼기 때문이다.

그는 '흙수저' 출신이었다. 어릴 때 정규교육이라곤 2년밖에 받지 못했다. 소년 시절에 인쇄소에서 도제로 일하며 끊임없이 공부했다. 시간을 허투루 낭비하지 않으려 세밀한 일정표를 만들었고 성숙한 인격을 갖추려 13개 실천 덕목을 마련했다. 가히 '자기 계발'의 선구자라 하겠다.

그는 프랑스어, 이탈리아어, 라틴어 등 외국어를 독학으로 익혀 외교관으로 활동할 때 활용했다. 번개가 전기의 일종이라 규명하고 피뢰침을 발명했다. 연료를 효율적으로 쓰는 난로, 청결하고 밝은 가로등, 2중 초점렌즈 등 여러 발명품을 만들기도 했다.

벤저민 프랭클린은 미국 건국 초기에 공익사업 부문에서도 선구자였다. 의용소방대, 회원제 도서관 등을 창설했다. 빈민병원을 설립하는 과정에서 민간이 조성한 기금만큼 공공예산을 지원하는 '매칭펀드Matching Fund' 아이디어도 그의 머리에서 나왔다.

'하늘은 스스로 돕는 자를 돕는다.Heaven helps those who help themselves'

이 속담에 가장 어울리는 인물이 벤저민 프랭클린이 아닐까. 그는 운運이 좋다거나 복福이 많은 편이라기보다 스스로 노력해서 행운을 얻었다.

그는 '소통의 달인'이기도 했다. 상대를 설득하기 위해 먼저 상대의 발언을 경청하고 이견을 좁혀 나갔다. 영주, 고관 등 권력층의 압력에 단호하게 맞서는 배짱도 지녔다.

흔히 위인전이나 회고록, 자서전을 보면 주인공은 무결점, 무오류 인물로 묘사된다. 이런 인물은 천상계天上界 사람으로 보여 공감하기 어렵다.

그러나 벤저민 프랭클린은 자서전에서 자신의 부끄러운 과오도 과감하게 털어놓았다. 남의 돈을 주인 허락 없이 유용한 점, 친구 애인에게 흑심을 품었던 사례 등이다. 이런 면에서 그도 보통 사람과 마찬가지라는 느낌이 든다. 천부天賦의 비범함, 신성함을 지닌 위인이 아니라 평범한 인간인데도 노력에 의해 훌륭한 인물로 부상한 사례이다.

벤저민 프랭클린은 정치가, 외교관, 발명가, 출판인, 언론인, 기업인 등 여러 방면에서 활약했다. 미국 독립선언문을 기초할 때도 크게 기여했다.

미국 초대 대통령 조지 워싱턴George Washington은 대통령 취임 후 필라델피아를 방문했을 때 첫 공식 일정으로 벤저민 프랭클린 예방禮訪을 잡았다. 대통령이 '큰어른'으로 모시는 원로였던 것이다. 이런 화려한 경력에도 프랭클린은 자기를 남에게 소개할 때엔 겸손하게 '인쇄쟁이 벤저민'이라 말했다.

순천 이씨 남헌공파

고려 충신 이양소

압량면 가일리 마을에는 예로부터 순천 이씨들이 집성촌을 이루며 살아왔다. 한국에서 이씨는 흔한 성씨이지만 우리 가문의 본本인 순천順天을 가진 이들은 희귀한 편에 속한다. 순천 이씨는 가일리를 비롯한 경상북도, 서울, 경기, 충청남도 세종시 등을 합해 전국적으로 도합 3천여 명에 지나지 않는다.

순천 이씨는 어디서 어떻게 나왔을까. 가문의 재실인 가일리 모원정慕遠亭 안내판과 족보에는 그 기원을 이렇게 기술하고 있다.

시조 이사고李師古는 고려 때 문하시중인데 승평군昇平君에 봉해져 후손들이 전라도 순천(당시 지명 승평)에 터를 잡고 세계世系를 이어왔다. 이사고의 아들 이양소李陽昭는 고려 충신 정몽주鄭夢周의 문하생으로 고려조에서 문과에 급제해 군수를 지냈다. 이양소는 조선의 태종 이방원李芳遠과 황해도 곡산에 있는 청룡사靑龍寺에서 함께 학문을 닦고, 당대 최고 교육기관인 성균관에서도 동문수학하며 우정을 쌓았다.

1392년 조선이 개국한 뒤 조정으로부터 수차례 출사를 종용받았으나 그때마다 이양소는 "두 왕조에서 두 임금을 섬길 수 없다"면서 거절하였다. 태종은 옛 벗의 충절忠節을 가상히 여겨 그가 은거하던 산을 청화산淸華山이라 부르고 저택

이화정李華亭을 하사하였다.

그러나 이양소는 거처를 사양하고 모옥茅屋에 머물며 '안분당安分堂'이란 현판을 내걸었다. 안분지족安分知足을 누리겠다는 의지의 표현이었다.

태종은 이양소가 별세했을 때에는 장지까지 지정해 주고 산소를 지키는 수총실守塚室 4호를 두게 했다. 태종은 이양소에게 '고려진사高麗進士 청화공清華公'이란 시호諡號를 내렸다. 300결 전답도 하사했다.

순천에서 압량으로

문중 어른들 말씀으로는 고려 때까지만 해도 순천 이씨들은 경기도 연천에 터를 잡고 살았다. 시조 이사고의 묘소도 연천에 있다. 위치상으로는 서울에서 북방으로 80km 떨어진 비무장지대DMZ 남방한계선 민간인 통제구역 안에 있다. 그러다 조선 창건 후 신생 왕조가 강제로 씨족 이주정책을 펴면서 이씨 가문은 전라도 순천으로 옮겨가게 된다.

순천 역시 그들의 안착지는 되지 못했다. 그로부터 200년 뒤에 다시 경상도를 비롯해 전국 각지로 뿔뿔이 흩어지게 된다. 계기는 일본과 관계된 일대사건 때문이었다. 중세시대 한일 간 군사적 충돌이자 16세기 동북아시아 최대의 국제전인 임진왜란이 일어난 것이다.

이때 순천 이씨 9대손인 이지효李止孝는 일본군에 맞서 싸웠는데 주요 전장이 경상도 일대였다. 이지효는 조선 의병장 곽재우郭再祐와 함께 조국 수호전쟁에 참전했다. 사헌부감찰司憲府監察 통훈대부通訓大夫라는 관직을 가진 문관 신분이었다. 오늘날로 치면 공무원 자리를 떨치고 민병대원으로 자원입대해 전투에 나선 셈이다.

임진왜란이 끝난 뒤에 이지효가 삶의 터전으로 잡은 곳이 바로 경산 땅 압량,

그중에서도 가일리다. 이때부터 이지효의 후손은 이 마을에서 대를 이어 살기 시작했다. 순천 이씨 집성촌을 이루었고 근방에 선산도 두었다.

그래서 가일리 순천 이씨들은 남헌공파南軒公派로 불린다. 이지효의 호인 남헌의 후손들이란 의미다. 나도 남헌공의 직계로서 남헌공파 제19대 손이다. 족보상 이름은 희문熙文이다.

현해탄의
파도를 넘어

2

낯선 이국땅

만주 여행

1932년 늦여름에 인쇄소 노盧 사장이 나에게 뜻밖의 제안을 했다.

"연세 많은 어르신을 모시고 만주에 다녀오지 않으련?"

"만주? 일본이 만든 그 나라에요?"

"그래. 요즘 거기에 사업하러 가는 분들이 줄을 잇는다 하네."

"거기가 중국 땅인데 저는 중국말을 모릅니다."

"자네는 총명해서 중국어를 금세 배울 거야. 손짓 발짓 동원하면 중국어를 몰라도 뜻은 다 통하게 돼 있어."

이렇게 해서 나는 60대 신사를 모시고 하얼빈에 가게 됐다. 서울역에서 열차를 타고 출발해 신의주, 중국 단둥丹東을 거쳐 하얼빈까지 가는 데 거의 이틀이 걸렸다. 열차 안에서 신사는 나에게 기본 중국어 몇 마디를 가르쳤다.

세월이 흐르면서 그분의 성함을 잊었지만 당시에도 그분의 신분을 몰랐다. 큼직한 가죽가방 두 개를 가져갔는데 그 안에 든 물건이 무엇인지도 알 수 없었다. 그분은 나를 개인비서 자격으로 대동했다. 덕분에 나는 말쑥한 양복을 맞춰 입었다. 외투, 구두, 셔츠도 그분이 마련해 주었다.

하얼빈역에 도착하자 북쪽 지방의 차가운 칼바람이 코끝을 스쳤다. 그분을 영접하려 승용차 한 대가 나타났다. 그분과 함께 하얼빈에서 한 달 가량 머물렀다. 낮 시간에 그분이 관공서 같은 곳에 가면 수행했는데 그분이 어떤 업무를 봤는지는 알 수가 없었다.

하얼빈에 체류하니 이럭저럭 지리에도 익숙해졌고 중국어로도 간단하게나마 의사소통을 할 수 있게 되었다. 하얼빈에는 러시아인들도 많아 러시아어도 자주 들어 몇 마디 할 수 있었다.

세월이 흘러 내가 손녀 훈薰과 중국 음식점에 함께 가면 만주 여행 체험이 새록새록 떠올랐다.

"훈아! 니하오?"

"니하오가 뭐예요?"

"중국말로 '안녕하세요?'란 뜻이란다."

"할아버지는 중국말도 할 줄 아세요?"

"이젠 거의 잊었지만 소년 시절에 중국에 한 달쯤 가 있었지."

만주국은 중국 동북 지역에 주둔한 일본의 관동군關東軍이 일본 정부나 육군본부의 명령과 무관하게 1931년 만주사변을 일으켜 1932년에 세운 나라이다. 청나라의 마지막 황제 푸이溥儀를 국가원수로 내세우고 1945년까지 독자적인 국가 행세를 했다.

아버지의 별세

1932년 9월 20일, 만주에서 돌아온 직후 인쇄소 일을 마치고 충무로 제과점에 오랜만에 들렀다. 니시모토 사장을 문안하기 위해서였다. 공교롭게도 내가 점포에 들어설 때 우체부가 찾아왔다.

"이희문 씨 계십니까?"

내 앞으로 경산 집에서 전보가 왔다. 불길한 예감이 들었는데 펼쳐 보니 놀라운 내용이었다.

'부父 위독 급래急來 요망'

순간 눈앞이 캄캄해졌다. 늦은 저녁 부산행 야간열차에 올라탔다. 목적지인 경산까지 내려가는 내내 가슴이 떨렸다.

경산역에 다다르니 이튿날 아침, 동이 트고 있었다. 경산역에서 가일리 고향 집까지는 8km 거리이다. 오로지 집에 빨리 가야 한다는 일념으로 서둘렀다.

'아버지 제발 무사하세요!'

마음속으로 기원하며 달리고 또 달렸다. 굽이굽이 울퉁불퉁한 시골길을 쉼 없이 내달린 지 1시간 여, 가일리 초입 삼거리가 눈에 들어왔다. 이내 집이다. 대문 앞에서 평상시와 다른 풍경이 펼쳐지고 있었다. 동네 사람 여럿이 문 앞에서 서성거렸다.

"아이고! 아이고!"

집안에서는 곡소리가 새어나오고 있었다. 아버지는 이미 별세하셨다. 향년 64세. 임종하지 못한 불효를 저질렀다는 죄책감에 고개를 들지 못했다.

아버지 장례를 치르고 상경하면서 열차에 앉아 내 장래에 대해 고민했다. 광활한 만주 벌판에 갔다 왔으니 허파에 바람이 들었는지 경성에 있기도 답답했다.

경성역에 도착하자마자 니시모토 사장을 찾아갔다.

"일본에 갈까 합니다."

"그래? 어디 갈 데는 정했나?"

"사장님의 고향인 오사카입니다. 오사카는 상인의 도시, 일본의 '상업 수도'라고 말씀하셨잖아요? 거기 가서 일자리를 구해 보려 합니다."

"오사카? 좋아! 내가 소개해 줄 곳이 있단다. 거기에서 일을 하면 밥은 먹을 수 있을 거야."

"이 은혜를 어떻게 갚겠습니까?"

"은혜는 무슨 은혜 … 자네가 일본에 가려면 추천서가 필요할 터이니 경산에 가서 다나카 선생님에게 부탁드리게."

니시모토 사장은 오사카 우에혼마치上本町 출신이다. 거기서 어린 시절에 이웃에 사는 조선인 아이와 친구로 사귀었단다. 서울에 온 것도 돈벌이 목적도 있었지만 조선인에 관심이 끌려서이기도 했다고 한다.

사장과 종업원으로 만난 관계에서 아름다운 작별을 한다는 게 쉬운 일은 아니다. 니시모토 사장은 일본으로 떠나기로 결심한 나에게 '일자리'라는 작별선물을 안겨준 은인이었다.

대구와 오사카

내 고향 경산 압량면은 산골짜기 사이에 자리 잡은 작은 마을이지만 대도시 대구가 가까워 세상 돌아가는 소식은 비교적 신속히 파악할 수 있었다. 어른들은 대구 나들이를 하면서 이런저런 소식을 들려주었다. 그 가운데 하나는 대구에 일본인이 설립한 고아원 이야기였다. 훗날 상세한 상황을 더 알아본 내용을 덧붙이면 이렇다.

한일합방 무렵인 1910년 일본 오사카에 있는 범애부식회汎愛扶殖會라는 자선단체가 대구 동촌에 고아 100명을 수용하는 '조선부식농원'을 설립했다. 아이들을 이곳에서 먹여 주고 재워 주며 농장 일을 돕도록 했다. 농장은 점차 넓어져 54정보(1정보는 3,000평)나 됐다. 토지 매입자금을 마련하기 위해 범애부식회는 1920년 5월 서울 종로 중앙청년회관에서 〈레 미제라블〉 영화를 상영하기도 했다.

농장 규모가 커지면서 과학적인 영농기술이 필요했다. 범애부식회 본부는 대구 농원의 간부급 교사들과 청년들을 오사카에 초청해 일본어와 농업기술을 연수시켰다. 이들이 돌아와 소문을 퍼뜨렸다.

"오사카는 엄청나게 큰 도시여서 잘만 하면 떼돈을 버는 곳이다."

1920년대 들어 일본에서는 산업화, 근대화가 진행되면서 노동인력 수요가 급증했다. 일본의 인력 송출회사는 한국에서 노무자들을 모집해 일본에 보냈다.

1923년 오사카 이쿠노구生野區 가운데를 흐르는 히라노가와平野川 정비공사를 벌일 때 조선인 노무자들이 몰려들었다. 이들이 먹고 자는 함바飯場(간이식당)와 나야納屋(헛간)가 자연스레 형성됐다.

부산釜山-시모노세키下關를 오가는 관부연락선 이외에 1923년 제주-오사카 왕복 선편이 개설되면서 제주도 주민이 무더기로 오사카에 왔다. 제주도 조천면 주민들이 오사카에 몰려오면서 모모타니桃谷공원 인근에 조천마치朝天町가 생길 정도였다. 1928년 무렵엔 오사카에 조선시장이 생겼다.

조선인들이 일본에 몰려오면서 일본 대도시에서 벌이는 취로사업에 조선인들이 참여하게 됐다. 겨울철에 토목사업을 벌여 실업자를 흡수하는 실업구제 사업이 1925년에 시작됐는데, 첫해엔 조선인 취로자가 전체의 12%였으나 1928년엔 55%로 절반을 넘었다.

"조선인들의 도항을 억제해야 한다!"

일본에서는 이런 여론이 조성되었다. 1929년에 '노동수첩' 제도가 생기면서 조선인이 취로사업 일자리를 얻기가 까다롭게 됐다. 1929년 세계 대공황의 여파가 일본에까지 미치는 바람에 1930년대 초반에는 일본의 일자리가 크게 줄어 새로 조선에서 오는 노무자들은 급감했다.

도항증명서

일본으로 갈 때는 도항渡航증명서가, 일본에서 조선으로 올 때는 '일시귀선歸鮮 증명서'가 필요했다. 이런 증명서가 없으면 관부연락선을 탈 수 없었다. 증명서가 없는 사람들은 밀항선을 타고 오갔는데 일본 당국의 단속활동은 갈수록 강화되었다.

나는 압량보통학교를 찾아가 다나카 선생님께 취업 추천서를 부탁했다.

"교장 선생님! 일본에 가서 큰물에서 놀고 싶습니다."

"잘됐네. 지금 생각해 보니 대구사범에 불합격한 게 전화위복이 되겠군. 자네는 아이들을 가르치는 교사보다 다른 일이 더 어울리는 사람이야. 오사카에 가서 뜻을 펼쳐 보시게!"

나는 교장 선생님의 추천서를 받아 대구경찰서에 가서 도항증명서를 발급받았다. 나는 일본어를 불편 없이 읽고 쓸 수 있었기에 나이가 어린데도 도항증명서를 받은 것 같다. 심사를 맡은 경관과 면담할 때 일본어를 못하는 어른들은 증명서를 받지 못했다. 구체적인 일자리를 정하지 못하고 떠나는 '만연漫然 도항'도 통하지 않았다. 옷이 너무 남루한 사람들도 떨어졌다.

내 고향 가일리 마을 사람들은 이런 가난을 숙명으로 여기며 묵묵히 살아가는 경우가 대부분이었다. 손바닥만 한 논밭에서 농사를 지으며 해마다 보릿고개 굶주림을 견뎠다.

나는 상급학교에 진학하지는 못했지만 평생 시골동네에서 살기는 싫었다. 가일리 마을에서 걸어 경산시장에만 가도 풍성한 맛을 느꼈고 대구 서문시장에 가면 큰 세상을 보는 기분이었다. 그러다 서울에까지 다녀왔으니 대처大處에서 살고 싶은 열망이 식지 않았다.

이왕이면 더 넓은 곳, 일본의 부유한 도시 오사카가 목표지로 떠오른 것이다. 서당에서 배운 한시를 음미하여 비장한 각오로 짐을 쌌다.

男兒立志出鄉關　남아가 뜻을 세워 고향 떠나니

學若不成死不還　학문을 이루지 못하면 죽어도 돌아오지 않으리

관부연락선

러일전쟁이 한창이던 1905년 9월 부산과 시모노세키 사이의 240km 구간을 오가는 정기여객선이 운항을 시작했다. '관부연락선'으로 불리는 이키마루壹岐丸, 쓰시마마루對馬丸 같은 1,600톤급 선박이다.

한국에서 일본으로 갈 때는 현해탄玄海灘이라 부르고, 일본에서 한국을 향할 때는 현계탄玄界灘(겐카이나다)이라 한다. 이 바닷길은 험하다. 중국 원나라 시절에 몽골 군대를 실은 군함을 바람으로 수장水葬시킨 거친 바다 아닌가. 일본인들은 이 바람을 '신풍神風'(가미카제)이라 부른다.

경부선 철도의 전 구간은 1905년 1월 1일 개통되었다. 서울-신의주 구간의 경의선은 1905년 11월에 개통되었다. 그러니 신의주-서울-부산-일본 시모노세키로 국제 교통망이 연결되었다.

한일합방 이후엔 관부연락선 선박이 대형화되고 숫자도 늘어났다. 고려환, 신라환, 경복환, 덕수환, 창경환 등이 그것이다.

1932년 11월 나는 3,620톤 급 덕수환을 타고 현해탄을 건넜다. 승선인원은 945명이었다. 훗날인 1936년, 1937년엔 7,104톤에 승선인원 1,746명인 거대한 쌍둥이 선박 금강환, 흥안환이 각각 취항했다.

부산항을 떠날 때 도항증 검사절차가 까다로워 애를 먹었다. 서너

개 창구 앞에서 줄을 서서 한참이나 기다렸다. 혹시 검인을 받지 못하면 어쩌나 하는 불안감으로 나뿐만 아니라 다른 어른들도 노심초사했다. 겨우 검인을 받아 승선표를 사서 3등 객실에 들어갔다. 퀴퀴한 냄새가 코를 찔렀다.

배가 떠난 지 얼마 후 파도가 몰아치면서 배가 몹시 흔들렸다. 난생처음 배를 타 보기에 멀미를 걱정했는데 아니나 다를까 속이 부글부글 끓었다. 신선한 공기를 마시러 갑판으로 나왔더니 사방에 육지는 보이지 않고 망망대해가 눈앞에 펼쳐졌다.

"윤심덕과 김우진이 뛰어내린 곳이 여기쯤 아닐까?"

여러 어른들이 이렇게 수군거렸다. 1926년 8월 4일 성악가 윤심덕尹心悳, 극작가 김우진金祐鎭의 동반자살 사건을 일컫는 것이다. 하필이면 내가 탄 덕수환에서 그들이 현해탄에 몸을 던졌다니!

저녁에 떠난 배는 이튿날 아침에 시모노세키 항구에 도착했다. 부산을 떠날 때의 출국절차보다 입국절차는 훨씬 간단했다. 도항증 검인이 있으니 무사통과다. 시모노세키만 해도 시가지가 정돈되었고 시민들의 옷차림도 단정했다. 지저분한 건물이 거의 보이지 않았고 부랑자도 없었다. 시모노세키역에서 야간열차를 타고 오사카로 향했다.

그러고 보니 이틀 동안 아무것도 먹지 못한 상태였다. 일본에 도착할 때까지 쫄쫄 굶어서 쓰러지기 일보 직전, 시모노세키역 앞에 있는 좌판에서 홍시 몇 알을 샀다. 고향에서 먹었던 홍시와는 다른 맛일까? 궁금해 하면서 열차에 올라탔다. 오사카까지는 장장 15시간 거리다.

비용을 아끼려고 모든 역을 정차하면서 가는 완행열차표를 끊었던 것이다. 열차는 느려도 너무 느렸다. 하지만 지루할 틈이 없었다.

"여기가 이제부터 내가 살아갈 일본이란 곳이지? 좋았어, 이제 시작이다!"

나는 차창 밖으로 펼쳐지는 풍경을 바라보면서 일본 땅에서 펼쳐질 인생 제2막에 대한 기대감에 가슴이 벅차 올랐다.

오사카 도착

오사카성

오사카역에 도착하니 이른 아침이었다. 소개받은 일자리를 찾기에는 너무 이르다 싶어 일단 시내 구경에 나섰다. 길 가는 시민에게 물어물어 오사카성에 찾아갔다. 그 웅장한 자태에 놀랐다. 도요토미 히데요시豊臣秀吉가 수운이 편리한 곳에 천하를 얻기 위한 거점인 성을 축조한 것이다. 오사카성은 1585년에 금박기와로 장식한 호화로운 망루형 천수각天守閣으로 우뚝 섰다.

그러나 1615년 전쟁에서 천수각은 불에 타 무너졌다. 도쿠가와 히데타다德川秀忠는 석벽을 다시 쌓고 천수각도 새로 지었다. 이 천수각도 1665년에 소실되었다. 세월이 흘러 1931년에 3번째 천수각이 중건되었다.

나는 새로 지어진 높이 55미터의 천수각에 올랐다. 동서남북의 어느 방향에서 봐도 대·중·소 3개의 삼각형이 쌓여 올라가는 형태다. 전시에는 사령탑이자 최후의 방어거점이 되도록 그 구조를 매우 견고하게 만들었다. 아름다운 건축물이지만 층마다 감시창 구멍이 뚫린

군사용이어서 섬뜩한 기분이 들기도 했다.

내친김에 덴노지天王寺공원을 찾아갔다. 아침 산책을 나온 시민들이 여럿 보였다. 개를 데리고 산책하는 사람을 봤을 때 놀라지 않을 수 없었다. 조선에서는 사람이 개를 친구처럼 여기며 함께 걷는 광경을 본 적이 없기 때문이다. 울창한 숲과 깨끗이 정돈된 정원을 보니 별천지 같았다.

오사카 이카이노猪飼野에는 조선인들이 몰려 사는 곳이 있었다. 오사카 시내에서 벌어진 토목공사에 노무자로 일하는 조선인들은 집단 거주 지구를 형성했다. 습지 또는 하천 부지에 판잣집이나 움막을 지어 살았다. 일본인 집주인에게서 집을 임차해서 노동자에게 숙식을 제공하는 '노동하숙'도 성행했다. 이곳에서는 일자리도 소개했기에 정보 허브hub 역할도 했다.

노동자들을 재워 주는 '노동하숙집'이 몰려 있는 곳은 '조선부락' 또는 '조선인 마을'이라 불렸다. 상하수도, 전기가 없어 주거환경이 열악했다. 어떤 집에서는 돼지, 닭을 키웠기에 가축분뇨 냄새가 코를 찔렀다.

제주 출신 많아

하천 부지에 세워진 판잣집은 불법건축물이어서 강제 철거되곤 했다. 그런데도 노동자들의 친척, 지인들이 일자리를 찾아 오사카로 계속 몰려들었다.

오사카에는 과연 제주도 출신자들이 많았다. 제주-오사카 직항로

선편 때문이었다. 제주도는 당시만 해도 전라도 관할이었고 토지가 척박해 육지보다 생활환경이 훨씬 어려웠다. 오사카에만 제주도 출신자가 3만 명이나 산다고 한다. 제주도 전체 인구 15만 명 가운데 20％가 왔다고 하니 제주도인에게는 오사카가 '새로운 일터'인 셈이다.

훗날 광복 이후인 1947년 제주도에서 '4·3사태'로 처절한 좌우 대립이 벌어졌을 때도 제주도민 상당수가 오사카로 밀항했다.

토속 제주 방언은 알아듣기 어렵다. 어떤 언어학자는 "제주 방언은 한국어와는 다른 언어로 분류되어도 이의가 없을 만큼 독자적인 언어체계를 갖추었다"고 주장한 바 있다. 제주인 가운데 연세가 많은 분들은 한국 육지에서 통용되는 한국어를 잘 알아듣지 못했다.

라디오가 없던 시절, 나는 언어에 관심이 많아 제주 출신자와 대화할 때마다 제주 방언을 한두 개씩 배웠다. 이런 노력이 지속되자 웬만한 제주 방언을 들을 수 있게 돼 그분들과 의사소통하는 데 지장이 없었다. 제주어로는 '감저'가 고구마, '지슬'이 감자이다. 함경도, 평안도 출신과 제주인은 말이 통하지 않아 일본어로 대화하는 경우도 흔했다.

세월이 흘러 한국의 어느 국어학자가 쓰루하시 시장에 와서 연로한 제주 출신 여럿을 만나 제주 방언을 조사하는 광경을 보았다. 제주에서는 제주 방언이 점차 사라져 오사카에 와서 원형을 찾는 모습이었다.

일본에서의 첫 직장

나는 충무로 제과점의 니시모토 사장으로부터 소개받은 곳을 찾아갔다. 외국인을 위한 사회복지기관인 오사카 게이메이회啓明会라는 사무소였다. 이곳이 일본에서의 첫 일터가 됐다.

게이메이회는 일본에 체류하는 외국인의 주거문제를 해결하는 단체였다. 간이주택을 지어 외국인에게 제공하는 일이었다. 나는 처음엔 사무실에서 사환으로 일하며 잔심부름을 주로 맡았다.

게이메이회 본부 건물에서 문짝, 책상, 의자 등에 고장이 생기면 내가 도맡아 수리했다. 나는 손재주가 좋지는 않아 수리 시간이 오래 걸렸으나 성심성의껏 고쳤다. 망치질이 서툴러서 못을 박다가 손을 다치기도 했다.

건물 안팎을 청소하는 일도 내 몫이었다. 숙소는 건물 내에 있는 숙직실이었다. 다른 직원들이 퇴근한 저녁에 나 혼자서 전체 사무실을 말끔히 쓸고 닦았다.

어느 날 청소를 하고 있는데 연로한 경리부장이 퇴근하지 못하고 전표 뭉치 앞에서 전전긍긍하고 있었다.

"웬일이세요?"

"눈이 침침해서 자잘한 글씨가 보이지 않네. 아직 오늘 장부를 마감하지 못했다네."

"제가 정리해 드릴까요?"

부장은 나를 빤히 쳐다보며 사환 녀석이 이런 일을 할 수 있을까, 반신반의하는 듯했다.

"그래, 한번 해 봐."

나는 전표를 거래처별로 분류한 다음 장부에 내역과 금액을 또박 또박 써서 정리했다. 그 과정을 지켜본 경리부장의 눈이 동그래졌다. 그 이후 그는 툭하면 나에게 장부정리 작업을 시켰다.

나는 부장 책상 위에 놓인 《부기원리》라는 책을 빌려 숙소에 갖고 들어가 틈틈이 독학했다. 차변, 대변 등의 원리를 깨우치니 장부정리 작업이 고달프기는커녕 즐거웠다. 《상업대요》라는 책도 흥미로웠다. 상품의 생산, 판매, 관리 등에 관한 흐름을 담고 있었다.

하루는 총무 담당이 나를 불러 갔더니 그 자리에 경리부장도 와 있었다.

"요즘 장부 글씨가 좋아져 이상하다 여겼는데 경리부장에게 물어 보니 자네 글씨라 하더군. 경리 업무를 정식으로 배워 보겠나?"

"기회를 주셔서 감사합니다!"

"경리부장은 1년 후에 정년퇴임할 것이야. 그 후엔 자네가 그 업무를 담당하게. 물론 그때까지 외근도 하며 경험을 쌓도록 하게."

"외근이라니요?"

"임대료 수금 업무이네. 집집마다 찾아가서 월세를 받아야 하는데 아마 힘들 것이야. 문을 열어 주지 않는 입주자도 수두룩하고 악질 입주자는 수금원이 다가오지 못하도록 물을 뿌리거나 칼부림까지 한다네."

임대료 수금원 생활

나는 낮 시간에는 오사카 곳곳을 돌아다니며 임대료를 수금했다. 대로大路는 물론 온갖 골목길도 다녔다. 다리가 아팠지만 오사카 지리를 익히는 데 큰 도움이 되었다.

어떤 입주자는 월세를 한꺼번에 내기 어려우니 보름치씩 내겠다고 했다. 그 돈을 받아 와 장부정리를 하면서 사유를 부기附記했더니 경리부장이 빙그레 웃으며 한마디 하신다.

"자네, 제법이네. 상대방 사정을 고려해서 돈을 받아야 서로에게 좋다네."

"오래 내지 못해 연체이자가 눈덩이처럼 불어난 입주자는 어떻게 처리합니까?"

"공식 방침은 아닌데 좀 깎아 주는 방안이 있다네. 물론 수금원이 멋대로 결정하면 안 되고 당사자 상황을 보고서로 만들어 품의를 올려야 한다네."

나는 악성 입주자 관리대장을 별도로 만들었다. 그들을 만나 사정을 상세히 듣고 이자 탕감률을 나름대로 산정했다. 절망에 빠졌던 이들도 이자가 좀 줄어들자 납부할 의지가 생기는 듯했다. 실제로 수금 실적이 좋아졌다. 이런 경험은 나중에 내가 금융업을 일으키는 초석이 되었다.

경리부장이 퇴임한 후 나는 경리 실무자가 되었다. 이론적으로 무장하기 위해 메이지明治대학에서 사용하는 여러 교재로 공부했다. 대학 교재에 나오는 복식부기를 익히려 학원에도 다니고 우편 강의록도

구입했다. 당시엔 주경야독하는 학도를 위해 매월 한두 번 우편으로 강의록을 보내주는 방식이 유행했다. 강의록에서 모르는 내용은 편지로 질문하면 응답이 우편으로 왔다.

언젠가 정주영鄭周永 현대그룹 회장을 만났더니 자신도 강의록으로 부기를 배웠다면서 소년 시절을 회상했다. 우리는 공통 경험 때문인지 서로 친근감을 느꼈다. 강원도 통천이 고향인 정 회장은 어릴 때 3년 간 서당을 다녔고 소학교를 졸업한 후 상경한 경력도 나와 비슷했다.

"송전공립보통학교에 다닐 때 붓글씨 쓰기와 창가를 못해서 내내 2등을 했어요. 1등 졸업한 친구는 나중에 형무소 간수 시험에 합격해서 간수가 되었다오."

"저도 창가를 못했답니다. 그래도 붓글씨는 조금 쓰는 편입니다. 하하하!"

훗날인 1993년 일본의 다큐멘터리 프로덕션인 도쓰기획東通企劃이 제작한 영상물에는 나의 오사카 초창기 시절이 등장한다. '이희건'이란 제목의 10분짜리 일본어판 영상인데, 장남인 이승재李勝載가 직접 내레이션을 맡았다.

"(우리 아버지가) 일본으로 건너와 처음으로 방문한 곳은 외국인을 위한 사회기관인 '오사카 게이메이회'라는 사무소였습니다. 이곳에서 수많은 좋은 인간관계를 가졌고, 성실한 일솜씨도 확실하게 평가를 받았습니다."

쓰루하시 암시장

일본 속의 한국

오사카는 '일본 안의 한국'이라 칭할 만큼 한국인들이 많이 사는 도시다. 오사카가 일본의 전국 도도부현都島府縣(광역자치단체) 가운데 한국인이 가장 많이 사는 도시로 올라선 시점은 1921년으로 거슬러 올라간다. 1944년에 오사카 일대인 간사이 지방關西地方에 사는 한국인은 150만 명에 이르렀다.

'남자는 이카이노猪飼野, 여자는 기시와다岸和田'

이 말은 당시 한국인들의 오사카 살이를 상징적으로 보여 주는 표현이다. 이카이노는 지금의 이쿠노구와 히가시나리구東成區 일대의 옛 지명이다. 히라노가와를 끼고 있는 이카이노는 1973년 구역통합을 하면서 지명이 역사 속으로 사라졌다. 현재도 이 일대는 오사카 안에서 재일교포들이 가장 많이 사는 곳이다.

이카이노는 지명 한자에서 짐작하듯이 원래 돼지를 키우던 들판이었다. 재일교포 집단거주지가 된 배경은 고무, 유리, 법랑琺瑯 등을 만드는 중소·영세 공장인 마치코바町工場가 많아서 다른 데보다 일자리를 구하기가 쉬웠기 때문이다. 기계장비를 다루는 거칠고 위험한 일이다 보니 이 일대에서 일하는 근로자의 태반은 한국인 남자들이었다. 그래서 재일교포 사이에서는 "남자는 이카이노"라는 말이 돌았다.

기시와다는 여성들의 일터였다. 오사카만에 인접한 방직공업 도시인데 메이지시대 중반부터 섬유산업이 발달했다. 현재 간사이 지방의 국제관문인 간사이국제공항에서 해양다리를 건너가면 바로 닿는 내륙이 기시와다이다. 부근에 방직공장이 많다 보니 노동자 다수는 여성이었다. 노동력의 상당 부분을 한국인 여성들이 감당했다. 그래서 "여자는 기시와다"라는 말이 나왔다.

암시장

나의 20대 청년 시절 활동무대는 이쿠노구 지역이었고 사업가로서 데뷔 무대도 바로 이쿠노구 중심에 자리한 쓰루하시鶴橋 시장이었다.

오늘날 이 시장이 일본에서 가장 큰 '코리안 마켓'이다. 재일교포들이 피땀으로 키운 산물이다. 지금도 시장에 그 증거가 남아 있는데, 약칭 '쓰루신鶴振'이라 부르는 '쓰루하시 상점가 진흥조합'이다. 시장 정문에 들어서자마자 보이는 오른편 건물 2층에 조합 사무실이 있었다. 몇 사람만 들어서도 꽉 찰 정도로 좁은 이 공간이 재일교포 1세들의 신산한 일본 정착기를 증언한다.

시작은 1945년 제2차 세계대전 종전 직후로 거슬러 올라간다. 무허가 암시장 시절에 여기 상인들을 규합해서 세운 연합체가 훗날 '쓰루신'이 됐다. 암시장 시절에 쓰루하시에는 매일같이 '국제전쟁'이 벌어졌다. 한국인, 일본인, 중국인, 대만인 등이 뒤섞여서 하루가 멀다 않고 상인들끼리 멱살잡이하는 나날의 연속이었다. '쓰루하시 국제전 쟁'에 누군가가 종지부를 찍어야 했다. 나는 좌시할 수 없어 분연히 일어났다.

"뭉쳐야 합니다. 서로 싸우면 공멸합니다."

나는 이렇게 외치며 단결을 호소했다. 말로만 부르짖을 게 아니라 조직을 만들어 구심체로 활용해야 한다고 판단했다. 이렇게 해서 탄 생한 모임이 '쓰루하시 시장번영회'다. 내가 앞장섰기에 초기부터 회 장 역할을 했다.

나이 20대 후반의 외국인 젊은이가 어떻게 이전투구 암시장의 상 인들을 단결시킬 수 있었는가. 그것도 성깔과 풍습이 각기 다른 민족 들을 상대로 말이다. 나는 이런 질문을 받으면 다음과 같이 대답하곤 했다.

"무슨 일을 하든지 마찬가지입니다. 되도록 많은 사람을 참여시키 는 게 바람직합니다. 그리고 대중에게 도움이 되는 조직 만들기를 해 야 합니다. 훗날 신한은행을 세울 때도 기본에는 재일교포 다수를 참 여시키겠다는 생각을 바탕에 깔고 있었습니다. 예나 지금이나 변함없 는 신념입니다만, 조직을 세우는 절대적 조건은 참여자를 많이 만드 는 일입니다.

종전 직후 쓰루하시 암시장에서 얻은 교훈입니다. 한국인, 일본인, 중국인들이 뒤섞여 벌이는 난장판을 정리하면서 배운 경험이지요. 요 즘 젊은이들은 암시장 같은 건 모를 테지만…."

나는 언론과의 인터뷰에서 두 가지 요점을 강조한다.

'조직을 만들 때는 많은 이들에게 참여의 기회를 부여하라.'

'대중을 위한 조직으로 만들라.'

결혼 이야기

쓰루하시에 장을 보러 온 한 여성과의 우연한 만남. 이제 갓 스무 살이 된 이쓰카게 미수五影美壽였다. 가나자와 고등여학교를 졸업한 총명한 여성이었다.

나는 꽃처럼 아름답고 우아한 이쓰카게 양을 보고 첫눈에 반했다. 그녀도 마찬가지인 듯했다. 우리 사이엔 첫 만남부터 사랑의 불꽃이 튀었다. 만난 지 석 달째 되던 1946년 여름날, 히가시나리東成에 있는 히메코소신사此賣許曾神社로 발걸음을 옮겼다.

"저 이희건은 미수 양을 아내로 맞아 어떠한 경우라도 항상 사랑하고 존중할 것을 맹세합니다."

"저 이쓰카게 미수는 이희건을 남편으로 맞아 진실한 아내로서 도리를 다하며 행복한 가정을 이룰 것을 맹세합니다."

결혼식은 신랑, 신부와 처가 가족만이 참석한 가운데 간소하게 치러졌다. 내 나이 29세, 신부는 20세 때였다.

히메코소신사는 1,500년 전 삼국시대 신라에서 건너온 여신 아카루히메阿加流比賣와 우두牛頭천왕 스사노오素盞吾尊의 전설을 품고 있는 곳. 옛 신라 땅인 경북 경산에서 태어난 나는 일부러 예식장소로 이 신사를 골랐다. 와카야마현의 작은 온천으로 1박 2일의 짧은 신혼여행

신혼시절 아내
이쓰카게 미수와 함께(1946).
우리는 석 달 만에 결혼했다.

을 다녀왔다.

　나는 결혼 후에도 분주한 일상을 보냈다. 새벽녘에 나가 밤늦게 집에 돌아오는 나날의 연속이었다. 바쁜 와중에도 아내와의 데이트는 꼬박꼬박 챙겼다.

　신혼시절 우리 둘은 유행을 선도하는 멋쟁이였다. 일본에 단 몇 대밖에 없던 프로선수용 오토바이 '인디언'을 타고 다니며 오사카를 활주했다. 인디언 몸통에 붙인 사이드카에 앉은 주인공은 언제나 아내였다.

　나는 양복 차림에 나비넥타이를 매고 허리에 하얀 벨트를 찰 만큼 패션에도 신경을 썼다. 포마드를 바른 머리칼은 언제나 반들반들 빛났다. 오토바이로 질주하는 우리 부부를 목격한 사람들은 놀라 입방아를 찧었다.

　"쓰루하시에서 후세布施까지 3분 만에 주파하다니, 비행기로 갔답니까?"

　전설 같은 이야기지만 나의 오토바이 운전 실력은 폭주족 수준이었다. 그런데 이 비싼 오토바이는 애물단지였다. 툭하면 고장이 났다. 이마자토今里의 단골 수리점에 내가 나타나면 주인장은 고개를 절레절레 흔들며 너스레를 떨었다.

　"앗! 이코마生駒 터널이 또 왔네!"

　마치 터널 속에서 고함을 지르는 것 같은 우렁찬 내 목소리에 귀가 따가웠던 모양이다.

　'이코마 터널'은 일본인 주인장이 나를 별명으로 부른 말이지만,

한국인에겐 비극을 연상시키는 단어였다. 오사카와 나라奈良현 사이에 있는 이코마산 터널 공사에서 한국인 인부 수백 명이 1913년 터널 붕괴사고로 목숨을 잃었다.

종전 이후

궁핍의 시대

일본은 1937년 7월 7일 중국과 전쟁을 벌인다. 이 중일전쟁으로 일본은 중국의 남북 10개 성과 주요 대도시를 대부분 장악한다. 그러나 중국 국민당과 공산당이 '국공합작'으로 일본에 맞서자 전쟁은 장기화되었다.

일본은 중일전쟁의 기세를 몰아 1941년 12월 8일에는 하와이 진주만에 있는 미국의 태평양함대 기지를 기습 공격한다. 이 전투는 일시적으로는 일본의 완벽한 승리였다. 그러나 그때까지 잠자코 있던 거인 미국이 일본을 공격하면서 제2차 세계대전(별칭 '태평양전쟁')에 본격 참전했다. 일본은 옥쇄玉碎작전으로 버티다 1945년 8월 히로시마廣島, 나가사키長崎에 원폭 공격을 받고 미국에 항복한다.

태평양전쟁이 발발하자 한국인들도 큰 변화를 겪는다. 일본은 전쟁 때문에 노동력이 급감하자 한국인들을 일본으로 무더기로 데려오기 시작한 것이다. 전쟁 전에는 자발적인 일본행이 많았던 반면, 전쟁 발발 이후엔 징용 등 강제차출이 늘었다. 징용 노동자들은 대체로 탄광, 군수공장 등 강도 높은 노동현장에 투입되었다.

제2차 세계대전이 진행될수록 일본의 주요 도시는 잿더미로 변해 갔다. 무시무시한 미군 폭격기들이 하루가 멀다 하고 일본 상공에 나타나 엄청난 폭탄을 퍼부었다. 일본 전역에서 공습으로 파괴된 가옥은 350만 호로 추산되었다. 근 1,500만 명이 보금자리를 잃은 셈이다.

오사카는 1945년 1월 3일 첫 공습부터 전쟁이 끝날 때까지 28회나 폭격을 받았다. 이에 따라 오사카 일대 27%가 초토화됐다. 불타 버린 가옥은 31만 호, 사상자는 4만 8,600명에 달했다.

종전 이후 일본에 남은 재일교포는 미군의 대공습 때 못지않은 끔찍한 상황에 직면한다. 일본 경제가 마비상태에 빠졌기 때문이다. 심각한 물자 부족, 살인적인 인플레이션, 높은 실업률이 두드러졌다. 일본의 물자 생산능력은 전쟁 시기의 10% 이하로 급감했다.

그야말로 아수라장으로 변한 것이다. 국민 대다수가 하루 끼니를 걱정해야 하는 '궁핍의 시대'가 도래한 것이다. 일본 도시 곳곳은 먹을거리를 구하려는 사람들로 넘쳐 났다. 중국, 한국 등으로 갔다가 일본으로 돌아온 '복원復員'만도 700만 명에 이르렀다.

살아남으려면 집안의 가재도구부터 가보까지 내다 팔아야만 했다. 물물교환 장터인 암시장이 일본 곳곳에 우후죽순처럼 생겨난 배경이다.

암시장은 이카이노의 중심지인 쓰루하시역 근방에도 섰다. 전사한 남편의 유품을 파는 여성, 숨겨놨던 군수물자를 땅바닥에 늘어놓은 좌판 상인, 그런 걸 사들여 지방에 되파는 떠돌이 상인 등 각양각색의 상인들로 넘쳐났다. 그 수가 족히 2천 명을 헤아렸다. 쓰루하시 암시장은 하루에 약 20만 명이 몰리는 거대한 다국적 마켓으로 커졌다.

그러나 어디까지나 무허가 시장이다. 자연발생 형태의 시장이다 보니 정부 당국자의 눈에는 무질서한 '도떼기'판으로 보였다. 당국은 처음엔 시장 외곽의 몇 개 노점만 단속하다가 점차 범위를 넓혀 갔다. 마침내 1946년 8월 1일 쓰루하시 시장은 강제로 폐쇄당한다.

귀국 지원 임시사무소

태평양 전쟁이 끝난 직후인 1945년 8월 오사카는 도쿄와 마찬가지로 미군의 폭격으로 도시 대부분이 파괴돼 도시 기능이 거의 마비됐다. 교통, 통신, 상하수도 시설이 제대로 가동되지 않았으니 시민들이 겪는 고통과 불안은 상상을 초월했다.

원폭으로 잿더미가 된 히로시마, 나가사키에 비해 그래도 조금 낫다는 게 그나마 위안이었다. 원폭 사망자는 히로시마 14만 명, 나가사키 7만 명이었다. 두 곳의 한국인 사망자는 4만 명이나 됐다.

내가 전쟁 중에 일했던 오사카 부두 건물은 흔적도 없이 사라졌다. 폭격으로 전파全破된 건물에 가 보니 시멘트 덩어리들이 뒹굴 뿐이었다. 오사카 시내엔 걸인들이 나타났는데 행인들도 어렵기는 마찬가지여서 이들에게 줄 동냥이 없었다.

식량이 극도로 부족하고 일자리도 거의 없어서 시민들은 암담한 세월을 보냈다. 그나마 다행스러운 것은 약탈, 강도 같은 강력범죄가

흔치는 않다는 사실이었다. 시민들은 인내심으로 절제했고 경찰은 치안 유지에 열을 올렸다. 일본인이 그토록 고생했으니 재일교포들의 고초는 오죽했으랴.

재일교포의 상황은 복잡했다. 조국이 광복을 맞았으니 환호하면서도 막상 귀국하려니 수중手中이 텅 비어 있어 참담했다. 그럼에도 귀국하려 갖은 애를 쓰는 사람이 적잖았다. 그렇지 않은 부류는 귀국해 봐야 생계가 막연하니 일본에 남아 생활기반을 마련하려는 사람이었다. 나는 후자였다. 성취한 결과도 없이 귀향한다는 것은 내 자존심이 허락하지 않았다.

귀국선이 출발하는 시모노세키, 하카타博多로 향하는 열차는 한국인들로 초만원을 이루었다. 그곳에 가도 배편을 구하기가 어려워 부두에서 며칠씩 노숙하는 사람도 적잖다 했다. 시모노세키에는 20만 명이나 몰려 북새통을 이룬 적도 있었다. 일부 성급한 사람들은 오사카항 부근의 어촌에서 허름한 소형 어선을 얻어 타고 밀항을 시도했다. 이들 가운데 상당수는 현해탄의 거센 물살 속에 수장당했다고 한다.

거대한 선박인 4,700톤 우키시마마루浮島丸가 침몰하여 한국인 524명이 사망한 비극도 있었다. 1945년 8월 24일 이 선박은 마이즈루舞鶴 항구에 정박하려다 기뢰에 부딪쳐 침몰했다.

나는 귀환자들을 돕기 위해 발 벗고 나섰다. 그들 가운데 상당수는 일본의 관공서 절차를 몰라 귀국에 애로를 겪는다는 이야기를 들었기 때문이다. 나는 오사카 관청에 가서 담판을 지었다.

"귀환을 희망하는 사람들이 서류를 작성하느라 곤욕을 치르고 있습니다. 제가 '민간 귀환수호 사무국'을 설치해서 서류 작성을 대행하려 합니다."

"사무실은 있소?"

"쓰루하시 시장에 임시로 사무실을 구하겠습니다."

"좋소!"

가게 하나를 빌려 임시 사무실을 열었더니 귀환 희망자들이 줄지어 몰려왔다. 밤에도 행렬이 끊이지 않아 심야에 잠시 눈을 붙이는 시간 이외엔 1주일 동안 꼬박 밤낮 일했다. 그래도 이들이 무사히 귀국하는 데 일조한다는 보람으로 피곤함을 견뎌냈다. 이곳에서 귀환서류를 대서代書해 준 인원이 수천 명이었다.

역류 재일교포

일본의 패색이 짙어질 무렵인 1945년 8월 8일 소련이 느닷없이 연합국의 일원으로 참전했다. 승전국 자격으로 논공행상論功行賞에 끼어들 심산이었다.

과연 그랬다. 북위 38도선을 기준으로 갈라진 한반도에 북쪽엔 소련군이, 남쪽엔 미군이 각각 진주進駐했다. 1945년 12월, 한반도를 미·영·중·소 4대국이 5년간 신탁통치한다는 방안이 발표되자, 남·북한에서는 신탁통치안에 대한 격렬한 찬반 대립이 벌어졌다. 이런 갈등은 무력충돌로 번져 좌·우 진영 사이에 무장습격, 테러보복이 자행되었다. 살벌한 공기가 남한을 뒤덮었고 심각한 식량난, 살인적인 인플레이션 탓에 사회 불안이 가중되었다.

모국으로 귀환한 재일교포 상당수는 고향에서 살길을 찾지 못해 다시 일본으로 돌아왔다. 특히 일본에서 태어난 재일교포 2세들은 한국어가 서투르다는 이유로 차별당하자 부모를 원망하며 일본으로 발길을 돌렸다. 이런 현상을 '역류逆流'라 했다. 일본 당국이 이를 엄격히 막았기에 대부분의 재입국자들은 밀항선을 탔다.

훗날 내가 관련 통계를 살펴보니 1946년에 일본에 들어온 밀입국자는 1만 2,132명인데 이 가운데 한국인이 98％였다. 이들은 적발된 사람이고 실제로 밀항에 성공한 사람들도 많을 터인데 이는 통계에 잡히지 않았으리라.

밀항 추세는 한일협정이 체결된 1965년까지 이어졌다. 적발된 사람들은 오무라大村수용소에 수용되었다. 광복 이후 1946년 말까지 모국에 돌아간 한국인은 모두 150만 명이었다. 이런저런 사정으로 일본에 남아 '재일교포'가 된 사람은 55만 명이었다.

내가 오사카에 도착한 이듬해인 1933년 오사카 사회부 노동과에서 작성한 〈조선인 노동자의 근황〉이란 자료를 찾아본 적이 있다. 도항 이전의 직업은 농업이 86.8％, 농업 이외가 8.3％, 무직 4.9％였다. 대부분이 시골에서 농사짓다가 날품팔이 육체노동자로 온 사람들이었다. 세대주 학력은 무학無學이 61.5％, 서당 21.2％, 소학교 14.3％, 중학 2.7％, 기타 0.3％였다. 일본어 해독 정도는 전체 해독 22.6％, 약간 해독 54.2％, 불능 23.2％였다.

다케다 유키오武田行雄란 학자의 논문을 보니 도항 조선인에 대해 "내지內地로 안주할 땅을 찾아 남자는 담뱃대 하나 손에 들고, 여자는 바가지를 꽉 끌어안고 현해탄을 건넜다"는 표현이 있었다. 적확한 묘사이긴 했지만 실상이 그렇기에 내 가슴이 쓰렸다.

실제로 한국인 노동자 대부분은 저임금, 장시간 노동, 불쾌·불결·과격한 노동을 감수하고 있었다. 토건 잡역부, 광산 노동자, 분뇨 수거 등이 대표적인 직업이었다. 1940년대 초반에 일본 각 도시에서 분뇨 수거 작업은 거의 조선인들이 맡았다. 저학력, 무無기능에다 일본어에 서툰 노동자들은 대체로 2세에게도 빈곤을 대물림했다.

쓰루하시 국제시장

뭉쳐야 산다

하루아침에 생업을 잃은 상인들은 우왕좌왕했다. 나는 당시에 쓰루하시 시장 귀퉁이에서 자전거 튜브, 오토바이 타이어를 파는 가게를 꾸려가고 있었다.

상인마다 국적도 다르고 이해관계도 제각각이어서 의견이 통합되지 않았다. 상인들은 머리를 맞대고 협의를 진행하지만 합의에 이르기가 쉽지 않았다. 걸핏하면 드잡이 활극이 벌어졌다. 상인 가운데는 한국인이 40% 가량으로 가장 많았다. 나는 시장번영회를 만들어 앞장섰다.

단결하지 않으면 시장은 영원히 폐쇄되고 말 것이라는 위기감이 들었다. 나는 여럿이 모인 자리에서 사자후를 토하는 것은 물론, 한 사람씩 찾아다니며 설득을 벌이는 활동을 벌이기 시작했다.

"시장이 폐쇄되면 우리만 손해 아닙니까? 우리 재산은 우리가 지켜야 합니다. 그래야 모두가 삽니다. 우리가 다투면 당국은 질서 유지를 명분으로 시장폐쇄를 정당화할 것입니다."

나는 밤낮을 가리지 않고 수많은 상인을 일일이 만나 대책회의에 동참해 달라고 호소했다. 그들도 하나둘씩 나의 열정을 이해했는지 마음의 장벽을 허물고 동참하겠다고 약속했다. 나는 관청에 제출할 청원서를 만들었다.

그런데 산 넘어 산이라고 거대한 장벽이 기다리고 있었다. 협상상 대는 진주군으로 불린 연합군사령부 GHQ General Head Quarters다. 일본은 패전국이므로 일본인들이 미군 앞에서는 어깨를 움츠릴 때였다. 나는 한국인이어서 미군에게 주눅들 이유가 없었다.

미군 상대로 협상

나는 상인 대표 자격으로 GHQ에 찾아가 협상에 나섰다. 담당자는 새파란 젊은이인 미군 대위였다. 통역자를 대동하고 갔기에 의사소통 에는 불편함이 없었다.

"상인 2천 명의 생존이 달려 있는 사안입니다. 가족까지 포함하면 1만 명의 목숨이 왔다 갔다 하는 중요한 일이에요. 상업활동을 허용해 주십시오."

"그런 난장판을 허용할 수는 없소."

대위는 단칼에 말을 끊고 얼굴을 돌렸다. 난감했다. 아무 소득도 없이 GHQ 사무실에서 나오니 허탈감 때문에 다리가 후들거렸다.

답답한 마음에 경찰과 오사카 시청에도 찾아가 하소연했다. 이들은 한결같이 자기들은 힘이 없으니 미군에게 읍소하여 허가를 얻으라면서 발뺌했다. 시간이 길어지자 상인들은 초조해했다. 일부 상인들은 슬슬 불만을 터뜨렸다.

"이렇게 팔짱만 끼고 앉아 기다릴 게 아니라 GHQ 앞에 몰려가 피켓 시위라도 벌여야 하지 않겠소?"

누군가 이렇게 핏대를 올리자 여기저기서 호응을 했다.

"옳소!"

나는 그들을 자제시켰다.

"우격다짐은 결단코 안 되오. 대화를 통한 협상만이 유일한 카드요. 믿고 기다려 주시오."

나는 강자의 아량이 없어지면 약자인 상인들만 손해 볼 것이라 판단했다.

해가 바뀌어 1947년, 나는 암시장 재건위원 서너 명과 함께 출근하다시피 GHQ를 찾아갔다. 그때마다 면담을 거절당했다. 전략을 바꿔야 했다.

곰곰이 따져보니 이렇게 막무가내로 찾아가서는 될 일이 아니었다. 나는 통역자에게 부탁하여 청원서 내용을 영문으로 번역하도록 했다.

"정중하게, 품위 있는 문체로 정리해 주시오."

"번역한 다음에 타자로 정리하면 좋겠습니다. 비용이 좀 들긴 하지만…."

"돈이 들더라도 그렇게 해 주시오. 좋은 종이로 작성하고 봉투도 고급으로…."

상인연합회 명의로 된 직인을 큼직하게 새로 만들어 청원서에 찍어 GHQ에 발송했다. 이와 함께 참여 상인들의 서명을 덧붙인 청원서를 다시 작성해 오사카시청 후생국에 제출했다.

2월 어느 날 GHQ에서 면담 날짜를 알려왔다. 청원서가 접수돼 효력이 생겼는지 싶어 쾌재를 불렀다. 그날 아침에 나는 양복 차림에 넥타이를 매고 집을 나섰다.

"당신 웬일이우? 양복 정장을 차려입고 … 우리 신랑 멋지네요!"

임신해 배가 불러오기 시작한 아내가 활짝 웃으며 말했다.

"미군을 만나러 가서 협상을 벌여야 하오."

"잘될 거예요. 힘내세요!"

나는 아내와 가볍게 포옹하고 나서 힘찬 발걸음을 내디뎠다.

미군 대위는 내가 보낸 청원서를 손에 들고 나를 응시했다.

"귀하는 한국인이라던데 어떻게 하여 오사카에 왔고, 왜 귀국하지 않고 여기에 사시오?"

나는 내 이력을 간략히 소개하고 지금은 일본인 여성과 결혼하여 오사카에 정착했다고 대답했다. 대위는 진지하게 경청했다.

그는 내 청소년 시절에 대해서도 꼬치꼬치 캐물었다. 말투가 우호적으로 변하는 것 같았다. 통역자도 이를 간파했는지 신바람이 나서 통역했다.

"인쇄소에서 일했다고요?"

"그렇습니다. 오래 일하지는 못했지만 책을 만드는 과정을 대충이나마 체험했습니다."

대위는 호주머니에서 미국 달러를 꺼내 나에게 보여 주면서 물었다. 지폐에 그려진 인물을 손가락으로 가리켰다.

"이분을 아십니까? 벤저민 프랭클린⋯."

"아다마다요. 미국 건국의 아버지 아닙니까?"

"맞습니다. 이분도 소년 시절에 인쇄소에서 일했지요. 자신의 묘비에 '인쇄공'이라 새기도록 했답니다. 제가 가장 존경하는 인물인데 귀하가 인쇄소에서 일했다 하니 갑자기 생각나서 물어봤습니다."

"그렇잖아도 저도 벤저민 프랭클린의 자서전을 읽고 큰 감명을 받았답니다. 제 인생의 사표師表인 인물이지요."

나는 그날 이후 평생 동안 중요한 일을 벌일 때는 옷을 단정하게 입었다. 머리칼도 깨끗이 빗고 구두도 반들반들 닦았다. 넥타이와 와이셔츠도 색깔을 잘 맞추었다. 정장 차림은 멋을 내기 위해서가 아니라 상대방에 대한 예의와 존중의 표시라 생각했기 때문이다.

다시 문을 연 시장

어느덧 벚꽃이 피는 봄이 찾아왔다. 1947년 3월 13일 오전, 오사카시청 후생국장실.

며칠 전에 담당 공무원으로부터 이날 시청에서 만나자는 전갈이 왔다. 후생국장이 먼저 말문을 열었다.

"축하합니다! 시장 재개 결정이 내려졌습니다."

"예? 감사합니다."

"어떻게 미군을 구워삶으셨기에? 하하하!"

"구워삶다니, 무슨 말씀입니까? 성실하게 저희 상황을 설명했을 뿐이었는데요."

"농담입니다. GHQ 태도가 돌변했기에 비결이 무언지 궁금해서 물었을 뿐입니다."

"대위가 제 이력을 미주알고주알 묻더군요."

"그 장교는 미국 명문대를 졸업한 인텔리로 소문났지요. 인류학인가 뭔가 하는 학문을 전공했다 하던데 ….."

시장재개 승인이 이루어지고 '쓰루하시 국제상점가'라는 버젓한 이름까지 얻어냈다. 무허가 딱지를 떼고 합법적인 시장으로 허가를 받은 것이다.

서둘러 상인들이 모여 있는 사무실로 돌아가 이 소식을 전했다.

"만세!"

우리는 두 팔을 높이 들어 환호했다.

얼마 후 '쓰루하시 국제상점가 연맹'이 정식으로 출범하면서 대표를 뽑는 선거 모임이 열렸다. 이전에 나는 시장번영회 대표로 미군과 협상을 벌였지만 어디까지나 비공식 자격이었다.

대회를 진행하는 의장이 말문을 열었다.

"대표 회장 적임자를 추천해 주시오."

쓰루하시 국제상점가 연맹 발기인들과 함께(1947).

그랬더니 여기저기서 수군거리는 소리가 들려왔다.

"복잡하게 따질 것 없어. 이희건 회장을 뽑으면 되지!"

어느 중국인이 의장에게서 발언권을 얻어 말했다.

"이희건 회장의 공적은 각골난망이요, 결초보은이로다!"

참석자들의 우레 같은 박수 소리와 함께 내가 만장일치로 초대 회장에 추대되었다.

그해 5월 9일 아내가 장남을 순산했다. 나에게 경사가 겹친 1947년이었다.

쓰루하시 시장은 '아리랑 고개'

'국제상점가'라는 이름은 붙었지만 예나 지금이나 쓰루하시 시장에는 상인도 손님도 한국인이 가장 많다. 시장 입구에 들어서면서부터 김치 냄새, 된장 냄새가 물씬 풍겨 한국의 여느 재래시장에 온 것 같은 기분이다.

설날, 추석 명절을 앞둔 대목에는 시장 안에 손님들이 붐벼 발 디딜 틈도 없다. 차례 상을 차리려고 장을 보러 온 동포들로 넘쳐나기 때문이다. 오사카뿐만이 아니라 교토, 나라, 와카야마, 오카야마 등지의 동포들도 명절 때면 쓰루하시를 찾는다. 각지의 동포들이 모이다 보니 장을 보다가 10년 만에 고향 친구를 만나고, 20년 만에 지인을 만나서 소주 한잔 기울이는 일이 벌어진다. 그래서 쓰루하시 시장의 별명이 '아리랑 고개'다.

"나를 버리고 가시는 님은 십 리도 못 가서 발병 난다."

한국인들이 가장 즐겨 부르는 민요 〈아리랑〉의 노래 가사와 딱 들어맞는다. 멀리 도망도 못 가고 다시 만나게 되는 '아리랑 고개' 쓰루하시는 재일교포에게는 고향 같은 곳이다.

재일교포 세대는 3, 4세로 바뀌고 한국어도 서투르지만 차례, 제사만큼은 확실하게 지내는 편이다. 할아버지, 할머니 대부터 이어온 전통을 잘 지킨다. 일본 간사이 지방에서 고춧가루부터 추어탕까지 한식 재료를 모두 구할 수 있는 데는 쓰루하시 시장뿐이다.

시장 밖으로 나가도 '코리안 마켓'은 이어진다. 시장에 붙어 있는 쓰루하시역은 음식 냄새로 일본인들을 자극하는 역으로 유명하다. 열차 문이 열리면 불고기 굽는 냄새가 진동한다. 과거엔 기피하는 냄새였지만 한류 열풍 이후엔 선망의 대상이 되었다. '호루몽'이라 불리는 곱창구이를 파는 식당도 과거엔 혐오당했으나 이젠 인기를 끄는 곳이 되었다.

미 연합군사령부를 찾아가 설득한 끝에 쓰루하시가
국제시장 간판을 걸고 다시 문을 열었다(1947).

오늘날의 쓰루하시 시장은 재일한국인을 중심으로 한 문화적 융합의 상징이 되었다.

아직도 주변에 서 있는 건물들을 들여다보면 배곯던 시절, 판잣집 짓고 오순도순 모여 살던 재일교포의 삶의 흔적을 찾을 수 있다.

쓰루하시는 교통의 요지이기도 하다. 긴테츠近鉄, JR국철, 오사카 메트로가 지나가는 트리플 역세권이어서 여기를 기점으로 서일본 지역엔 거의 다 직행할 수 있다.

오사카 안으로 살펴보면 동쪽으로는 이마자토今里와 후세 지구를 끼고 있다. 또한 남쪽으로는 히가시스미요시구東住吉區, 북쪽으로는 히가시나리구東成區가 인접해 있다. 여러 소비지구의 노른자 위치에 쓰루하시가 자리 잡고 있는 것이다.

처가 이야기

80m 허들에서 은메달

나의 아내 이쓰카게 미수는 친정의 반대를 무릅쓰고서 나와 결혼했고, 1978년 10월 5일 한국 국적을 취득했다. 아내의 친정은 일본의 명문가는 아니었지만 교양과 재산을 어느 정도 가진 중상류층이었다.

아내는 서도書道, 수묵화에 일가를 이루어 개인전시회를 열고 화집을 낼 정도였고, 문재文才가 있어 수필도 여러 편 남겼다. 요리에도 재주를 보여 집에 들이 닥치는 수많은 손님 접대에 망설임이 없었다.

아내는 여학교 시절엔 육상선수로 지치부노미야秩父宮 배杯 육상대회에 나가 80m 허들 종목에서 은메달을 땄다.

처가 남매들은 모두 스포츠에 재능을 발휘했다. 아내의 언니도 지치부노미야 배 대회 80m 허들에서 금메달을 목에 걸었다. 그러니 은메달을 딴 아내는 "우리 가문의 수치"라는 농담성 비판을 들었다고 한다.

처가의 유래

매사에 학구적인 장남 승재가 외가의 유래를 알아보고는 나에게 이야기한 적이 있다. 나의 처가의 뿌리에 대해서는 구체적으로는 처음 알았는데 내용은 다음과 같다.

이시카와현石川縣의 하쿠산시白山市(예전의 마토시松任市 지역)에 있는 마토공동 묘지에는 90% 이상의 묘지가 이쓰카게五影 가문의 고유 문장(동그라미 속 칡꽃 무늬)을 쓰고 있다. 가문의 종지宗旨는 '나무아미타불'이어서 불교를 숭상한 듯 하다.

가장 오래된 상좌上座 묘소에는 '고에이도야 기치베五影堂屋 吉兵衛'라고 씌어 있다. 1600년 일본에서 벌어진 대규모 전투인 세키가하라関ヶ原 전투 이후에 에도江戸에서 마토로 이주한 조상의 성씨姓氏가 '고에이도五影堂'였다.

기치베는 에도 전기前期에 가가번加賀藩 마에다前田 공公에게 헌금하면서 이름에 성씨를 붙이고 칼을 차는 무사특권인 '묘지타이토苗字帶刀' 허가를 얻었다. 이렇게 하여 '고에이도五影堂'라는 성을 얻었고 기치베는 마토 지역 고에이도 가문의 시조始祖가 되었다.

'고에이도五影堂'에서 '고에이五影'로 성씨가 바뀐 것은 마에다 공 9대 때 '도堂'가 주군 이름과 겹쳐 빼지 않을 수 없었기 때문이다. 쇼와 시대에 들어 가세가 기울어 오사카로 이사하면서 성씨의 발음을 '고에이'에서 '이쓰카게'로 바꾸었다.

가업은 에도에서 유행하는 의류상품을 가가加賀 지역에 파는 도매상이었다. 부는 축적할 수 있었지만 당시엔 사농공상 신분사회였기에 상인이 가장 아래 계급이었다. 요즘으로 말하자면 도쿄의 패션상품을 시골 가나자와金澤에 파는 유통업자였다.

예술에 재능 있는 장인, 장모

이쓰카게 집안의 조상들은 대대로 사쿠하치尺八(피리), 고토琴(가야금), 와카和歌(시조), 하이쿠俳句(단형시) 등을 즐겼다. 유명한 하이쿠 시인 지요조千代女가 집안사람이다.

나의 장인은 검도 6단, 유술柔術 사범에다 보유한 사쿠하치 40개를 연주하는 전통음악인이기도 했다. 장모는 오사카에 이주한 후 집에서 '컬쳐 스쿨 culture school', 즉 문화 학원을 운영하며 옷매무새, 예법, 하이쿠, 수묵화 등을 가르쳤다.

장인 이쓰카게 마사가츠五影將輓과 장모 무메むめ 슬하엔 3남 4녀가 있었는데 아내는 막내딸이다.

장녀는 장인의 사쿠하치 제자와 결혼해 도쿄에 살았다. 차녀는 만주 낭인浪人과 결혼했으나 남편이 만주에서 일찍 별세하는 바람에 내내 우리 집에서 집안일을 맡았다. 아내가 내 사업을 돕느라 바깥 활동을 했기에 처형妻兄이 살림을 도와주었다. 아이들도 마사에正惠 이모를 잘 따랐다.

장인의 장남은 어려서 사망했고, 차남 지키치次吉, 3남 야스조泰三는 장성했다. 차남 지키치는 어려서부터 말을 잘 타서 직업군인이 되었다. 난징南京 전투에서 왼쪽 허벅지에 총탄 두 발을 맞아 부상을 입었지만, 무용武勇을 인정받았다. 종전 후에는 오사카학예대학學藝大學 사무장으로 취업하여 주로 가난한 학생의 아르바이트 알선업무를 맡았다. 그는 후세布施의 공동주택에서 검소하게 살았다.

장남 승재는 어머니와 외가 가계에 관한 약사略史, 어머니의 그림과 글씨, 수필 등을 담은 《내 어머니 미수의 세계我が母 美寿の世界》라는 책을 2009년 7월 9일 출간했다. 이 책 표지에 실린 아내의 사진을 보니 왈칵 눈물이 쏟아졌다.

오사카흥은

3

금융인으로 전직 결심

오사카 방언

오늘날 쓰루하시 시장의 번성하는 풍경은 하루아침에 만들어지지 않았다. 암시장이던 쓰루하시가 정식 시장 간판을 단 다음에 상인들이 피땀을 흘리며 개조하면서 발전한 모습이다.

다시 그 시절로 돌아가 보자. 상인 대표가 된 나는 더 이상 조선에서 건너온 일개 '이름 없는 청년'이 아니었다. '지역의 리더'로 인정받기 시작했다. 쓰루하시 일대에서 나를 모르면 다른 동네 사람이라 할 정도로 유명 인사가 됐다. 나는 수시로 점포 이곳저곳을 들러 애로 사항을 듣고 해결해 주려 애썼다.

내가 처음 오사카에 왔을 무렵에 오사카 토박이들은 나에게 묻곤 했다.

"도쿄에서 오셨소?"

내가 조선에서 배운 일본어는 도쿄 표준어였다. 오사카의 방언은 '간사이벤關西弁'이라 하여 도쿄 표준어와는 사뭇 달랐다.

'감사합니다'라는 말은 도쿄 표준어로는 '아리가토고자이마스'이지만, 간사이벤으로는 '오키니'라고 한다. 일본 전역에 방언이 다양해 아오모리青森에서는 '아리가도고스', 미야자키宮崎에서는 '오킨네', 구마모토熊本에서는 '조조'라고 한다.

나는 방언을 부지런히 배워 해당 지역 출신자에겐 그 방언으로 대화하도록 노력했다. 만주에 스치듯 한 달가량 다녀왔지만 귀동냥으로 배운 중국어로 중국인 상인에겐 '니 하오마(안녕하세요?)', '짜이지엔 (다시 뵈어요)'이라 인사했다.

제주 출신 교민에게 제주 방언을 쓰니 그들은 매우 감격해했다. 내 제주 방언이 서툴지만 그들은 나의 정성을 높이 평가한 것이다. 제주 인들은 나의 적극적인 지지자가 되어 주었다.

자전거 타이어 점포

나는 쓰루하시 시장 개조작업을 이끌면서 평생의 지침으로 삼을 교훈을 얻었다. '대중이 하나'로 뭉치면 얼마나 큰 힘이 되는지를 절감한 것이다. 방관해서는 아무것도 이룰 수 없다는 사실을 깨달았다. '참여의 힘'은 정말 대단하였다. 혼자 추진하면 1% 가능성밖에 없지만 100명이 뭉치면 100%를 실현할 수 있다는 믿음이 생겼다.

'일즉다 다즉일一卽多 多卽一'

《화엄경》에 나오는 이 구절을 나는 자주 음미한다. '하나가 전체이고, 전체가 곧 하나'라는 뜻이니 다양한 사람들이 뭉치면 하나의 큰 힘을 발휘하지 않겠는가.

이때까지도 나는 시장통에서 자전거 타이어를 파는 작은 점포의 주인이었다. 바퀴 달린 것을 워낙에 좋아하다 보니 점차 오토바이 타이어, 자동차 타이어로 품목을 늘렸다. 타이어뿐 아니라 자전거도 팔았고 중고자동차 매매업으로 사업영역을 확장했다. 아내와 인디언 오토바이를 함께 타고서 오사카 시내를 질주하는 취미도 이때에 생겼다.

내가 타이어 판매상이 된 건 이유가 있다. 당시 타이어를 만드는 재료인 고무 관련 산업은 황금알을 낳은 사업이었다. 1946년 말 기준으로 오사카 근방에만 고무업에 뛰어든 신흥 사업자는 200명에 달했다. 자전거 타이어와 튜브를 취급하는 공장은 100여 개, 이 가운데 한국인이 경영하는 고무공장은 약 40개였다. 암시장 시절에 고무제품은 나오는 족족 불티나게 팔려나갔다. 자전거 타이어도 잘 팔리는 품목이었다.

타이어 점포 안에 비누 판매대를 설치했다가 아예 부근에 작은 점포를 얻어 비누 가게를 개점했다. 전후 혼란기를 거쳐 경제가 조금 안정되자 비누 같은 소비재가 잘 팔렸다.

중고자동차를 매매하다가 그 가운데 10대를 추려서 택시로 개조했다. 한동안 택시 회사를 운영하기도 했다.

내가 차려 운영하는 사업체는 대부분이 순풍順風을 탔다.

마작 게임방

나는 마작 게임방도 개업했다. 일본에서는 마작이 두뇌 스포츠로 인식돼 마작방은 고급 사교장 역할을 했다. 마작방은 일본어로는 마작옥麻雀屋이라 하는데 내 가게엔 '평락장平樂莊'이란 간판을 달았다.

나의 일본식 통성通姓인 평전平田의 앞 글자를 땄다. 통성의 일본어 발음은 '히라타'인데, 농토가 좁은 경산에서 유년기를 보냈기에 너른 평야가 그리워 이렇게 지었다.

나는 마작방을 운영하였지만 정작 마작에 손을 대지는 않았다. 한국에서 어린 시절에 어른들에게서 들은 이야기가 영향을 미쳤으리라.

"마작은 아편 못지않게 중독성이 있다 카더라. 내기에 열을 올리다가 마누라, 애까지 판돈으로 걸어놓는다 카더라."

일본인들은 마작을 즐기되 도박 수준에는 빠지지 않는 듯했다. 아내가 마작방에 들르면 우리는 근처 식당에서 밥을 먹고 다방에서 차

내가 개업한 마작 게임장 평락장 앞에서.

를 마시며 데이트를 했다. 그때 마작 가게 앞에서 아내와 함께 찍은 흑백사진이 있는데, 나는 백바지를 입고 멋을 잔뜩 부렸다.

　나는 모던 보이, 아내는 모던 걸 패션이었다. 서양식 옷을 즐겨 입는 아내는 그래도 한국의 명절 때는 한복 치마저고리를 입었다.

파친코 개업

마작방에 이어서 파친코 가게도 개점했다. 1949년 마사무라 다케이치正村竹一가 개발한 파친코 게임은 나고야名古屋가 발상지이다. 나고야는 파친코 게임기를 만드는 데 쓰이는 목재 베니어판의 집산지이다. 또 게임기 앞에 끼우는 유리도 나고야에서 주로 생산된다. 파친코 게임기에 쓰이는 구슬은 초창기에는 도요타자동차 공장 부근에서 흘러나온 폐廢베어링을 썼다고 한다.

　파친코는 일본 전역에 퍼져 나가 성업했다. 오락과 도박의 경계선에 있기에 경찰에서도 파친코 가게를 늘 주시한다. 잭팟이 터지면 엄청난 분량의 구슬이 쏟아지는데 현금으로는 바꿔주지 않고 비누, 담배, 과자 등 생활용품을 준다. 그러나 파친코 가게 인근에는 구슬을 현금으로 바꿔주는 곳이 생겨나 불법 영업을 한다.

　경찰은 파친코를 술집, 카바레 등과 함께 풍속에 관한 업종으로 규정하여 단속에 나선다. 경찰은 파친코 가게가 승률을 조작하거나 야쿠자와 관련 있거나 하면 철퇴를 휘두른다.

　나는 오사카 시내에 목이 좋은 곳에 파친코 가게를 여러 개 운영했다. 실내조명을 밝게 하고 환기를 자주 시켜 건전한 오락장으로 유지하도록 노력했다. 종업원은 단정한 옷차림을 하도록 했다. 그 덕분에 우리 파친코 가게는 늘 적정 규모의 이익이 났다.

일본에서 파친코를 경영하는 재일교포가 많은 이유는 여타 제조업이나 서비스업을 영위하기엔 제약이 많기 때문이다. 재일교포 자녀들은 명문대를 나와도 일본의 유수한 직장에는 취업하기가 어렵다. 입사시험에서 보이지 않는 장벽에 막히기 때문이다. 그러다 보니 유능한 인재라도 파친코가 첫 직장인 경우가 많다. 이들은 파친코 직원으로 일하다가 월급을 모아 독립해서 파친코 사장이 된다.

재일교포 가운데 파친코 사업으로 '파친코 황제'란 별명이 붙은 사업가가 있는데, 바로 마루한丸韓그룹의 한창우韓昌祐 회장이다. 경남 사천이 고향인 그는 1947년 늦가을에 밀항선을 타고 일본 시모노세키에 도착했다고 한다. 마루한그룹은 일본 전역에 300개 안팎의 파친코를 갖고 있다.

클래식 음악 애호가인 그는 1957년 5월 이탈리아어로 '빛'이라는 뜻인 '루체Luce'라는 옥호의 클래식 음악다방을 개업하면서 사업가로 데뷔했다. 그는 볼링장, 레스토랑, 골프 연습장 등으로 사업 영역을 넓힌다. 그러나 대형 볼링장이 불황 돌풍에 문을 닫으면서 고초를 겪었다. 그는 파친코 사업으로 재기한다.

한창우 회장은 1989~2003년에 본국투자협회 부회장, 고문을 지낸 데 이어 1995~2001년엔 신한은행 이사를 역임했다. 한 회장은 내가 추진하는 여러 활동에 언제나 앞장서서 참여한 믿음직한 동지同志였다. 1990~2001년엔 신한생명 이사도 지냈다.

은행에서 문전박대

일본 경제는 1950년을 기점으로 물자부족 현상이 서서히 해소되기 시작한다. 특히 한반도에서 발발한 6·25동란에 따른 전쟁 특수는 일본 경제를 부활시킨 결정타였다.

그렇다고 해서 오사카 한국인의 살림살이에 당장 여유가 생기지는 않았다. 대부분의 동포는 영세한 공장에서 위험하고 힘든 일을 하면서 근근이 살아가고 있었다.

당시 재일교포가 주로 일하는 업종을 살펴보면 이쿠노 지역에는 고무, 플라스틱, 샌들, 비닐공장이 많았다. 비닐공장은 나중에 히라노 구와 야오八尾에도 들어섰다. 니시나리西成에는 피혁, 히가시나리에는 셀룰로이드 합성수지, 비누, 히가시요도가와東淀川에는 유리, 염색, 메리야스가 각각 주력 업종이었다.

센슈泉州 지방의 이즈미和泉 일대에는 섬유가 주력이었다. 이즈미 일대의 메리야스, 타월 메이커 25개 업체 가운데 10개가 재일교포 소유였다. 일본 패전 후 이 업계에서 오사카부大阪府로부터 기업설비 인가를 제1호로 받은 사업자도 재일교포 업자였다.

재일교포의 주력 업종은 불고기집이나 찻집 같은 영세 자영업이었다. 아니면 쓰레기 수거, 분뇨 수거, 청소, 고물상 등 밑바닥 관련업이었다. 파친코, 카바레, 나이트클럽 등 '풍속업'이란 이름의 서비스 업종이 부상하기 전의 상황이다.

나는 행동반경을 넓혀 교토, 나라 등 간사이 지방 일대를 찾아가서 동포 사업체의 실태를 살폈다. 그들이 겪는 가장 큰 애로사항은 금융이었다.

좋은 사업 아이템을 찾아도 초기 설립자금을 구하지 못해 포기하는 동포들이 수두룩했다. 사업체를 꾸려 나가도 설비자금이 모자라 확장하기 어려웠다. 운전자금이 바닥나 거래처에서 제때 수금하지 못하면 흑자 부도를 당하는 경우도 허다했다. 좋은 경매물건이 보여도 입찰금이 없어 응찰하지 못했다.

은행 대출을 받는 것은 사실상 불가능했다. 이유는 '외국인'이라는 신분 때문이었다. 제 아무리 규모가 크고 경영실적이 좋은 기업도 재일교포가 소유주라면 은행 대출창구는 열리지 않았다. 고리 사채도 얻기가 어려웠다.

일본 은행은 재일교포에게 까다로운 대출조건을 요구하기 일쑤였다. 귀화(일본 국적 변경) 종용, 일본인 보증인 세우기, 턱없이 많은 담보 요구 등이었다. 은행 대출 심사역의 대답은 언제나 비슷하였다.

"전례가 없어서요."

"서류 미비입니다."

"확실한 보증인을 세우거나 담보를 제공하세요."

겉으로는 차분하고 친절한 안내이나 한 마디로 '곤란하다'는 일본식 의사표현이다. 재일교포들의 고충을 접할 때마다 나는 어떻게 도와주어야 할까 고민했다.

금융기관을 이용하기 어려운 애로를 방치한다면 재일교포 사업체는 성장하기 어려울 것이다. 불황기에는 더욱 쪼그라들어 도산할 가능성이 크다.

때는 1953년이었다. 집에 돌아와 보니 세 살배기 차남 경재慶載가 제법 자라 말을 하기 시작한다. 6세인 장남 승재는 히라가나를 읽을 수 있게 되었다. 이 아이들의 장래를 위해, 다른 동포 자녀의 밝은 미래를 위해 내가 나서야 하겠다는 의욕이 치솟았다.

나는 교포 사업가들이 일본 사회에서 인정받고 지위를 올리려면 먼저 성실하게 세금을 납부해야 한다고 봤다. 사업을 영위하는 과정에서 관공서의 인허가, 관리감독 행정이 수두룩한데 성실 납세자는 불필요한 꼬투리를 잡히지 않는다. 관청의 신뢰를 얻으면 사업을 확장하기가 수월하다. 내 자신이 세금을 성실하게 냈고 주위 교포 사업가들에게 그렇게 하라고 신신당부했다.

또 사업장을 언제나 청결하게 유지해야 한다. 청소는 깨끗이, 조명은 밝게, 종업원 복장은 단정하도록 관리해야 한다. 남자 직원은 가급적이면 양복 차림으로 손님을 맞도록 했다. 나의 사업장은 물론 교포 사업장에도 이를 권유했다.

나는 쓰루하시 시장의 단골식당에 가서 주인에게 늘 강조했다.

"탁자, 그릇, 홀, 주방 모두 청결하지 않으면 음식 맛이 좋아도 손님이 안 옵니다!"

내가 하도 자주 말해서인지 사업장이 깨끗해졌고 주인이나 종업원들의 옷차림도 단정해졌다.

이런 변화가 보이자 교포 사업가들에게 더욱 큰 선물을 주고 싶었다. 그들이 금융을 원활하게 이용하게 하면 얼마나 큰 선물이겠는가.

'그렇다! 동포를 위한 금융업을 시작해 보자!'

오사카흥은 설립

신용조합 발기인 모임

한국에서 6·25전쟁의 총성이 멈추자 재일교포 상공인들이 모국 나들이에 나섰다. 휴전협정이 조인된 1953년 7월, '재일한국인 상공회'는 모국산업시찰단을 조직했다. 대한민국 건국 이래 재일교포 경제인단체의 첫 모국행이다. 제1차 시찰단에 나는 분주한 일정 때문에 참여하지 못했다. 서갑호徐甲虎 사카모토방적阪本紡績 사장이 시찰단장이 되어 부푼 가슴을 안고 고국으로 향했다.

이 무렵에 나는 금융업에 뛰어들 준비를 하고 있었다. 여러 사안을 알아보다가 구체적인 윤곽이 잡힌 건 1954년 6월 19일의 일이다. 이날 나는 박승완朴勝完, 김용재金容載 등 교포 유지 73명과 함께 신용조합 발기인 모임을 결성했다. 가칭 '오사카 한성신용조합'이었다. 원래는 박승완 씨 주도로 조합 설립을 추진했으나 뚜렷한 진척이 없이 답보하고 있었다.

우리보다 한발 앞서 금융가가 된 재일교포가 있었다. 한국인으로는 최초로 오사카에서 신용조합을 설립한 박한식朴漢植 회장이 주인공이다. 경남 사천 출신으로 나보다 4세 연상인 박 회장은 상당한 재력을 갖춘 사업가였다. 오사카 북부의 중심인 우메다梅田시장의 상인조합장을 3연임할 정도로 지역 상권을 주도하는 인물이었다. 아사히 카세이旭化成 도매회관 경영자로서 간사이 일대 섬유 도매상인 가운데 으뜸이었다.

박한식 회장은 1953년 8월 10일 신용조합 '오사카상은大阪商銀'을 설립했다. 출자금은 3천만 엔이었다. 초창기 조합원은 약 600명으로 한국인뿐 아니라 일본인들도 다수 참여했다. 그래서 오사카상은은 최초의 한국계 민족금융기관이면서, 동시에 일본에서 처음으로 설립된 한일 합작 신용조합이었다.

'오사카 한성신용조합'은 내가 참여하면서부터 설립 움직임에 탄력을 받기 시작한다. 발기인 모임을 결성한 지 1개월 뒤에는 오사카부에 신용조합 인가신청서를 제출했다. 그때까지 모집한 조합원 수는 340명, 출자금은 1,853만 3,500엔이었다. 오사카상은에 비하면 덩치가 절반에 지나지 않았다. 조합원으로 쓰루하시 시장의 재일교포 상인들도 참여하였다.

세무서 자진 방문

이 즈음에 쓰루하시 시장은 변화를 도모하고 있었다.

'밝게, 사서 좋고, 싸고, 뭐든지 있다!'

이런 캐치프레이즈를 내걸며 시장의 화합과 건전화에 전력투구했다. 서로 다른 민족 상인끼리 싸우는 일은 자취를 감추었다.

"쓰루하시에 가면 전 세계의 온갖 물건들을 구할 수 있습니다."

'발 없는 말이 천 리를 간다'는 속담처럼 국제시장에 관한 명성은 입소문을 타고 일본 전역에 퍼져 나갔다.

상가가 정상궤도로 올라설 무렵에 나는 상인들을 차례차례 세무서로 데려갔다.

"세금 내러 왔습니다!"

이렇게 외치며 세무서로 들어서면 평소 서슬이 시퍼렇던 세무공무원들이 벌떡 일어서 환대한다. 세금을 내겠다고 스스로 찾아온 납세자이니 그들의 눈에도 얼마나 고마운 존재이겠는가.

일본에서 고등고시에 합격한 신임 사무관이 선호하는 근무처는 대장성大藏省(오쿠라쇼), 다른 나라로 치면 재무부이다. 이들은 도쿄 본부에서 근무하다가 지방 세무서로 발령받기도 한다. 이들은 박봉에도 불구하고, 엘리트 관료로서의 자부심이 강했다.

상인들이 세무서로 찾아가니 직원이 깍듯이 인사하며 세무서장실로 안내해 준다. 상인들은 세무서장으로부터 다과를 대접받고 흐뭇해한다. 훗날 이 직원들이 대장성의 고위 관료가 되어 나의 우호 세력이 되었다. 그들의 뇌리엔 '이희건은 모범 납세자'라는 인상이 강하게 남은 모양이었다.

나는 경찰서, 소방서, 구청 등에도 상인들과 함께 방문했다. 치안이나 화재예방에 적극 협조하겠다고 다짐하니 당국자들도 우리를 환영했다.

경찰서에 가서는 야쿠자들이 시장에 드나들지 못하도록 철저한 단속을 요청했다. 그들이 보호료 명목인 '미카지메료料'를 상인들에게 뜯어가곤 했기 때문이다. 경찰서장이 나에게 농담조로 말했다.

"회장님의 우렁찬 목소리만 들어도 야쿠자들이 놀라 도망가겠습니다."

관공서를 방문할 때 일행이 가급적 정장 차림을 하도록 권유했다. 평소 허름한 옷차림인 여러 상인들이 말쑥한 양복 차림에 넥타이를 매고 나타나니 공무원들도 예우해 주었다. 어떤 상인은 난생처음 넥타이를 맨다고 했다.

시장에서 양복점을 운영하는 양복 장인 고바야시 이사오小林公 사장은 관청에 가는 상인들이 잇달아 양복을 새로 맞추는 바람에 재미를 쏠쏠하게 보았다.

신용조합 설립 인가

쓰루하시 시장의 한국인 상인들은 내가 신용조합 설립에 뛰어들어 앞장서자 너도나도 조합원으로 동참했다.

하지만 설립과정은 순탄치 않았다. 일본의 대장성이 새로운 신용조합 설립을 허용하지 않겠다는 방침을 갖고 있었기 때문이다. 대장성은 1954년 6월 신용조합 업계의 과당경쟁을 막겠다는 취지에서 '신용조합 신설 불허방침'을 정하고 조합 인허가 권한이 있는 지자체에 공문을 보낸다. 이때 일본 내 신용조합의 수는 294개로 난립상태였다. 상황이 이러니 신용조합을 신설하겠다는 건 현실적으로 불가능한 시도였고, 무모한 도전이었다.

'길이 없으면 만들어서 가면 되지!'

나는 이렇게 나 자신을 채찍질했다. 난제를 해결할 만한 인물에게 구조 요청의 손길을 내밀기로 했다.

다나카 고타로田中広太郎 전 오사카부 지사를 만나 읍소하다시피 했다.

"절실히 필요합니다. 그리고 반드시 건전경영을 이룩해 세수 증대에도 기여하겠습니다."

"말씀만 들어도 든든합니다. 그러나 중앙정부 방침이 워낙 강경해서…."

"여느 부실 신용조합과는 다른 차원으로 경영하겠습니다. 저희는 이미 발기인 모임을 발족시켰고 설립인가만 나면 일사불란하게 개업할 준비를 하고 있습니다."

"용의주도하시군요."

"지사님을 저희 발기인 모임의 고문으로 모실까 합니다."

"칼자루를 놓은 사람인데 제가 무슨 도움이 되겠습니까?"

"그냥 고문으로 계신다는 사실만으로도 저희에게 큰 힘이 됩니다. 부탁드립니다!"

나는 고개를 숙여 예를 갖추며 간청했다.

"허허! 알겠습니다. 그럼 고문직 제의를 수락하겠습니다."

도쿄대학 출신의 전직 고위관료인 다나카 지사와는 쓰루하시 암시장 시절에 인연을 맺었다. 쓰루하시 시장이 정식시장으로 개장한 이후에도 다나카 지사와 꾸준히 연락을 주고받았다.

'한번 맺은 인연은 끊지 않는다!'

나의 소신을 실천했기에 다나카 지사와 만날 수 있었다. 며칠 지나서 다나카 지사는 아카마 분조赤間文三 오사카부 현역 지사와의 면담 자리를 주선했다. 전·현직 오사카부 수장이 있는 자리에서 나는 힘주어 말했다.

"지사님! 저희 신용조합이 생긴다면 재일한국인 기업만이 아니라 일본 기업에도 크게 도움이 될 것입니다. 그리고 국세, 지방세를 충실히 납부하겠습니다."

아카마 지사는 고개를 끄덕이며 동조했다.

"충분히 이해하고 공감합니다. 제가 중앙정부의 방침을 어길 수는 없으니 당분간 돌아가는 추이를 살펴야겠습니다."

"상황이 호전되면 오사카부로서는 반대하지 않으시겠지요?"

"물론이지요. 좀 기다려 봅시다."

하지만 사태는 호전되지 않았다. 이후로도 나는 설립추진위원들과 함께 아카마 지사를 찾아갔지만 계절이 3번 바뀔 동안 전혀 진전되지 않았다.

그리고 이듬해인 1955년 4월 20일, 마침내 오사카부로부터 '인가' 결정이 떨어졌다. 그야말로 끈질긴 교섭 끝에 얻어낸 달콤한 열매였다. 한 달 뒤에는 설립위원들과 만나서 조합의 이름을 확정했다.

"은행업으로 흥興하자!"

이렇게 구호를 외치고 나니 자연스레 이름이 떠올랐다.

'신용조합 오사카흥은大阪興銀'이었다.

신용조합 '일본 Top'의 경영비법

모국산업시찰단 한국 방문

1955년 4월 11일, 나는 제3차 재일한국인 모국산업시찰단 단장이 되어 20명의 상공인들을 이끌고 서울로 향했다. 오사카부로부터 오사카흥은 설립인가를 받기 직전이었다. 재일교포 상공인 대표격인 단장에 뽑힌 건 영광이지만, 신용조합 설립이 안개 속인 상황에서 모국을 향하니 마음이 무거웠다.

제3차 시찰단은 한일 양국에서 주목받았다. 일본은 1953년 이후 중단됐던 한일회담에 대해 새로운 타협안을 제시하며, 한국에 러브콜을 보낸 타이밍이었다. 한국으로서는 6·25전쟁 복구사업과 관련하여 재일교포의 모국투자가 관심사였다.

시찰단 일행은 경무대(현재 청와대)에 가서 이승만李承晩 대통령을 예방했다.

"재일교포들이 도쿄의 한국 공관 건물을 마련해 준 데 대해 감사드립네다. 몇 년 전에 가 봤더니 아주 좋은 자리에 있는 훌륭한 건물이더군요."

내가 단장 자격으로 대답했다.

"오사카에 있는 서갑호 회장님이 마련하셨습니다."

"그분, 참 애국자입네다."

경무대에서 나와 외무부, 재무부, 상공부 등을 차례로 찾아 장관과 고위 관계자들을 만났다. 한국 재계 대표들과도 간담회를 가졌다. 나는 재일교포 상공인을 대표해 두 가지 요청사항을 들고 갔다.

첫째, 재일교포가 공급할 수 있는 원자재와 소비재를 한국이 수입 검토해 줄 것.

둘째, 정부의 재일교포 중소기업육성 기금 200만 달러 중 50만 달러를 조기 집행해 줄 것.

우리 요청사항을 정부가 호의적으로 검토하겠다고 해서 안도의 숨을 쉬었다.

재일교포 위한 금융회사

오사카로 돌아오니 다른 낭보가 이어졌다. 오사카부로부터 연락이 오기를 박승완, 김용재 씨 등과 함께 추진해온 신용협동조합 설립인가가 나왔다는 것이다. 모국 산업시찰과 일본에서의 조합 인가가 불과 열흘도 안 되는 사이에 함께 이뤄졌다.

이승만 대통령은 1953년 1월 도쿄를 방문한 직후 재일교포 중소기업육성 기금 200만 달러를 송금할 용의가 있다고 밝혔고, 이 안은 그해 3월 27일 국무회의를 통과한다.

표면상으로는 한국 정부 자금이지만 전쟁 중인 최빈국의 재정에서 이 돈이 나왔다는 사실을 믿기는 어렵다. 이승만 대통령이 일본에 와서 UN군 사령관 마크 클라크 대장을 만난 직후 200만 달러 지원 발표가 나왔다는 점에서 미국의 원조자금이 아닌가 추정한다.

미국은 일본 내에 공산주의 확산을 저지해야 할 상황이어서 친북한계에 대항하는 차원에서 재일본대한민국민단(민단)계 재일교포를 간접적으로 지원한 것으로 보인다. 친북한계로 이미 1952년에 동화신용조합(훗날 조은도쿄朝銀東京), 조은효고朝銀兵庫, 조은가나가와朝銀神奈川 등 일본의 주요 거점에 3개 금융사가 설립된 상태였다.

1954년 시점에 한국계 금융사가 있긴 했다. 간토關東 지방에서는 한성신용조합(훗날 신용조합 도쿄상은東京商銀)이 그해 2월 24일에 설립되었다. 이 조합을 통해 도쿄 일원의 재일교포 기업들에 한국 정부 지원금이 투입되었다. 오사카에는 그런 자금을 받을 동포 금융사가 없었다. 그러나 다음과 같은 의문점을 제기할 수 있으리라.

"이미 오사카에 재일한국인이 이사장인 '오사카상은'이 있기에 거기를 창구로 삼으면 될 것 아닌가?"

"오사카흥은을 만들어 오사카 동포사회를 둘로 나누면 곤란하지 않은가?"

얼핏 들으면 일리 있는 질문으로 들린다. 하지만 이는 오해이며 훗날까지 와전되었다. 실상은 이렇다.

'오사카상은'의 설립자와 주축 멤버가 한국인이라는 사실은 맞다. 하지만 오사카상은에는 일본인 출자자들도 다수 참여했다. 한일 합작

금융사이기에 거래처에 일본 기업이 제법 많았다. '동포기업, 재일한국 기업 육성'이라는 한국 정부의 취지에 합치하지 못했던 것이다.

더욱이 일본인도 출자자여서 오사카상은을 창구로 삼으려면 일본 정부와 협의를 거쳐야 했다. 당시 한국과 일본은 미수교 상태여서 수교 협상을 벌이다 결렬되었다. 미국의 중재로 겨우 협상이 재개된 시점이었다. 이승만 대통령은 일본에서 반일反日지도자로 알려졌다. 이러한 복잡한 사정이 있어 넘어야 할 장애물이 많았다.

이러한 정황을 종합해 보면 한국인 출자자만으로 구성될 오사카홍은 인가 배경에는 한국, 일본, 미국 등 3국의 물밑 협상이 있었던 것이 아닌가 추측한다.

"재일교포 스스로의 힘으로 동포를 위한 금융기관을 세웁시다!"

홍은 멤버들은 조합설립을 추진하는 단계에서부터 이 점을 강조했다. 창업 깃발을 올릴 때는 더욱 선명한 슬로건을 내걸었다.

'한국인에 의한, 한국인을 위한 금융기관!'

오사카홍은의 창립정신을 말해 주는 이 슬로건은 홍은의 비약적인 발전을 이끄는 원동력이 됐다.

1955년은 내 개인적으로도 의미 있는 해였다. 3남 융재隆載가 태어났기 때문이다. 나는 아들 셋을 가진 가장이어서 어깨가 더 무거워졌다. 장남 승재는 초등학교 2학년인데 책을 즐겨 읽고 글쓰기에 재능을 보였다. 승재는 1학년 때인 1954년에 〈마이니치每日신문〉에 동시童詩를 투고했는데 큼지막한 삽화와 함께 11월 7일 자에 게재되었다. 차남 경재는 몸놀림이 재빠르고 그림을 잘 그렸다.

개점일 예금고, 출자금의 4배

1955년 11월 11일, 오사카시大阪市 덴노지구天王寺區

시모아지하라초下味原町 80번지.

오사카흥은은 쓰루하시역 부근 교차로의 70평짜리 2층 목조건물에서 영업을 개시했다. 첫날부터 놀라운 광경이 펼쳐졌다. 이른 아침부터 손님들이 넘쳐나 행렬이 건물 앞에서부터 길게 이어진 것이다. 예기치 못한 작은 소동이었다. 관할 파출소의 경찰이 출동해 교통정리를 하는가 하면 쓰루하시 시장 상인들이 손님맞이를 돕겠다며 부랴부랴 달려오는 모습도 보였다.

오전 9시 개점.

흥은의 셔터가 올라가는 순간, 예금을 가입하러 온 고객들이 창구 카운터로 쇄도했다. 직원 10명으로는 도저히 감당할 수 없는 인파였다. 급한 대로 임원 5명도 사무를 도와야만 했다. 예금계좌를 신규 개설하려는 행렬은 온종일 이어졌다. 그만큼 오사카 재일교포 사회에서 민족금융사 탄생에 대한 기대감은 높았다.

나는 박승완, 김용재 씨와 함께 손님맞이에 분주했다. 은행 입구에 서서 손님들에게 연신 허리를 굽혀 인사하고 악수를 청했다. 암시장 시절 같이 고생했던 반가운 얼굴과 마주할 때는 쏟아지는 감격의 눈물을 간신히 참기도 했다.

오사카흥은을 방문한 상공회 임원들과 함께(1956).

개점 당일 예금고 7,800만 엔. 인가신청 때 출자금(1,853만 엔)의 4배가 넘는 예금을 단 하루 동안 유치했다. 하지만 준비는 부족했다. 통장과 전표처리 방식은 일본의 시중은행인 다이와은행大和銀行의 것을 그대로 베꼈고, 직원들 유니폼이 없었다. 이렇게 업계에 처음 뛰어든 금융 초보자들은 엉성하게 금융업의 첫발을 내딛었다.

흥은을 찾는 행렬은 그날 하루 반짝하고 끝나지는 않았다. 이후에는 대출을 상담하는 동포들이 줄을 이었다. 자금난에 처한 동포 상인, 영세 경영자들이 흥은의 문을 두드린 것이다. 쓰루하시 시장상인은 개점 후 한 달 동안에만 75명이 대출을 받았다. 흥은은 또 상인들에게 세무상담을 해 주는 등 부대서비스를 제공하면서 오사카 동포들의 지지를 얻어간다.

1955년 12월 말 예금고 1억 3천만 엔. 당초 목표 9천만 엔을 크게 넘어섰다.

이로써 오사카홍은은 개점 1개월 반 만에 오사카 관내의 47개 신용조합 가운데 24위까지 껑충 뛰어올랐다. 일본 감독당국도 깜짝 놀란 성과였다.

흥은 2대 이사장에 취임

하지만 금세 위기가 찾아왔다. 1956년이 되자 일본 금융계에는 혹독한 찬바람이 불어닥쳤다. 신용조합들이 연쇄 도산하는 사태가 벌어진 것이다. 이제 창업한 지 몇 달밖에 안 된 오사카홍은도 악재를 피하기 어려웠다.

이 시기에 도산 또는 도산위기에 처한 오사카 관내 신용조합은 오사카신용조합, 이쿠노은행, 오사카화교은행, 오사카중앙은행 등 제법 이름이 알려진 금융사들이었다.

이미 오사카 금융시장을 선점한 대표 금융사들의 도산 소식을 접한 흥은의 예금자들은 불안에 휩싸였다. 흥은 직원 사이에서도 위기감이 팽배했다.

'오늘이 마지막 출근일 아닐까?'

그런 분위기에서 1956년 5월 29일 오전 11시, 흥은의 첫 번째 정기총회가 열렸다. 조합원 891명 중 518명(위임 172명)이 참석한 이날 총회의 분위기는 뒤숭숭했다. 흥은에 대한 불신감이 고조되면서 조합원들은 동요했다.

박승완 이사장이 마이크를 잡았다.

"흥은은 오사카부에서 특수한 사정을 감안해서 설립인가를 내줬습니다. 본인도 인가수속에 관여하였습니다만, 흥은이 이렇게 훌륭한 업적을 거둬서 대단히 기쁘고 또 자랑스럽게 생각합니다. 앞으로도 조합원을 위해 끊임없이 노력할 것입니다."

박 이사장은 1년 전 나카자키초中崎町에 있는 민단 오사카본부 강당에서 열린 흥은 창립총회에서 이사장에 추대된 바 있다.

이날 총회 전에는 창업자들끼리 이사회를 열었다. 부드러운 분위기는 아니었으나 의견일치는 봤다. 총회에서는 협의한 대로, 박승완 이사장이 1대 조합장을 맡기로 하고, 나는 신임 이사장으로 취임했다.

나를 정점으로 하는 흥은의 경영체제는 이때 성립되었다. 하지만 이사장이 바뀌었다고 해서 신용조합에 대한 고객 불신이 사라지지는 않았다. 신생 후발주자 흥은은 표면적인 실적은 좋으나 내실은 그리 탄탄하지 않았다. 당장 드러난 악성 대출은 없었으나 언제 부실해질지 모를 일이었다. 받은 예금 대부분을 대출 또는 수표결제로 내주었기에 보유잔액이 충분하지 않았다.

자택 담보로 급전 마련

내가 이사장으로 취임하고 얼마 지나지 않은 어느 날 아침, 김용재 이사가 가쁜 숨을 몰아쉬면서 사무실 문을 두드렸다.

"이 이사장! 큰일 났소. 조합원뿐 아니라 고객들 사이에서도 '오사카흥은이 곧 망할 거다'라는 소문이 파다하게 퍼지고 있소. 이자는 둘째 치고 원금도 떼일 거란 말까지 돌고 있소."

나도 풍문을 들어 이미 알고 있었다. 아니나 다를까. 영업을 시작하자마자 고객들이 몰려와 예금인출을 요구했다. 적금 가입자는 해지하겠다고 나섰다. 심지어 나와 동고동락하는 쓰루하시 시장 상인들조차도 술렁이고 있었다. 인출사태가 이어졌다.

'사즉생 생즉사死卽生 生卽死!'

《오자병법》에서 읽은 이 경구가 머리에 스쳤다.

'죽기를 각오하면 살고, 살기를 꾀하면 죽는다!'

나는 전자를 선택해서 행동으로 옮겼다. 내 집과 가게를 담보로 3,400만 엔 급전을 빌려와서 직원들에게 맡겼다.

"이 돈으로 예금이자를 선지급하도록 하시오. 고객에게 손해를 끼치는 일이 일어나서는 절대로 안 되오."

자칫 잘못하면 내 가족은 길바닥에 나앉게 될 위기였다. 내가 당연히 감수해야 했다. 엄마 젖도 떼지 않은 돌쟁이 아기인 막내아들 얼굴이 눈앞에서 어른거렸다.

나는 직원들을 독려했다.

"위기 때 발만 동동 구르고 있으면 아무 소용이 없습니다. 우리는 어떤 순간에도 신뢰를 잃는 일은 하지 맙시다!"

불안에 떨던 직원들은 비로소 얼굴에 화색이 돌아왔다. 직원들은 몰려온 고객이 예금 해지를 요구하면 활짝 웃으며 고객을 설득했다.

"염려 마십시오. 정 원하시면 원금과 이자를 내드리겠습니다만, 저희는 튼튼합니다."

여유 있는 직원의 태도에 고객들은 안심하기 시작했다. 쓰루하시 상인들은 내가 집과 가게를 담보로 돈을 융통했다는 소식을 듣고는 예금인출을 자제했다.

당시는 재일교포 고객들이 수표나 어음에 대한 인식이 부족해 자신의 계좌에 잔고가 없는데도 수표를 발행하는 경우가 허다했다. 수표 수취인이 은행에 수표를 제시하면 부도가 나게 된다. 그러면 수표 발행인은 범죄자가 되고, 수취인은 금전 피해자가 된다. 이를 막기 위해 잔고가 없는데도 일단 지급해 주었다.

이런 일이 누적되니 결제자금이 부족했다. 임원들은 그때마다 자금을 융통하느라 사방팔방으로 뛰었다. 창업 1년간은 그야말로 존망을 다투는 시기였다.

일단 급한 불은 껐으나 홍은이 안정적인 궤도로 올라서기까지는 이후로도 꽤 긴 시간이 걸렸다.

흥은 역사의 하이라이트

신용조합 540개 가운데 15위

1956년 일본에서 신용조합 연쇄 파산과 고객들의 예금해지 사태가 벌어질 때에도 오사카흥은의 성장세는 계속되었다. 그해 말 예금고는 6억 1,530만 엔에 달해 오사카 관내 신용조합 2위로 급상승했다. 창업 1년 만의 대약진이다. 출자금은 1957년 3월 말 기점으로 오사카 1위인 6억 5,570만 엔으로 올라섰다.

창업 초기 오사카흥은의 대졸 신입사원 월급은 1만 1천 엔. 당시 일본 대기업 대졸초임이 1만 엔이던 시절이니 그런대로 괜찮은 수준이었다. 1만 엔짜리 고액지폐가 발행된 때가 1958년이니 그때는 월급봉투는 얇아도 너무 얇았다. 1만 엔권 1장, 1천 엔권 1장, 이렇게 달랑 2장이 든 봉투였다.

흥은은 1960년대 중반부터 인센티브 및 수당 제도를 적극적으로 도입했다. 내근직은 1만 7천 엔 전후, 외근 영업직은 적게는 2만 엔, 많게는 3만 엔 이상의 월급을 받아갔다.

일본 대기업 못지않은 사내 복지시스템도 흥은의 성장비결이었다.

창업 초창기부터 직원 위로여행, 체육대회를 정기적으로 실시했다. 가족수당 지급, 건강보험 지원, 주택자금 융자 등을 도입했다. 일찍부터 '직원끼리 서로 돕는 조직문화'가 정착함으로써 안정적인 성장을 할 수 있었다. 1961년에는 창립 이래 처음으로 지점(이쿠노지점)을 개설했다. 직원은 창업 6년 만에 10명에서 60명으로 늘었다.

　홍은은 오사카 일대의 재일교포 응원 속에 고속성장 가도를 달린다. 1968년 3월에는 한국계 금융사 가운데 맨 먼저 예금고 100억 엔을 달성했다. 정확히 107억 500만 엔으로, 일본 전국 신용조합 540개 가운데 15위였다. 이쿠노지점과 덴가차야天下茶屋지점 등 모든 지점의 예금고가 각각 10억 엔을 돌파한 것도 이때다.

웬만한 지방은행보다 실적 좋아

이 무렵 홍은은 재일교포 파친코 업자들과 거래를 적극 추진하기 시작한다. 파친코의 높은 수익성과 대형화를 내다보고 일본 금융계에서 가장 일찌감치 파친코업 대출에 나섰다. 내가 파친코 업소를 가지고 경영했기에 이 분야의 성장세는 잘 알았다.

　1968년은 홍은의 도약을 증명한 해이기도 했다. 본점 사옥을 신축 확장했고 그곳 4층에 제일은행 오사카사무소를 유치했다.

　1973년부터 홍은은 일본부동산은행(현 아오조라은행あおぞら銀行)을 대리해 대출 업무를 시작했다. 외국인이 설립한 금융사가 일본 은행의 영업을 대신한 건 이때가 최초다. 일본 재무당국으로부터 관련 업무인가를 받은 것도 홍은이 최초였다.

1956년 6억 엔에서 1968년 100억 엔, 1972년 300억 엔, 1974년 500억 엔, 1975년 700억 엔 ….

1978년 9월 마침내 예금고 1천억 엔을 돌파했다. 일본 전국에서 업계 6위로 올라서는 순간이다. 나는 그해 11월 4일 기자회견을 하고 흥은의 종합발전 프로젝트인 '레인보우 운동' 개시를 선언했다.

흥은은 1990년 10월 신용조합 업계에서 '마魔의 벽'으로 여겨지던 예금고 1조 엔을 돌파했다. 이는 일본 내 전체 신용조합 가운데 압도적인 1위였다. 예금고 기준으로는 1987년에 업계 1위에 올랐다. 조 단위 실적을 올린 건 일본 당국에서도 예상하지 못한 일이었다. 예금고, 순익, 자산 등 흥은의 지표들은 일본의 웬만한 지방은행보다 규모도 크고 실적도 좋았다.

참신한 경영기법

참신한 경영 아이디어가 오사카흥은을 키우는 주요 요인이었다. 그 가운데 여성 직원들을 적극 활용한 마케팅 활동을 예로 들겠다. 당시만 해도 여직원 대부분은 창구에 앉아 텔러teller 업무만 맡았다. 신용조합은 물론이고 은행에서도 그랬다.

다이와은행에 근무하다 오사카흥은으로 일터를 옮긴 장남 승재는 여성 인력을 창구 밖으로 내보내 섭외 활동을 맡기자고 제안했다. 이에 따라 '와일드 캐츠Wildcats'라는 앙증맞은 디자인의 2인승 미니카에 여직원 2명이 타고 오사카 전역을 돌아다니며 영업 및 홍보 활동을 펼쳤다. 이들의 활동상이 언론에도 자주 보도되면서 시민들은 오사카흥은을 주목했다.

도쿄대학에서 미식축구 선수로 운동을 했던 승재는 오사카홍은에도 미식축구팀을 만들었다. 아마추어팀이지만 금융회사에 미식축구팀이 있다는 사실만으로도 화제의 대상이 되었다. 홍보 효과가 커 신규 예금자들이 늘었다.

오사카홍은은 오사카의 여러 식당 대표들에게도 '고마운 존재'로 부상했다. 홍은 점포 외부 벽에 오사카 지역의 크고 작은 맛집을 소개하는 안내문을 붙인 것이다. 인터넷이 발달하지 않은 시절이어서 퇴근길 직장인들이 이 벽보 안내문을 보고 식사 장소를 정하는 풍속도가 생겨난 것이다.

또 업무시간을 오후 7시까지로 연장했다. 다른 은행이 오후 3시에 문을 닫는데 오사카홍은이 이렇게 연장하니 상인들은 환호했다. 오후 6시경 영업을 마치는 가게의 점주들은 은행 마감 이후 시간이어서 현금을 갖고 있기가 불안해 하다가 오사카홍은에 맡기고 안심하고 퇴근할 수 있게 되었다.

무인점포도 오사카 곳곳에 설치해 호응을 얻었다.

흥은의 먹구름

간사이흥은 출범

1990년대 들어 일본 경제는 휘청거렸다. 일본 금융사들은 버블경제 붕괴와 금융자유화의 여파로 경영난에 직면했다. 부실한 금융사는 문을 닫으며 줄줄이 다른 금융사로 흡수합병되었다.

오사카흥은은 이런 외풍과는 무관하게 탄탄대로를 걸었다. 세상사라는 게 참 묘해서 이런 우등생이 낙방할 줄이야 누가 상상이라도 했겠는가.

여타 재일한국인 신용조합들은 부실의 늪에 속속 빠졌다. 고베상은·시가상은·와카야마상은·나라상은 등 4개 신용조합이 그랬다.

일본 대장성 긴키近畿 재무국 관계자가 이승재 이사를 불렀다.

"재일한국인이 설립한 4개 신용조합의 부실 정도가 심각합니다."

"저희 오사카흥은은 별 문제 없이 잘 운영되고 있습니다만⋯."

"그러니까 귀하를 만나자는 것이었습니다."

"예?"

"단도직입적으로 말하겠습니다. 오사카흥은이 이들 4개 신용조합을 좀 맡아주시겠습니까?"

"인수하라는 겁니까?"

"그렇습니다. 오사카흥은의 혁신적인 경영기법을 이들 업체에도 적용하면 살아나지 않겠습니까?"

"당장 가부可否를 대답할 수 없군요. 해당 신용조합의 상태를 실사해야 하고 또 저희 조합원들의 동의도 얻어야 하고 ······."

"오사카흥은에 새로운 기회가 될 수 있습니다. 이들 조합을 인수해서 모두 정상화한다면 앞으로 은행으로 전환하도록 도와드리겠습니다."

"일반 은행으로요?"

"그렇습니다."

1993년 7월 1일 오사카흥은은 고베상은·시가상은·와카야마상은·나라상은 등 4개 신용조합을 흡수통합해 '간사이흥은關西興銀'을 탄생시킨다. 42개 점포, 조합원 6만 3천 명, 예금 1조 2천억 엔, 대출금 1조 1천억 엔으로 커졌다.

버블경제 붕괴의 직격탄

간사이흥은이 출범하면서 나는 간사이흥은 회장으로 취임했다. 오사카흥은·고베상은·시가상은·와카야마상은·나라상은 등 5개의 간판을 내리고 42개 점포 전체에 '간사이흥은' 간판을 달았다.

각 점포의 대출 현황을 면밀히 살폈다. 부동산 담보 대출의 비중이 높은데 초기에는 그리 심각한 상태는 아니었다. 대출금보다 담보 가치가 대체로 더 높아 부동산을 처분하면 대출금은 회수할 수 있는 수준이었다.

그러나 일본 경제 전반에 걸쳐 거품이 빠지면서 퇴보 속도가 점점 빨라졌다. 특히 빌딩, 상가, 주택 등 부동산 가액은 더욱 빠른 속도로 떨어졌다.

사정이 얼마나 심각했으면 매머드 시중은행인 다이이치칸교은행第一勧業銀行과 후지은행富士銀行, 니혼코교은행日本興業銀行조차 도산위기에 내몰렸을까. 자본잠식이란 극단적 표현만 나오지 않았을 뿐 이 거대 은행들도 부실문제를 스스로 해결하지 못했다. 이들 3개 은행은 당국의 권고에 따라서 분할합병 절차를 거쳐 현재의 미즈호은행みずほ銀行으로 통폐합되었다.

버블기에 일본 금융사들은 추풍낙엽처럼 떨어졌다. 파산선고를 받은 금융사의 수가 180여 개사에 이르렀다. 이런 격류에 간사이흥은도 휩쓸리지 않을 수 없는 운명이었을까.

간사이흥은의 담보물권 가치는 급락했다. 대출금의 상당액이 회수 불능 상태가 되어 갔다.

2000년 12월 16일 일본의 금융재생위원회는 간사이흥은에 대해 '금융재생법 8조에 의한 직권에 기초해 파산처리한다'고 결정했다. 부실이 많다는 이유였지만 이외에 다른 요인도 있었다는 풍문을 들었다. 그러나 풍문만으로 판단할 수는 없었다.

마스이増井 긴키재무국 국장은 기자회견에서 간사이흥은의 역사와 역할에 대해 언급하기도 했다.

"간사이흥은은 간사이 지구를 중심으로 한 재일한국인 사회 안에서 상호부조의 정신 아래, 조합원 등의 경제활동을 지원하고, 그 경제적 지위의 향상을 도모하는 것을 목적으로 재일교포의 금융활동 등에 진력해 온 역사적, 사회적 경위가 있는 금융기관입니다. 간사이흥은의 거래처 분들에게도 몹시 불행한 일인 것은 헤아리고도 남음이 있습니다."

금융인으로서의 내 열정이 곳곳에 스민 흥은이 문을 닫으니 억장이 무너졌다. 전차를 타고 집으로 돌아오며 눈을 감으니 흥은의 전성기 시절 모습이 눈앞에 어른거렸다.

흥은의 파산은 고객, 출자자, 사회에 막대한 손해를 끼치는 일이었다. 나는 남에게 폐를 끼치지 않으려 흥은 예금 8억 엔과 정리회수기구 피해변상금 12억 엔 등 합계 20억 엔의 사재를 내놓았다. 나라현의 자택까지 처분하며 최선을 다했다. 아내와 세 아들, 손주들과의 추억이 깃든 정든 집이었다. 나는 오사카에 있는 3남의 집으로 거처를 옮겼다.

파산선고 이후 간사이 지역의 재일교포 사회 곳곳에서 반발하는 움직임이 나타났다. 2000년 12월 19일 오사카 집회에는 재일교포 2천 명이 모여 긴키재무국까지 도보 시위를 벌였다.

흥은의 파산 후 재일교포들의 경제 기반은 크게 흔들렸다. 흥은의 많은 거래처는 타격을 입었다. 가장 큰 상처는 상호부조 정신으로 끈끈하게 이어져 온 재일한국인 네트워크가 흔들리고 재일교포 사회에 활력이 떨어졌다는 점이다.

간사이홍은의 파산을 선고받은 날 저녁에 나는 물에 젖은 솜뭉치처럼 무거운 몸으로 귀가했다. 아들, 며느리, 손주들이 하나둘 모여들기 시작했다. 나를 위로하러 찾아온 것이다.

가족을 보니 어깨를 움츠려서는 안 되겠다고 판단했다. 내 방으로 들어가 간편복으로 갈아입고 거실로 나왔다. 아들들이 무슨 말을 꺼내야 할지 난감한 표정을 지었다. 어색한 침묵이 지속되기 전에 나는 애써 활짝 웃으며 대화에 끼어들었다.

그 후 나는 홍은의 도산 이유에 대해 함구했다. 패장敗將이 무슨 변명을 하랴. 누군가가 객관적인 시각으로 홍은의 도산 이유를 제대로 규명해 주기를 바랄 뿐이었다.

전국체육대회

축구선수 김영재

1964년 도쿄올림픽을 참관하고 나서 나는 스포츠 제전의 의미를 높이 평가하게 됐다. 겉보기로는 운동경기이지만 속으로는 문화, 외교, 경제 등 복합적인 요인이 작동하는 거대한 잔치인 것이다. 나는 그 후에 1976년 캐나다 몬트리올 올림픽, 1984년 미국 LA올림픽, 1988년 서울올림픽 등을 오사카 기업인들과 함께 참관했다. 올림픽 참관기는 후술하겠다.

올림픽은 물론이려니와 한국에서 매년 열리는 전국체육대회(전국체전)도 가능한 한 참관하려 노력했다. 일본에서 비행기로 날아와 김포공항에 도착하는 즉시 개막식 현장으로 달려가곤 했다.

1955년 4월, 내가 재일교포상공회 제3차 모국산업시찰단 단장으로 한국에 갔다가 오사카로 돌아왔을 때다. 오사카흥은 설립을 위해 동분서주하고 있는데 웬 젊은이가 나를 찾아왔다. 축구선수 김영재金英宰 청년이었다. 한국 배재중학, 일본 오사카 건국建國고교, 긴키대학 등에서 줄곧 선수로 뛰었단다.

"회장님! 저도 한국에 가고 싶습니다."

"가기가 얼마나 어려운지는 알고 있소?"

당시는 한일 양국이 국교가 수립되지 않아 재일교포가 한국 여행을 하기가 매우 어려웠다. 갔다가 돌아오지 못할 수도 있었다. 한국에서 부모 형제가 별세해도 장례 치르러 가지도 못했다. 이래서 밀항선이 성업했다.

김영재 청년은 그해 가을 열리는 한국의 전국체전에 재일교포 선수단이 참가할 수 있다는 풍문을 들었다 한다.

"그게 사실인지 회장님께서 확인해 주시면 감사하겠습니다."

"선수로 참가하려고요?"

"물론입니다. 오늘도 연습하고 오는 길입니다."

확인해 보니 사실이었다. 김영재 청년은 선수로 뽑혀 서울에서 열린 전국체전에 참가했다. 그는 1970년 전국체전까지 16년간 선수로 활약했다. 초창기에 전국체전에 참가하려는 동포 대다수는 운동경기보다도 고향 방문이 더 큰 관심사였다. 운동 경력이 전혀 없는 원로도 임원으로라도 참가하려고 갖은 애를 썼다.

강풍 속 헬기 타고 대구로

1970년대에는 '체력은 국력'이라는 구호를 앞세우며 정부가 국책사업으로 스포츠를 장려했다. 전국체전 개회식에는 으레 대통령이 참가해 축사를 낭독했고, 도하都下 신문에는 1면 머리기사로 이 소식이 보도되었다.

내가 처음 참관한 전국체전은 1971년 서울에서 열린 제52회 대회. 서울운동장에서 열린 개막식에는 박정희 대통령이 참관하였고, 성화 점화자는 마라톤 영웅 손기정孫基禎 선생이었다. 개회식이 진행되는 동안 나는 박 대통령 뒤편 좌석에 앉아 있었다.

그날 기온이 급강하하는 바람에 추위에 오들오들 떨었다. 트랙에서 열리는 육상 경기를 보니 감독, 코치는 두툼한 방한복을 입은 반면에 선수들은 소매 없는 상의에 짧은 팬츠만 입고 달렸다.

1976년 10월 12일 부산 개항 100주년을 맞아 부산 구덕경기장에서 개막된 제57회 대회에서 재일교포 선수단에는 처음으로 조총련계 선수 8명이 포함되었다. 한국의 발전상을 조총련 측에 알리는 계기가 되었다. 조총련이라면 거부 반응을 보이던 한국 정부도 대승적 차원에서 이들을 포용했다. 개막식에서 성화 점화자는 몬트리올 올림픽에서 금메달을 딴 양정모 선수였다.

1984년 대구에서 열린 제65회 전국체전은 특히 잊히지 않는 대회이다. 일본에서 일정이 빠듯해 개막일인 10월 11일 당일 아침에야 비행기를 타고 한국으로 출발했다. 김포공항에 도착하면 바로 헬기를 타고 대구까지 갈 예정이었다. 개막시간이 오전 10시이므로 1분 1초가 급한 상황이었다.

하지만 막상 김포공항 헬기장에 도착하니 세찬 비바람이 불어 순조로운 비행이 불가한 상황이었다. 얼마 전 청와대에서 참석 여부를 확인하기에 당연히 간다고 대답한 터였다. 이는 대통령과의 약속이나 마찬가지 아닌가. 기장에게 무작정 강요할 수도 없었다. 기장이 관제탑에 문의하니 시간이 지날수록 바람이 조금 잦아질 듯한데 안전을 보장할 수 없다는 응답이 왔단다. 나를 수행하는 강석문姜錫文 비서는 위험을 감지해서인지 얼굴빛이 허옇게 변했다.

"일단 이륙해 봅시다!"

내가 단호히 말했다. 기상이 악화되면 돌아오는 한이 있더라도 출발은 해 봐야 하지 않겠는가. 이륙하자마자 기체가 심하게 흔들려 정신이 혼미해졌다. 그러나 기장은 이런 악천후에도 여러 번 비행을 해 본 노련한 경험자였다.

"회장님! 너무 염려 마십시오. 더 나빠지지만 않으면 갈 수 있습니다."

개회 직전 도착

저공비행으로 대구까지 가는 데 성공했다. 개회시간 직전에 가까스로 입장했다.

내 자리는 대통령 좌석 바로 뒤편이었다. 비바람을 뚫고 대구에 온 불안감이 선수단의 늠름한 입장 모습을 보니 봄눈 녹듯 사라졌다. 개막식이 끝나고 전두환 대통령은 나를 보고 악수를 청했다.

"이 회장님! 언제 오셨습니까?"

"오늘 아침에 일본에서 서둘러 왔습니다."

"정성이 대단하십시다."

재일교포 선수단의 임원들과 점심 식사를 마치고 나니 긴장이 풀려서인지 신열身熱이 났다.

나는 '세계 한민족체전'에도 고문이나 본부 임원 자격으로 참가했다. 1989년 제70회 전국체전은 제1회 세계한민족체전과 동시에 개막식이 진행되었다. 그해 9월 26일 수원종합운동장에서 김집金溎 체육부 장관의 개회 선언으로 대회가 거행되었다. 한민족체전에는 50개국 1,300여 명의 선수단이 참가해 세계에 뻗어나간 한국인의 위상을 확인할 수 있었다. 중국, 소련 동포들도 참가해 이념과는 관계없이 민족은 하나임을 보여 주었다.

제2회 한민족체전은 2년 후인 1991년 9월 1주일간 진행되었다. 85개국에서 1,593명이 참가했다. 9월 17일 밤 올림픽공원 88놀이마당에서 열린 폐막식에 갔더니 주일 공사를 지냈던 전前 외무부장관 김용식金溶植 한민족체전 위원장이 나를 반겼다. 콧수염을 멋지게 기른 김 위원장은 1952년 주일 공사 시절에 서갑호 사카모토방적 회장에게 현재의 주일 한국대사관을 매입하도록 부탁한 당사자이다.

박철언朴哲彦 체육청소년부 장관이 폐회를 선언했다. 참가자 전원이 〈우리의 소원은 통일〉과 〈손에 손 잡고〉라는 노래를 합창했다.

모국투자

4

재일교포 은행 구상

일한경제협회 이사 선임

1955년 오사카흥은을 개점하면서 시작한 금융인의 길. 하지만 '흥은'
은 제2금융권인 신용조합이었다. 나는 재일교포 사회 전체를 아우르
는 종합금융사, 일본 전국에서 영업할 수 있는 '재일교포 은행' 설립
을 1961년부터 꿈꾸기 시작한다.

나의 포부가 커진 계기가 있었다. 1960년 12월에 발족한 일한日韓
경제협회의 이사로 참여하면서 나의 시야가 넓어졌기 때문이다.

한국전쟁 특수 덕분에 1955년경 경제부흥을 이룬 일본은 산업 규
모가 커지자 더 많은 노동력이 필요했다. 일본 기업인들은 한국의 값
싸고 풍부한 노동력, 한국 시장에 관심이 많았다. 이들은 한일 국교가
재개되어 돌파구를 마련하기를 기대했다.

이들과 재일교포 기업인들이 한일 교류 증진을 꾀하려 만든 단체
가 일한경제협회이다. 이사진은 일본인 11명, 한국인 11명으로 구성
됐다. 아다치 다다시足立正 일본상공회의소 회장이 이 협회의 고문을,
우에무라 고고로植村甲午郎 경제단체연합회(게이단렌経団連) 상근부회장

이 회장을 맡았다.

부회장은 서갑호 사카모토방적 회장과 이강우李康友 삼아약품三亞藥品 회장이 위촉되었다. 나는 신격호辛格浩 롯데 사장과 함께 한국인 측 이사에 선임되었다. 1960년 12월 27일 도쿄 마루노우치丸の內에 있는 일본공업구락부에서 창립총회가 열렸다.

아다치 고문이나 우에무라 회장은 일본 재계의 거물이었다. 나는 '큰물'에서 노는 이들을 만나고 큰 자극을 받았다. 우에무라 회장을 비롯한 일본 경제사절단은 1962년 9월 이병철 삼성 회장 초청으로 방한해 박정희 국가재건최고회의 의장, 김종필金鍾泌 중앙정보부장, 김유택金裕澤 경제기획원 장관, 민병도閔丙燾 한국은행 총재 등 요인들을 만난다.

재일교포 사회에서 1950년대 말까지 나의 존재감은 그리 강하지 못했다. 금융인 가운데 도쿄의 허필석許弼奭(도쿄상은 이사장), 오사카의 박한식(오사카상은 이사장)이 돋보이는 인물이었다. 나는 일한경제협회 이사가 되면서부터 1961년 이후엔 오사카 지역 금융인의 틀에서 벗어나 수도 도쿄에서도 목소리를 낼 수 있는 위치에 다가서게 되었다.

함께 갑시다

오사카흥은은 창업 이후 꾸준히 성장하긴 했으나 속도가 더뎠다. 두 개의 상은에 비하면 규모, 예금고, 이익 면에서 열세였다. 오사카흥은이 후발주자의 불리함을 극복하지 못하던 그때에 내부에서도 위기가 찾아온다.

1963년 봄이다. 60여 명의 직원들이 경영진을 상대로 단체협상을 하자며 들고 일어났다. 경영진에게 임금 인상을 요구하며 파업을 벌인 것이다. 창업 초기 대기업 수준이던 임금이 홍은의 성장 속도만큼이나 더디게 인상되다 보니 벌어진 일이다. 직원들은 이사장과의 면담을 요구했다. 담판해서 즉답을 받으려는 각오다.

곧바로 오사카홍은 회의실에서 이사장, 직원과의 면담자리가 마련됐다.

"이사장님! 직원 월급이 적어도 너무 적습니다. 일본 시중은행과 비교하자는 게 아닙니다. 재일교포 '상은'에 비해서도 적습니다. 당장 올려 주십시오."

여기저기서 분노에 깃든 직원들의 목소리가 빗발쳤다.

나는 잠자코 듣고 있다가 그들의 목소리가 잦아들자 일어나서 발언했다.

"알겠습니다. 여러분 말이 모두 옳습니다. 그리고 약속합니다. 여러분에 대한 좋지 못한 처우는 반드시 개선하겠습니다. 다만 지금은 그럴 역량이 부족합니다. 예금고가 적으니 그것부터 올려야 합니다. 조금만 시간을 더 주십시오."

단체행동에 나선 직원 중에는 입사 3년 차 박충홍朴忠弘(후일 오사카홍은 부이사장) 대리와 눈이 마주쳤다. 그의 눈빛에는 반신반의가 담긴 듯했다.

"우리 오사카홍은은 한국인에 의한 한국인을 위한 금융회사로 설립되었음을 여러분도 잘 아십니다. 그렇기 때문에 반드시 성공시켜야만 합니다. 당장은 '예금고 100억 엔'의 목표를 향해 달려 나갑시다! 예금고가 늘고 수익이 늘어나면 이렇게 할 것입니다. 가장 먼저 자금 조달에 곤란을 겪는 조합원을 지원할 것입니다. 그리고 직원 여러분의 처우 개선에 나설 것입니다. 또한 오사카 재일교포 사회를 발전시키는 데에도 힘을 기울일 것입니다. 반드시 그렇게 할 것입니다. 오늘부터 제가 선두에 서겠습니다. 여러분도 우리의 목표를 향해 스타트를 끊어 주십시오. 같이 갑시다!"

나의 발언은 거의 웅변 수준으로 장중한 분위기에서 진행되었다. 회의실에 정적이 흘렀다. 얼마 전까지만 해도 분기탱천憤氣撑天, 앙앙불락怏怏不樂하던 직원들의 기세가 어느덧 수그러들었다.

훗날 박충홍 부이사장은 당시의 심경을 나에게 털어놓았다.

"그때까지 회사에 가졌던 응어리가 싹 가셨다고 할까요. 후련한 기분이 들었습니다. 이사장 말이 진심이다, 예금이 적어서 아무것도 못하고 있다, '흥은'의 자금규모를 키우면 모든 문제는 해결된다, 다들 말은 않았지만 눈빛으로 공감하고 있었습니다."

나의 발언이 끝나자 직원 무리에서 이런저런 목소리가 나왔다.

"이사장님, 같이 해 봅시다!"

"저도 같이 하겠습니다!"

"좋아요. 우리 함께 갑시다!"

박충홍은 이날의 면담이 오사카흥은 멤버로서 강한 일체감을 느끼는 순간이었고, 이희건이 '위기를 기회로 돌려놓은 터닝 포인트'라고 돌아봤다.

약속은 지킨다

그로부터 5년의 세월이 흐른 1968년 3월. 나는 직원들에게 한 약속을 지켰다.

이때 오사카흥은은 예금고 107억 500만 엔으로 100억 엔 장벽을 깨뜨렸다. 선발주자인 두 상은은 물론 일본 내 한국계 금융사 전체를 제치고 최초로 100억 엔 고지에 오른 것이다. 이젠 소규모 후발주자가 아니다. 실력으로 시장을 선도하는 위치로 올라섰다.

오사카흥은의 도약 비결에 대해 1960년대 주일 한국대사관 영사로 재일교포 업무를 맡았던 공로명孔魯明(후일 외무부 장관)은 훗날 공·사석에서 이렇게 발언하곤 했다. 내가 듣기엔 과찬이지만 그대로 옮겨 본다.

"오사카흥은이 다른 한국계 신용조합보다 비약적으로 발전한 동력은 첫 번째가 이희건 이사장의 정치력이에요. 그의 활동범위는 재일교포들 중에서 단연코 넓었습니다. 우리 정부의 신임도 있었지만 일본 정부와의 관계, 네트워크도 정부 관료들을 놀라게 할 만큼 두터웠습니다. 같은 동포 사회 안에서 라이벌이 되기 십상인 민단과의 관계도 아주 원활했어요. 민단 중앙단장이 그렇게 여러 번 바뀌는 동안에 이희건 이사장이 주도하는 한신협이나 흥은이 민단과 다퉜다거나 의견이 엇갈렸다는 이야기를 들어 본 적이 없습니다. 그건 이희건 이사장의 친화력 덕분이지요."

5·16 군사정변

이병철 삼성 회장

한국에서는 1960년 4·19혁명으로 이승만 정권이 물러난 후에 윤보선尹潽善 대통령, 장면張勉 총리 체제의 제2공화국이 들어섰다. 의원내각제였기에 장 총리가 최고 실권자였다. 그러나 끊이지 않는 시위(데모)와 언론사 난립으로 사회는 바람 잘 날이 없이 어지러웠다. 오죽했으면 "데모하지 말자!"고 외치는 데모까지 벌어졌을까.

1961년 들어서도 시위 열풍은 수그러들 기미가 보이지 않았다. 그해 3월 나는 한국 호적에 올라 있는 이희문李熙文이란 이름을 이희건李熙健으로 개명하는 대구지방법원 판결을 얻었다. 오랫동안 일본에서 쓴 이름대로 바꾸고 나니 속이 후련했다. '이희문'은 선친이 지어 준 이름이긴 한데, 문약文弱하게 느껴져 이렇게 바꾼 것이다.

그 무렵에 도쿄에 체류하던 이병철 삼성 회장을 신격호 롯데 사장의 소개로 만났더니 내 명함을 받아 들고 빙그레 웃었다. 그때 이미 이회장은 한국 제일의 기업인이었다. 내가 궁금해서 물었다.

"왜 그리 의미심장하게 웃으십니까?"

160

"묘하네요. 제 셋째 아들하고 이름이 비슷해서 … ."

"예?"

"건健 자, 희熙 자, 이러니 앞뒤를 바꾸면 같은 이름 아닙니까? 한자가 같으니 … ."

"각별한 인연입니다."

"아들내미가 우리 나이로 이제 스무 살입니다. 앞으로 많이 지도해 주이소!"

훗날 이병철 회장은 안양골프장, 삼성그룹의 영빈관인 승지원, 도쿄 데이코쿠帝國호텔 등에서 나를 만날 때마다 살갑게 대해 주었다. 또 회원 가입이 그렇게 어렵다는 안양골프장의 회원으로 나를 추천해 주었다.

문악하게 느껴져
개명한 이름.
나의 자필 서명.

모국경제시찰단

한국에서는 1961년 5월 16일 군사정변이 일어나 윤보선, 장면 정부를 무너뜨렸다. 주축인 박정희 육군 소장의 사진이 여러 일본 신문에 실렸다. 선글라스를 쓴 모습이 이색적이었다. 어떤 인물인가? 얼핏 1932년 대구사범학교 입시 준비 때 룸메이트였던 박정희 소년이 기억에 되살아났다.

신문기사를 자세히 읽어 보니 바로 그 박정희였다. 경력이 소개되었는데 대구사범 졸업 후에 경북 문경에서 교편을 잡다가 만주군관학교로 진학했다. 군관학교 성적 우수자로 일본 육사에 편입해서 졸업했단다.

그의 '혁명공약' 가운데 '절망과 기아선상에서 허덕이는 민생고를 시급히 해결하고, 국가 자주 경제 재건에 총력을 경주할 것'이란 조항이 내 눈에 들어왔다. 나는 한국에도 큰 변화가 생길 것임을 예감했다.

혁명 주체세력은 '조국 근대화'를 지상명제로 내걸었다. 그들이 앞세운 근대화를 이룰 전제는 경제개발이었다. 하지만 당시 한국은 경제개발을 이루기 위한 기술력, 자본이 거의 없었다. 실업자는 넘쳐나고, 국민 다수는 절대빈곤에 시달리고 있었다. 1961년 당시 1인당 국민소득은 78달러로 아프리카 오지 나라보다도 못했다. 한국에 있는 공장이라곤 일제강점기 때 일본인들이 만든 구닥다리 시설 일색이고, 만 15세부터 64세까지의 경제활동인구 1,400만 명 가운데 실업자가 250만 명에 달했다.

재일교포 경제인 모국경제시찰단

대외적인 악재도 터졌다. 당시 미국은 한국에 대한 경제원조를 줄이려 했고, 존 F. 케네디 미국 대통령은 5·16군사정변을 쿠데타로 간주하며 정권의 정당성을 인정하지 않았다.

1961년 10월 28일 나는 오사카 상공인을 주축으로 한 재일교포 경제인 50명으로 모국경제시찰단을 결성해서 서울에 들어갔다. 바로 그날 송요찬宋堯讚 내각수반(국무총리에 해당함)은 서울 중앙청에서 내외신 기자회견을 열었다.

"조만간 있을 제6차 한일회담의 성패는 우리 측 재산청구권에 대한 일본 측의 성의에 달려 있습니다."

이틀 뒤인 10월 30일 우리 일행 대표 4명은 송요찬 내각수반과 만났다. '6·25전쟁의 영웅'인 송요찬 장군을 만나니 가슴이 벅찼다.

그는 전쟁 초기에 헌병사령관으로서 한국은행에 수장된 금괴를 부산으로 무사히 옮기는 데도 공을 세운 인물이다. 그는 무장이지만 목소리와 태도가 부드러웠다.

"재일동포 여러분께서 모국의 경제 발전에 기여해 주시길 간청드립니다. 저희 혁명당국에서는 혁명공약에서도 밝혔습니다만, 반공反共과 경제개발을 가장 중시합니다."

나는 시찰단 단장 자격으로 답변했다.

"당연히 적극 동참하고 싶습니다. 하지만 아직 재일교포 업체들은 일본에서 기반이 취약합니다. 대한민국 정부에서도 저희를 도와주셔야 합니다."

"도울 방안은 무엇입니까?"

"우선 재일교포 종합금융회사를 설립해야 합니다. 금융은 혈액이라 하지 않습니까? 기업이란 몸에 피를 공급해야 합니다. 저희가 금융회사를 설립할 수 있도록 일본과 수교협상 때 이를 의제에 넣어 주십시오."

공식적인 대화가 끝나고 나서 나는 박정희 국가재건최고회의 의장과의 어린 시절 대구에서 한솥밥을 먹은 추억을 밝혔다.

"그런 인연이 있었군요!"

박정희 의장과의 재회

이튿날 내가 묵고 있는 반도호텔에 박정희 의장 비서실 간부가 나를 찾아왔다. 송 수반이 나에 대해 의장에게 보고한 모양이었다.

국민훈장 동백장(冬栢章)을 수훈받고 박정희 대통령과 기념 촬영(1968.3.21).

"의장님께서 뵙자고 하십니다."

나는 그 간부와 함께 승용차를 타고 남산 기슭의 의장 공관에 갔다. 의장실에 들어가자 박정희 의장은 검은색 선글라스를 벗으며 나를 반겼다.

"이게 몇 년 만입니까? 반갑습니다!"

둘은 거의 같은 말로 인사를 나누었다. 29년 만의 재회였다.

"그때는 희熙 자, 문文 자를 쓰셨는데 개명을 하셨나요?"

"일본에 가면서 희熙 자, 건鍵 자로 바꿔 씁니다."

"요즘도 남자 이름에 희熙 자를 쓰면 희귀한데 우리 어릴 때는 더더욱 그랬지요. 그 하숙방에서 그런 이야기 나눈 기억이 납니다."

"의장님은 합격하셨고 저는 낙방했잖습니까? 제가 합격했으면 어땠을까, 하고 상상해 본답니다."

"합격하셨어도 지금만큼 성공하신다는 보장이 없었을 겁니다. 하하하!"

"아직 큰 성공은 아닙니다. 앞으로 더 뛰어야 합니다."

"한국에 투자를 많이 해 주십시오. 그리고 한국에 오시면 언제든 찾아오세요."

나는 박 의장에게도 교포 금융사가 일본 각 지역에서 산발적으로 설립된 신용조합으로 만족할 게 아니라 재일교포 사회 전체를 아우르는 은행으로 탈바꿈할 필요성을 설명했다.

하지만 일본 내 '재일교포 투자은행의 설립' 안건은 한일수교 협상에서 제대로 논의조차 되지 못했다. 대일對日 청구권 의제가 워낙에 중요했기 때문이다. 당시 한국 정부는 경제개발을 위한 종잣돈을 마련하려 일본으로부터 청구권 자금을 최대한 끌어내려 했다. 이 때문에 재일교포의 일본 내 체류자격 및 권리문제에 대한 논의는 부차적인 안건으로 전락하고 말았다.

나중에 알아보니 내가 그때 건의한 은행설립 추진 제언은 한일 간 협상테이블에 올라가지도 못했다.

신격호 롯데 회장

롯데그룹 신격호 회장과 나는 의형제 관계이다. 그는 오사카에 올 때마다 그의 고향 울주군의 선배인 서갑호 사카모토방적 회장을 찾아왔다. 그때 나도 급한 일정이 없는 한 동석했다. 우리 셋은 의형제 결의를 했고 서 회장과 나는 훗날 사돈 인연을 맺는다. 이 일화는 별도로 소개하겠다.

나는 도쿄에 가면 자주 신 회장을 만났다. 내가 도쿄에서 해결해야 할 일이 있으면 신 회장이 앞장서 도와주었고 신 회장이 오사카 지역에서 애로를 겪으면 내가 해결해 주었다. 신 회장과 나는 키가 비슷했는데 동년배 일본인 남성보다 머리 하나가 큰 정도였다.

나는 신격호 회장의 주선으로 도쿄에서 일본 정계의 거물 인사 여럿을 만났다. 그 대표적인 인물이 기시 노부스케岸信介 총리다. 신 회장이 그분과 친교하게 된 경위는 이렇다.

롯데의 창업 초기에 설탕을 주로 구입하는 제당회사는 대일본제당大日本製糖이었다. 후지야마 아이이치로藤山愛一郎 사장은 롯데에 우호적이어서 좋은 품질의 설탕을 챙겨 주었다. 롯데도 그에 대한 보답으로 늘 현금으로 결제했다. 설탕 구입량이 점점 늘어나자 후지야마 사장은 신격호 사장을 점심 식사에 초대했다.

"롯데 같은 우량 거래업체가 많으면 저는 두 발 뻗고 잘 수 있겠소이다. 하하하!"

"아직 중소기업에 불과합니다. 많이 도와주십시오."

"제가 감히 장담하건대 롯데는 일본 제일의 제과회사로 성장할 거요! 다른 업체 대표와 달리 사업 감각이 탁월해요."

신 사장은 덕담을 들으니 기분이 좋았다. 아니, 그렇게 만들어야겠다는 각오를 다지는 계기가 되었다. 후지야마 사장과는 거래관계를 떠나 인간적인 친근감을 느낄 수 있었다. 그분도 그런 감정을 가지는 듯해서 자주 술자리를 가졌다. 물론 그분은 신 사장의 아버지 연배여서 깍듯이 어른으로 모셨다.

기시 노부스케 총리

신격호 사장은 후지야마 사장과 어느 날 저녁 술자리를 가졌는데 후지야마 사장의 친구가 동석했다. 그분의 얼굴을 보자 신 사장은 깜짝 놀랐다. 신문에 얼굴 사진이 자주 실리는 유명인사 기시 노부스케 선생이 아닌가! 야마구치山口중학, 제일고등학교, 동경제대 법학부를 우수한 성적으로 졸업했고 대학 재학 중에 고등문관 시험에 합격한 수재 … . 큰형 사토 이치로佐藤市郎, 동생 사토 에이사쿠佐藤榮作와 함께 '수재 3형제'로 이름난 분 … . 그는 만주국에서 중화학공업 정책을 진두지휘했고 일본 상공대신을 지냈다. 제2차 세계대전 전범으로 재판을 받고 정치활동이 중단된 야인 … .

후지야마 사장은 경제적으로 곤궁한 친구를 후원하는 모양이었다. 신격호 사장은 기시 선생에게 딱히 할 말이 없어 만인의 공통 관심사인 건강에 대해 언급했다.

"건강하게 보입니다. 무슨 비결이라도 있습니까?"

"비결이라기보다는 3년 3개월 동안 스가모巢鴨 교도소에 수감된 덕분에 잔병을 떨치게 됐다오. 새벽 5시 30분에 기상해 밤 9시에 잘 때까지 식사, 운동, 독서 등 규칙적인 생활을 했지요. 특히 식사는 채식 위주로 하루 3끼를 먹었는데 간식이 전혀 없어 늘 배가 약간 고픈 상태였다오. 그러고 보니 오히려 건강 체질로 바뀌었소."

훗날 일본 총리가 된 기시 노부스케와의 인연으로 신격호 사장은 일본 정계 거물들과도 자연스레 사귀게 되었다. 동생 사토 에이사쿠도 총리가 된다. 세월이 흘러 기시 총리의 사위 아베 신타로安倍晋太郎는 외무대신, 외손자 아베 신조安倍晋三는 총리가 되어 정치 명문가 명성을 이어 간다.

만주 시절의 추억

1961년 10월 25일, 한국의 군사정권 초창기인 국가재건최고회의 시절에 혁명정부의 제2인자인 김종필 중앙정보부장이 일본 국회의사당 총리 집무실에서 이케다 하야토池田勇人 총리를 만나 회담을 했다.

이어 11월엔 박정희 국가재건최고회의 의장이 미국 방문 길에 일본을 들러 12일 오전 10시 이케다 총리와 회담을 가졌다. 일본 신문에 보도된 박 의장 사진을 보니 양복 차림에 선글라스를 쓰고 있었다.

그날 저녁엔 일본 총리 관저에서 만찬이 열렸다. 한국 측에서는 박 의장, 최덕신崔德新 외무장관, 박병권朴炳權 국방장관, 천병규千炳圭 재무장관, 배의환裵義煥 한일회담 수석대표 등이 참석했다. 일본 측 참석자는 이케다 총리, 고사카 젠타로小坂善太郎 외무장관, 사토 에이사쿠 통산장관, 기시 노부스케 전 총리 등이었다.

며칠 후 신격호 롯데 회장이 아카사카赤坂의 한 음식점에서 기시 노부스케 선생을 초청한 자리에 나도 동석했다. 기시 선생을 신 회장 소개로 알게 된 후 여러 번 만난 자리였다. 박정희 의장과의 만찬 분위기를 전해 들었다. 기시 선생은 총리직에서 떠난 이후여서 홀가분한 상태였다. 초반엔 기시 선생과 신 회장이 주로 대화했다.

"아주 화기애애했소. 박 의장은 바로 제 옆자리에 앉았지요. 그날 박 의장이 만주군관학교에 다닐 때 교장인 나구모 신이치로南雲親一郎

기시 노부스케(오른쪽)와 나(가운데).

장군도 초청돼 20여 년 만에 사제 상봉이 있었다오.”

"만주 이야기가 주요 화제가 되었겠네요?"

"나도 만주에서의 추억이 떠올라 박 의장과 만주 시절 얘기를 많이 했소.”

"한일 국교 정상화는 어떻게 진전됩니까?"

"정권을 민간정부에 이양하기 전에 타결하겠다는 원칙에 합의한 모양이오.”

"박 의장은 미국에 가서 케네디 대통령을 만난다고 합니까?"

"그럴 예정이라고 하오. 박 의장과 케네디 대통령이 모두 1917년 생이어서 동갑끼리 잘 해 보라고 덕담을 건넸다오.”

그 말을 듣고 나도 맞장구를 쳤다.

"저도 1917년생입니다. 사람 인연이란 게 참 묘하네요. 박정희 의장과 저는…….”

나는 대구사범학교 입학시험 때의 추억을 털어놓았다. 또 그해 만주에 가서 잠시 체류한 일도 밝혔다. 그러자 기시 선생이 나에게 친근감을 보였다.

2년 후인 1963년 10월 15일 한국에서는 대통령 선거가 치러져 박정희 후보가 윤보선 후보를 15만 표 차이로 이겨 당선됐다. 박 후보는 그해 12월 17일 대통령에 취임했다.

레슬링 영웅 역도산

1960년 2월 3일 나는 콩을 던지며 무병장수를 기원하는 세츠분節分(일본의 민속행사)에서 레슬링 영웅 역도산力道山을 만나 오래 대화를 나눈 적이 있다.

당시에 그는 일본 프로레슬링 무대에서 최고 스타로 추앙받으며 절정기를 구가할 때였다. 그가 사각의 링에 올라 거구의 미국 레슬러를 '가라테 촙chop'으로 쓰러뜨리면 일본인들은 열광했다. 그들은 미국에게 당한 제2차 세계대전 패배의 울분을 역도산의 승리를 보며 해소했다. 그런 슈퍼스타 역도산이 열 살이던 나의 차남 경재를 격의 없이 다정하게 대해 주었다.

행사가 끝나고 역도산과 나는 다담茶談을 나누었는데 이런저런 이야기를 하다가 '인디언'이란 상표의 미국산 오토바이가 화제에 올랐다.

"스모 선수로 활동할 때였는데 빨간 인디언 오토바이를 타고 다녔답니다."

"그래요? 나도 오사카에서 신바람 나게 인디언을 타고 다녔지요."

"이 회장님도 멋쟁이시네요. 그 오토바이, 엔진 소리가 시끄럽잖습니까? 스모 도장 선후배들이 오토바이를 갖고 시비를 걸기에 오토바이를 탄 채 도장 입구를 부수고 실내로 돌진하는 사고를 쳤답니다. 그때는 나이가 스무 살 갓 넘어 젊은 혈기에 무서운 게 없었지요."

본명이 김신락金信洛인 그는 사업 수완도 좋았다. 도쿄 시부야渋谷에 어마어마한 규모의 '리키力 스포츠 팰리스'를 세웠다. 1961년 6월에 완공한 지상 9층, 지하 1층의 이 빌딩에는 프로레슬링 상설 경기장, 볼링장, 피트니스 센터, 레스토랑 등이 있었다. 이 빌딩 완공식에 나도 초대받아 갔는데 일본의 정계, 재계, 스포츠계, 문화예술계 등 각계 명사 1,500여 명이 몰려와 성황을 이루었다.

1963년 가을 무렵 도쿄올림픽 후원 사안을 논의하러 역도산, 신격호 회장, 나, 이렇게 세 명이 리키 스포츠 팰리스의 2층 레스토랑에서 만났는데 종업원들은 내 체구를 보고 레슬링 선수로 알았다고 한다. 당시에 나는 46세였는데 그 나이에 운동선수로 보였으니 아부성 발언인 줄을 알지만 흐뭇했다.

역도산은 어느 경기의 파이트머니 전액을 성금으로 냈다. 매우 안타깝게도 그는 그 연말에 폭한暴漢의 칼을 맞고 별세해 도쿄올림픽을 보지 못했다.

역도산은 전략상 한국인임을 밝히지 않았다. 그래도 그는 은밀히 한국인 운동선수를 물심양면으로 도왔다. 프로레슬링 제자인 김일金一 선수에게 박치기 특기를 익히도록 지도했고, 야구 타격왕 장훈張勳 선수에게는 자신의 피트니스 센터를 무료로 이용하도록 했다. 훗날 프

나(뒤 오른쪽)의 차남 경재에게 다정하게 대해 준 역도산(앞 가운데)(1960. 2. 3).

로복싱 주니어미들급 세계챔피언이 되는 김기수金基洙 선수가 도쿄에
오면 스파링 파트너와 연습장을 구해 주는 등 세심하게 배려했다. 세
계적인 복싱 트레이너 딕 새들러를 일본에 초청해 김기수 선수를 지
도하게 했다. 새들러는 훗날 조지 포먼을 헤비급 챔피언으로 등극시
킨다.

아마추어 전적 88전 87승 1패인 김 선수는 새들러의 혹독한 지도
를 받고 기량이 크게 향상되었다고 한다. 유일한 1패는 1960년 로마
올림픽 때 준준결승에서 이탈리아 대표 니노 벤베누티에게 당한 것이
었다. 벤베누티는 금메달을 땄다. 1966년 6월 25일 장충체육관에서
김기수 선수와 세계챔피언 타이틀전을 벌일 때 벤베누티는 65전 전
승의 강타자였다. 벤베누티는 프로선수로서의 첫 패배를 김 선수에게

당했다. 운명의 라이벌인 두 선수는 모두 1938년생 동갑이었다.

나도 가끔 이 스포츠 스타들과 식사 자리를 가졌다. 링 위에서는 그렇게 터프한 사나이인데 사석에서는 더없이 순박한 사람들이었다. 김일, 김기수, 이 두 걸출한 스타가 의형제 관계임도 함께 밥 먹는 자리에서 처음 알았다.

함경도 북청 출신인 김기수 소년은 6·25전쟁 때 어머니, 형님과 함께 남하하여 전남 여수에서 신문배달을 하며 고학생으로 살았다. 어느 추석날에 여수시민 씨름대회가 열렸는데 김일, 김기수, 두 장사가 결승전에서 맞붙었다. 덩치가 크고 이미 호남 최고의 씨름꾼으로 이름난 김일 장사가 김기수 소년을 꺾고 황소 한 마리를 차지했다. 이 만남을 인연으로 두 사람은 의형제 결의를 했다 한다.

절실한 재일교포 본국 투자

정권을 잡긴 했지만 공약으로 내세운 경제개발을 이루기 위한 투자 자금을 구하지 못해 사면초가였던 박정희 국가재건최고회의 의장은 미국과 일본에 다녀왔으나 뚜렷한 소득은 없었다. 일본에서는 우호세력을 만난 정도였고, 미국에서는 케네디 대통령과 외교적인 우호관계를 확인하는 데 만족해야 했다.

한국 정부는 재일교포에게 모국투자를 더욱 적극적으로 종용하고 나섰다. 기댈 곳은 재일교포들이었다. 한국 정부는 외무부 과장을 단장으로 한 정부 대표단을 '재일교포 기업인 실태 파악'을 목적으로 일본에 파견했다.

1961년 12월 20일 재일본대한민국민단(민단) 권일權逸 단장을 대표로 한 재일교포 기업인 61명이 KNA 쌍발 프로펠러 전세기를 타고 김포공항에 도착했다. 이들은 12월 28일 박정희 최고회의 의장을 만나 투자 권유를 받았다.

"재일동포 여러분! 조국의 경제 재건에 공헌해 주십시오!"

박 의장이 논리정연하게 경제개발에 대한 비전을 설명하며 애국심을 호소하기에 교포 기업인들은 감명을 받았다고 한다.

1962년 한국에서는 제1차 경제개발 5개년 계획이 시행됐다.

모국투자 선구자
서갑호 회장

14세 소년 단신 도일

일본에서 한국인 최초로 대기업을 일군 서갑호徐甲虎 회장은 모국투자에 가장 앞장선 기업인이었다. 그분의 인본주의 경영이 후세에 별로 알려지지 않아 안타깝다.

그분과 내가 맺은 인연은 각별하다. 나와의 사적인 관계여서가 아니라 서 회장은 모국에 대한 투자에서 선구자 역할을 했기에 그분에 대해 자세히 언급하지 않을 수 없다.

경남 울주군 삼남면에서 1914년 출생한 그는 14세 어린 나이에 적수공권赤手空拳으로 도일渡日했다. 오사카에 도착한 소년은 넝마주이, 엿장수, 청소부 등 온갖 허드렛일을 하며 생존을 도모했다. 성실한 소년을 눈여겨본 일본인이 '신토新東'라는 타월공장에 취업시켜 준다. 조그마한 공장이었지만 그곳에서 소년은 베 짜는 기술과 기업 경영원리를 터득한다.

악착같이 모은 돈으로 이즈미사노泉佐野에 석면 방직공장을 열었다. 가내수공업 형태여서 사장이라지만 공장장, 영업 직원 등 1인 다역을 맡아야 했다. 손수 실을 뽑아 직포작업까지 해냈다. 석면은 군수물자로도 쓰이므로 만드는 족족 팔려 나갔다.

1948년 3월 서갑호 사장은 사카모토방적이란 기업을 세웠다. 자금이 넉넉지 않아 고물상에서 폐廢 방적기를 사들여 수리해서 썼다.

한국에서 6·25전쟁이 터지자 군복 수요가 급증하면서 기계를 풀가동했다. 설비투자를 늘리고 생산량이 급증하는데도 수요물량을 대기 어려울 만큼 큰 호황을 누렸다. 1955년에는 오사카방적, 히타치방적常陸紡績까지 거느린 방적그룹을 이룩했다. 그 무렵 서갑호 회장은 오사카에서 소득세 최다 납부자였고, 일본 전체에서도 다섯 손가락 안에 꼽힐 재력가로 부상했다.

도원결의

도쿄에서 롯데를 경영하며 '롯데껌'으로 돌풍을 일으킨 신격호 회장은 오사카에 올 때마다 서갑호 회장과 나를 찾았다. 서 회장과 신 회장은 언양보통학교를 나온 선·후배였다. 신 회장은 울주군 삼동면 출신이어서 서 회장과 지척거리에 고향을 둔 사이이기도 했다. 신 회장은 1950년에 오사카의 대형 과자도매상인 오사카야大阪屋를 인수해 롯데 오사카 지사로 삼았다.

신 회장은 마케팅의 천재였다. 도쿄, 오사카, 교토 할 것 없이 일본 전국에서 롯데의 광고판이 보였고 TV에도 끊임없이 롯데 광고가 나왔다.

1956년 10월 어느 날 NHK-TV 뉴스를 보니 롯데가 남극연구기지 요원들에게 추잉껌을 증정하는 장면이 보도되었다. 이 껌은 비상 식량을 겸한 제품이어서 인체에 필요한 영양분을 포함시켰고 극한極寒 기후에서도 변질되지 않도록 만들었단다. 이 뉴스는 일본 전역에 방영되었다. 나는 신 회장에게 전화를 걸어 "이 뉴스 덕분에 롯데의 이미지가 크게 향상될 것"이라는 덕담을 건넸다.

얼마 후 오사카에서 서갑호 회장, 신격호 회장, 나 이렇게 셋이서 저녁식사를 하며 회포를 풀었다. 그 자리에서 《삼국지》에 나오는 장면처럼 우리는 도원결의桃園結義를 맺고 의형제로 지내기로 다짐했다. 맏형은 서갑호 회장(1914년생), 가운데는 나(1917년생), 막내는 신격호 회장(1921년생). 자식 이야기가 나왔는데 신 회장은 아들만 둘이란다. 내가 농담으로 말했다.

"나도 아들만 셋인데, 그럼 우리는 사돈이 될 수 없구만!"

따님을 가진 서 회장이 말을 거들었다.

"자네들은 아들 부자이구만! 그럼 나하고 사돈 맺으면 되지!"

'말이 씨가 된다'는 속담처럼 훗날 서 회장의 따님과 내 장남이 혼인한다. 내 맏며느리 서경남徐景南(1950년생)은 갑부의 딸인데도 티를 내지 않는 겸손한 인품을 가졌다.

'도원의 결의' 이후에 신 회장과 나는 더욱 가까워져 도쿄올림픽 성금 모금, 제일투자금융 및 신한은행 설립 때 함께 머리를 맞대고 협력했다. 신 회장과 사돈 인연을 맺을 수는 없었지만 자제 혼사 때는 서로 빠짐없이 참석했다.

손녀와 결혼식장 참석

훗날인 1985년 6월 신격호 회장의 차남 동빈東彬 군 결혼식 때의 일화이다. 도쿄에서 열리는 혼례에 참석하려 이른 아침에 오사카에서 출발해야 했다. 우리 부부가 늘 함께 신 회장의 경조사에 참석했기에 나 혼자 가기가 어색했다. 3년 전인 1982년 10월에 별세한 아내가 더욱 그리워졌다.

그때 얼핏 손녀 훈薰을 데리고 가면 좋겠다는 생각이 들었다. 초등학교 6학년생인 훈은 어리지만 성품이 당차고 총명한 소녀였다.

"훈아! 할아비하고 도쿄 나들이 가자꾸나."

"예. 할아버지와 함께 간다니 기분이 좋아요."

훈이 서둘러 옷을 차려입고 나왔는데 교복이었다. 단정하게 보이긴 하지만 아무래도 결혼식장 분위기와는 어울리지 않을 듯했다.

"아이고! 이 멍텅구리!"

나는 자식이나 손주들에게 가끔 애정의 표시로 한국어로 '멍텅구리'라고 부른다.

"할아버지, 왜요?"

"우리가 갈 곳이 결혼식장인데 교복 차림은 이상하지 않겠니? 다른 사복 없니?"

"아! 그럼 엄마 외출복을 입을게요."

"그래, 좋은 생각이다. 이제 보니 멍텅구리가 아니네. 하하하!"

훈은 결혼식장에서 내 곁에 서서 의젓하게 손님들에게 인사를 잘 올렸다. 하객들은 이구동성으로 훈을 보고 말했다.

"사모님을 빼박아 닮았습니다."

"환생하신 사모님 같습니다."

내가 봐도 훈은 제 할머니와 흡사하게 생겼다.

그날 성대한 결혼식에서 후쿠다 다케오福田赳夫 전 일본 총리가 주
례를 보았고, 나카소네 야스히로中曾根康弘 전 총리는 축사를 했다.

방림방적 투자

박정희 의장은 정중하면서도 간곡하게 서갑호 회장에게 말했다.

"서 회장님 같은 애국자 기업인이 또 조국을 도와주시면 감사하겠
습니다. 여기에 공장을 짓고 일자리를 만들어 주십시오!"

최고 권력자의 간청을 들은 서 회장은 사업가 정신과 애국심이 어
우러지면서 대규모 투자를 결심한다.

서 회장은 1963년 2월 태창방직泰昌紡織을 인수하면서 한국산업은
행에 미화 100만 달러를 한꺼번에 송금했다. 당시로서는 어마어마한
거액이었다. 태창방직은 국유재산이었고 산업은행이 관리 중이었다.
공장 부지는 서울 영등포구 문래동 일대 9만 평 대지. 인수 후에 처음
엔 사카모토방적이라 했다가 1967년 방림방적邦林紡績으로 사명社名을
바꾸었다.

서 회장은 모국에서도 일본에서처럼 차근차근 성장가도를 밟아갔
다. 1950년대 초반 일본과 같은 폭발적인 성장세는 아니지만 방직·
면방 사업은 탄탄한 성장세를 이어갔다. 일본의 선진기술과 인력관리
노하우를 그대로 적용했다.

서 회장은 1973년엔 구미공단 8만 3,500평 부지에 6,947만 달러를 들여 윤성潤成방적을 지었다. 그러나 최첨단 시설의 거대공장은 1974년 1월 23일 설날 오후에 화재로 잿더미로 변하고 말았다. 완공 후 제대로 가동도 하지 못한 때였다. 이튿날 기자회견에 나선 서 회장은 의연하게 말했다.

"조만간 복구작업을 개시하겠습니다. 불타버린 기계는 고철로 폐기처분하고 곧 새 기계를 발주해 대체하겠습니다. 늦어도 내년 상반기 중에 복구를 마치겠습니다. 1,500명 종업원 고용도 보장합니다."

그러나 안타깝게도 불운이 잇달았다. 일본에서 사카모토그룹에 대한 은행융자금 회수가 본격화되었다. 엎친 데 덮친 격으로 때마침 제1차 오일쇼크가 터져 면방류 원료가격이 폭등하면서 채산성이 악화되었다.

1974년 9월 사카모토그룹은 결제 요청이 들어온 어음 3억 엔을 막지 못해 부도를 내고 도산하였다. 모국에서 재기를 꾀하던 서 회장은 1976년 11월 21일 필리핀 출장을 마치고 귀국한 날 삼청동 자택에서 급서했다.

서 회장은 한국에서 공장 옆에 기숙사와 학교를 설립했다. 일자리를 찾아 상경한 젊은이에게 숙식, 교육 기회를 제공한 것이다. 방림방적에 세워진 '방림여고'가 대표적인 사례이다. 구내식당을 공장 부지의 한가운데에 위치하도록 한 것은 종업원의 편의와 건강을 위한 배려였다. 그는 여러모로 혁신가였고 인본주의자였다.

본국투자협회

본국투자협회장 고사

1968년 5월 13일 나는 오사카흥은 본점을 신사옥으로 확장 이전하고 한숨을 돌렸다. 흥은의 경영이 안정 궤도에 접어들었다.

나는 오랫동안 품어온 모국투자의 길을 찾기 시작했다. 6월 18일에는 모국 금융사정을 살펴보려 1주일 일정으로 서울로 출발해 제일은행을 비롯한 국내 시중은행들을 둘러보고 왔다. 오로지 '금융'을 테마로 삼아 모국 현장을 방문한 건 이때가 처음이다. 그리고 10월 30일에는 제일은행 오사카사무소를 오사카흥은 본점 4층에 유치했다.

이 무렵에 모국에 진출한 경제인들이 "재일교포 모국투자를 종합적으로 관리할 창구를 만들자"며 도쿄에서 논의를 시작했다. 당시 모국에 진출한 재일교포 기업인은 신격호 롯데 사장과 허필석 YC안테나 사장 등 쟁쟁한 사업가들이었다.

그들은 여러 차례 모임을 가지며 모국투자인 조직을 논의했다. 하지만 결론을 못 내리고 있었다. 누구를 중심으로 조직을 만들지조차 결정하지 못했다. 그렇게 몇 년이 흘렀다.

1971년 9월 어느 날 나에게 전화 한 통이 걸려왔다.

"백정혁白丁赫입니다."

"요즘 민단 부의장 업무 때문에 도쿄에 자주 가신다면서요?"

"오사카보다 도쿄에 머물 때가 더 많습니다. 급히 상의 드릴 일이
있어 오사카로 내려갈 테니까 당장 만납시다."

"좋습니다."

백정혁 부의장은 민단 중앙본부의 이희원李禧元 단장 체제에서 오
랜 기간 부의장을 맡고 있었다. 그는 제주 출신으로 오사카에서 백천
白川피복이라는 회사를 경영하며 재일교포 사회를 위해 헌신적으로 일
하는 인물이다. 그는 나를 만나자마자 본론부터 꺼냈다.

"본국투자협회 회장을 맡아 주십시오."

"무슨 말씀입니까? 곤란합니다. 저는 아직 모국에 투자한 사업체
가 없으니 자격이 없는 사람입니다."

"민단과 상공회 간부들이 그렇게 하기로 결정했습니다. 추진력에
서는 이 이사장을 능가할 분이 어디 계시겠습니까? 간곡히 부탁드립
니다."

"말씀만으로 감사하고, 황공합니다. 좀더 시간을 주십시오."

나는 고사苦辭 이후에 2년가량 그대로 있었다. 그 사이 나름대로 무
엇을 할 수 있을까, 여러 생각을 하였다.

그러다 나는 슬슬 움직이기 시작했다. 앞서 모국에 투자한 1세 기
업인들을 만나 투자 상황을 들어보고 한국 경제, 사회에 관해 살펴보
았다. 그럴수록 넘어야 할 산은 높아만 보였다.

모국에서도 막힌 금융

백정혁 부의장은 그 후에도 나를 설득하려고 집요하게 접근했다.

"모국투자가들이 겪는 골칫거리가 한두 가지가 아닙니다. 이 난제를 해결할 적임자로 이 이사장만 한 인물이 없습니다."

1970년 오사카에서 개최된 세계박람회에서 나는 한국 후원회장을 맡았다. 한국관이 관람객 랭킹 2위라는 놀라운 실적을 거뒀다. 그러자 모국투자가들은 더욱 나에게 본국투자협회를 맡아 달라고 간청했다.

"이 이사장이 맡으면 뭐든지 이루어지잖소?"

나는 모국투자 현황을 다시 찬찬히 살피며 당사자들을 만나 한국에서 사업하면서 겪는 고충을 들었다.

1960년대 시작된 재일교포들의 모국투자는 점차 늘어나 1970년대 초 모국투자 기업 수는 200개를 넘어서고 있었다. 그러나 모국의 비즈니스 환경은 일본 못잖은 차별투성이였다. 가장 난처한 일은 행정 트러블이었다. 사업 인허가, 세무, 회계, 수입통관 등 관공서와 관련된 일이 온갖 규제에 얽매였다.

당시에 한국에서는 법체제와 달리 실무현장에서 관리들의 횡포가 심했다. 일부 공무원은 규정에도 없는 요구를 하며 몽니를 부렸다. 모국에 투자했다가 호되게 고생하고 사업을 접은 동포 김 모 사장의 하소연은 이렇다.

담당 공무원이 호언장담했단다.

"투자만 하세요. 김 사장님 회사는 외국투자기업이어서 토지는 무상제공입니다. 소득세와 재산세, 출자자 배당금도 면세입니다."

1970년 오사카세계박람회 한국관을 둘러보는
당시 일본 황태자 아키히토(왼쪽)와 김진흥 당시 오사카총영사(가운데)

하지만 그로부터 3년 후, 조세감면을 규정한 법률이 개정되면서 법체제가 바뀐다. 김 사장에게 그간의 투자혜택을 폐지한다는 통지서가 날아온다.

"처음 약속과 다르지 않소? 이럴 수 있소?"

김 사장이 항의하자 며칠 뒤 세무조사반이 들이닥쳤다. 그리고 투자금에 맞먹는 고액의 세금고지서가 발부됐다. 결국 김 사장은 모국 사업을 접고 일본으로 돌아갔다.

아침저녁으로 달라지는 변덕스러운 행정은 재일교포 기업인을 괴롭혔다. 시간적, 물적 손실은 온전히 투자가의 몫이었다. 거래업체의 나쁜 관행도 골칫거리였다. 툭하면 리베이트를 요구했다. 이런 일을 당한 동포 기업인은 불만을 터뜨렸다.

"민나 도로보데스(모두 도둑놈들이야)!"

"일본에서 겪던 차별보다 더 고약하지 않은가?"

모국투자가는 모국에서 금융장벽에도 가로막혔다. 급하게 운용자금이 필요할 때 은행 대출은 거의 불가능했다. 내국인 기업조차도 대출받는 것이 특혜이던 시절이니 재일교포가 은행 문턱을 넘기란 하늘의 별따기나 마찬가지였다. 대출 승인이 난다 해도 대출 원금의 무려 20％를 커미션으로 내야 했다. 내국인 기업은 대체로 10％의 커미션을 냈다.

고운종高雲鍾 한일유압 사장은 당시의 고충을 이렇게 증언했다.

"모국사업에서 제일 힘든 건 금융이었습니다. 시중은행이 대출을 해 주지 않아 자금이 필요할 때마다 일본에 다녀올 수밖에 없었습니다. 그때마다 포켓에 돈을 넣어 왔지만 그걸로 사업자금을 충당하기엔 턱없이 모자랐습니다."

한국 정부는 투자를 종용하는데 정작 비즈니스의 혈액인 금융은 막아 놓고 있었다. 모국투자가는 여러 골칫거리를 스스로 해결하는 각자도생各自圖生의 시대를 고스란히 감수했다. 모국투자가의 권익을 지키기 위한 조직 만들기는 긴요한 과제로 떠올랐다.

재일한국인 본국투자협회 창립

1973년 들어 모국투자가들은 권익조직을 만들자고 본격적으로 논의했다. 이때는 도쿄만이 아니라 오사카, 나고야, 후쿠오카 등 일본 전역의 모국투자가들이 동참했다. 다만 아직은 설립 예비모임이었다.

재일한국인 상공인연합회(한상련)가 허필석 YC안테나 회장을 본국사무소 설립위원회 위원장으로 위촉한 것이 그 시작이다. 한상련은 내부에 '교민은행 설립연구위원회'라는 태스크포스팀도 꾸렸다.

나도 추진멤버에 이름을 올렸다. 나는 그때 재일한국인 신용조합협회(한신협) 회장직을 맡고 있었다.

모국투자가들은 그해에만 5차례 간담회를 갖고 조직을 결성하기 위해 분주히 움직였다. 마침내 1974년 2월 5일 오사카 재일한국인 상공회 사무실에서 '재일한국인 모국투자기업 연합회'('재일한국인 본국 투자협회'의 전신)가 발족했다.

협회 초대회장에는 내가 추대됐다. 민단, 한신협, 한상련 등 재일교포 사회를 대표하는 3개 단체로부터 고르게 지지를 받은 결과다. 민단, 한신협은 일찍부터 나를 회장으로 점찍어 두었고, 한상련 안에서는 긴키近畿지방협의회(오사카, 교토, 효고, 시가, 나라, 미에)가 압도적인 지지를 보냈다.

나는 회장 취임 연설에서 벅찬 가슴으로 말했다.

"선배동료 여러분, 감사합니다. 아시다시피 모국에 진출한 우리 동포들이 투자 시작단계에서부터 금융제한 등 온갖 애로를 겪고 있습니다. 당 협회는 이런 문제 해결뿐 아니라 장차 모국에 진출하려는 기업인들에게 충분한 정보를 제공할 것입니다. 두 어깨가 무겁습니다만 맡은 바 최선을 다하겠습니다."

투자협회 창립을 주도한 기업인들의 면면은 쟁쟁했다. 재일교포 사회뿐 아니라 일본 본토인에게도 거상巨商으로 인정받는 이들이다. 서갑호(방림방적), 신격호(롯데), 허필석(YC안테나), 김용태金容太(한국마벨), 안재호安在祜(대한합성화학), 강병준姜炳浚(삼화제관) 등이다. 협회 부회장에는 김용태, 강병준, 고문에는 서갑호, 신격호, 허필석, 안재호, 강택우姜宅佑가 각각 추대됐다.

이날 모국투자가들은 투자협회의 설립목적을 이렇게 정했다.

'회원들의 모국투자와 발전 촉진, 회원 상호간의 유대 강화, 본국 경제정책에 대한 협조, 경제 발전과 민족복리民族福利 기여.'

이제부터는 투자협회를 통해 인허가를 비롯한 투자절차, 기계부품 수입과 같은 통관업무, 세금문제 등 각종 트러블을 조정하고 상담을 진행할 수 있게 됐다. 대정부對政府 진정도 투자협회의 주된 업무였다.

설립 당시 모국투자가 수는 간사이關西 90여 개, 간토關東 70여 개, 주부中部 25개, 규슈九州 20여 개 등 약 220개였다. 이 가운데 투자협회의 회원사는 70개였다.

이후 투자협회는 1977년 1월 15일 경제기획원(오늘날의 기획재정부)으로부터 법인 인가를 받은 데 이어, 그해 2월 21일 서울 중구 회현동 한국무역회관 회의실에서 창립총회를 개최했다. 우여곡절 끝에 '사단법인 재일한국인 본국투자협회'가 정식단체로 출범했다.

주일 한국대사관 기증 비화

주일駐日 한국대표부 건물 기증 비화祕話를 밝히겠다. 서갑호 회장이 건물을 매입하여 기증하였기에 생생한 이야기를 들었다.

1952년 5월경 오사카를 방문한 김용식 공사를 서갑호 회장이 뉴오사카호텔에서 만났다. 오사카 교민 사회에서 "도쿄의 한국공사관이 건물을 구하지 못해 쫓겨날 형편에 처했다"는 소문이 돌 때였다. 서 회장이 사실 여부를 문의했더니 김 공사는 시인했다.

"지금 본국 정부는 전쟁 와중이어서 건물구입 예산을 확보할 수 없는 상태입니다. 지금 쓰고 있는 핫토리 빌딩에서는 집을 비워 달라고 독촉하고…. 저희들이 버티자 엘리베이터 운행을 중단하기까지 했답니다."

"정말 딱하네요."

"일단 적당한 건물을 찾아봤지요. 마침 다케야초竹谷町에 있는 저택 하나를 발견했답니다. 2,400평 넓이 정원에 유럽식 2층 건물이 서 있어요. 원래 마츠카다松方 공작이 살던 집인데, 2차 세계대전 때는 요나이米內 해군대신이 살았다 합니다. 지금은 덴마크 공사관 관저로 쓰입니다."

"가격은 얼마랍니까?"

"4천 2백만 엔입니다. 서 회장님이 구입하셔서 우리 대표부가 사용했으면 좋겠습니다. 부동산값이 앞으로 꽤 오를 것이니 손해 보지는 않을 겁니다."

"좋습니다. 그런데 융통 자금이 모자라니 한국은행 지점에서 빌려주면 사겠습니다."

당시 한국은행 도쿄지점엔 김진형金鎭炯 지점장, 오사카지점엔 천병규千炳圭 지점장이 있었다. 이들은 본점에 보고하여 서갑호 회장에 대한 대출 승인을 받았다. 5년 원리금 상환 조건이었다.

서갑호 회장의 호의 덕분에 한국대표부는 번듯한 건물에 터전을 잡게 되었다. 1층은 대표부 사무실로, 2층은 관저로 사용했다. 1953년 1월 이승만 대통령 내외가 이 건물을 둘러보고 "잘 구했소!" 하고 감탄했다고 한다.

서 회장은 한국은행 차용금을 다 갚고 이 건물을 한국 정부에 기증했다. 1962년 8월 15일 광복절에 한국을 찾은 서갑호 회장은 당시 박정희 최고회의 의장에게 기증서를 전달했다.

제일투자금융

5

대중을 위한 제일투자금융

1977년 정치 혼란, 사회 불안

나는 결단이 빠른 편이다. 그렇다고 무턱대고 돌진하지는 않는다. 코끼리는 늪을 건널 때 발을 댔다, 뗐다 하며 신중을 기하지 않는가. 코끼리는 안전하다 싶으면 과감하게 전진한다. 나도 이와 비슷하게 행동한다. 내가 뭔가를 몇 년간 고민한 적은 여태 없었다. 그만큼 투자협회 회장직은 막중한 자리였다.

협회의 주업무는 '동포에게 모국투자의 편의를 제공하고 애로사항을 해결하는 일'이었지만, 한편으로는 교민은행 설립을 위한 대對정부 교섭창구였다. 나는 독자적인 교민은행이 있어야 모국투자기업이 제대로 돌아갈 것이라 확신했다.

1977년 들어 한국에서는 정치 혼란, 사회 불안이 가속화되었다. 연초에 취임한 지미 카터 미국 대통령은 인권외교를 내세우며 한국의 열악한 인권상황을 비판했다. 카터 대통령은 3월에는 한국 정부가 인권상황을 개선하지 않으면 주한 미군을 철수하겠다고 으름장을 놓았다. 신학기를 맞은 대학가에는 연일 반反정부 시위가 벌어졌다. 박정희 대통령은 사면초가에 빠지고 있었다.

이런 판국에 모국에 은행설립을 추진하려 하자 다수의 재일교포
는 입에 거품을 물고 반대했다. 그러나 나는 언제나 한국의 역동성을
믿기에 그들을 설득했다. 경제개발 5개년 계획도 1차, 2차, 3차 모두
큰 차질 없이 진행되었다.

"한국은 발전을 위한 성장통을 겪고 있소이다. 모두 극복할 것이
니 너무 걱정 마시오!"

나는 김용환金龍煥 재무부 장관을 만나 은행설립 건에 대해 몇 차례
설명했다. 그러나 "검토해 보겠다"는 대답만 되풀이할 뿐이었다. 하
기야 당시엔 은행설립이 매우 중대한 사안이어서 재무부 장관이 주무
장관이라지만 독자적으로 결정할 수 없었다. 나는 김 장관의 부담을
덜어주기 위해 정면돌파 전략을 구사하기로 했다. 대통령 면담이 그
것이다.

대통령 독대 담판

청와대에서 만난 박정희 대통령은 초췌해 보였다. 1974년 8월 15일
부인 육영수陸英修 여사가 별세한 후유증 때문일까. 그러나 박 대통령
은 내색하지 않고 쾌활한 웃음을 지으며 나를 맞아 주었다. 면담 초반
에는 으레 대구 하숙집 이야기로 한바탕 웃음꽃을 피우곤 한다. 이어
본론으로 들어갔다.

"각하! 재일교포가 모국에서 사업을 할 때 금융문제 때문에 큰 애
로를 겪습니다. 이대로라면 재일교포 모국투자는 앞으로 나아갈 수가

없습니다."

"잘 알고 있어요. 해결책은 무엇입니까?"

"은행설립입니다. 설립 자본은 재일교포들이 모두 대겠습니다."

"은행이라….."

박 대통령은 뜸을 들이더니 남덕우南悳祐 경제기획원 장관 겸 부총리, 김용환 재무부 장관을 불렀다. 당시에는 경제기획원, 재무부 청사가 광화문 바로 앞에 있어 청와대와 승용차로 5분 거리였다.

서강대 교수 출신의 남 부총리와 정통 재무관료인 김 장관은 각각 논리정연하게 시기상조론을 내세웠다. 듣고 보니 나도 이해할 수 있었다. 시중은행은 기간산업 설비자금을 대출할 때 예금금리보다 낮은 정책금리를 적용하기에 적자 가능성이 크단다. 예금금리보다 낮은 대출금리라는 '역逆금리'가 시행된다는 게 의아스러웠다. 물론 정부 재정에서 역금리 일부를 보전하지만 시중은행들은 부실기업에 거액을 떼이기도 해 적자에 허덕인다고 한다. 오죽했으면 은행주가가 액면가 이하에 맴돌겠는가.

남 부총리는 나를 설득했다.

"재일동포들을 위해서라도 은행설립은 위험성이 크니 다른 방안을 찾아보시지요."

"어떤 방안이 있겠습니까?"

"다른 형태의 금융회사로 출범하면 좋겠습니다."

단자회사 설립 인가

그 후 정부와의 교섭으로 타결된 금융사는 '통제된 형태의 금융사'였다. 쉽게 말해 단자회사短資會社를 의미했다. 단자회사는 1년 이내의 단기자금을 운용하므로 대부업에 가깝다. 예금금리가 높아 큰손 전주는 뭉칫돈을 단자회사에 맡긴다. 대출도 주로 대기업에 고리로 빌려주므로 수익성이 좋다. 단자회사 설립은 당시엔 큰 이권이나 마찬가지였다. 번듯한 은행은 아니더라도 단자회사를 세우는 것만으로도 대단한 성과였다.

투자협회는 1977년 7월 19일 '재일교포들의 자금력을 본국투자로 결집시킨다'는 목표 아래 건국 이래 처음으로 모국에 재일교포 금융사를 설립했다.

'제일투자금융 주식회사'였다. 수권 자본금 60억 원, 납입 자본금 30억 원. 그해 8월 10일부터 영업을 시작했다. 당시 정부는 금융사 신설을 엄격하게 규제하고 있었다. 단자회사는 기존 10개 체제를 지키겠다 했으나 재일교포 모국투자 기여도를 높이 평가해 신설해 준 것이다.

창립주주는 나를 포함해 재일교포 125명이었다. 1년도 지나지 않아 증자를 실시해 납입자본금을 50억 원으로 늘려 한국 최대의 단자회사로 키웠다. 같은 기간에 주주 수는 약 4배인 475명으로 급증했다.

나는 '제일투자금융'의 설립 취지를 명확하게 제시했다.

"재일교포 모국투자가들로만 구성합니다. 또 특정 주주가 주식을 많이 보유할 수는 없습니다. 가급적 여러 재일교포들이 폭넓게 경영에 참여하도록 합니다. 우리 회사는 '대중의 공기'를 지향합니다."

실제로 주주 가운데 재력가가 다수 있었으나 1인당 주식 보유한도
는 최대 3% 미만으로 묶었다. 제일투자금융이 특정 개인의 것이 아니
며 한국 경제 발전과 일반대중을 위해 존재하는 공공 금융사임을 표
방했다.

한국인을 위한 금융사, 대중을 위한 조직 개념은 내가 1955년 오사
카흥은을 창업할 때에 내걸었던 취지와 같은 의미였다.

김준성 부총리와의 인연

칠복양말 공장 사장

내 인생에 큰 영향을 준 몇몇 인사 가운데 김준성金埈成 전 부총리를 빼놓을 수 없다. 1920년생인 그분은 나보다 3세 아래이지만 학식, 덕망, 경륜 등 여러 면에서 탁월한 분이어서 나는 늘 존경심을 갖고 대했다.

그는 대구고보大邱高普(현재 경북고)와 경성고상京城高商(현재 서울대 경영대)을 나와 대구에서 칠복양말 공장을 차리는 등 실물경제 분야에서 활동했다. 농업은행에 들어가 금융인으로 변신한 그는 대구 지역 중심 은행인 대구은행 설립에 참여한다.

1967년 9월 초대 대구은행장으로 취임한 그를 자연스레 자주 만나게 되었다. 간사이 지역 상공인 가운데 대구·경북 출신자들은 고국에 오면 으레 대구상공회의소와 대구은행을 방문했다.

전국 최초의 지방은행인 대구은행을 주도적으로 설립했다는 사실만으로도 나는 김준성 행장에게 경의를 표하지 않을 수 없었다. 그는 중년 때부터 머리카락이 허옇게 셌다. 그래서인지 아호도 '흰 소素' 자가 든 '소인素人'이다. 키가 크고 백발이니 '학인鶴人'이라는 아호도 어울리겠다고 내 나름대로 생각해 봤다.

"행장님! 은행설립이 예삿일이 아인데 대단하십더!"

"아이고! 말도 마이소. 그 일 때문에 머리가 갑작시리 허옇게 셌다 아입니꺼."

김 행장은 말은 그렇게 하지만 환히 웃는 얼굴에 성취감이 그득했다. 은행장 책상 위를 얼핏 보니 영문, 일문日文 경제서적이 수북이 쌓여 있었다. 지방은행의 수장이어도 세계 경제동향을 훤히 꿰뚫어보는 비결이 독서에 있음을 알았다. 나도 틈나는 대로 책을 읽으며 세상 흐름을 파악하는데 김 행장의 책상을 보고는 독서에 더욱 박차를 가해야겠다고 다짐했다.

오사카에 돌아가서 자꾸 김 행장의 얼굴이 떠올랐다. 왜 그럴까? 자문하다 문득 자답하게 되었다.

'나도 한국에서 은행을 설립해 볼까?'

신용조합 형태인 오사카흥은만으로 만족할 수 없지 않나. 내가 일본에서 은행을 설립하는 것은 사실상 불가능했다.

금융업은 시장 가까이에서

한국에 올 때마다 김준성 행장을 만나 한국 경제상황을 문의했다. 김 행장은 쾌도난마식으로 설명했다. 고속성장을 지속하는 한국 경제는 양적은 물론 질적으로도 크게 발전할 것이란다. 실물 부문의 성장 속도에 금융이 따라가지 못한다고 개탄했다. 그만큼 금융 부문의 발전이 필요하다는 뜻이다. 나는 무릎을 쳤다.

'그래! 한국에 꼭 진출하자!'

1973년 가을에 김 행장이 일본 도쿄에 출장 온다는 소식을 듣고 나는 국제전화를 걸어 김 행장과 통화했다.

"오사카에도 잠시 들러주시모 감사하겠심더! 긴히 상의 드릴 말씀도 있고 …."

"초대해 주시니 당연히 가야지예."

김 행장은 라응찬羅應燦 비서실장을 대동하고 오사카를 방문했다.

"누추한 데 와 주셔서 고맙심더!"

"무신 말씀을 하십니꺼? 금융업은 모름지기 상인들 가까이서 해야 합니다. 쓰루하시 시장 부근에 오사카흥은이 자리 잡고 있으니 여기가 명당입니다."

나는 이런저런 이야기 끝에 한국에서 금융업을 하고 싶다는 포부를 밝혔다. 김 행장은 아직 여건이 무르익지는 않았지만 '지성이면 감천'이라 말했다. 구체적으로는 은행설립 이전에 다른 형태의 금융업, 즉 단기금융회사부터 시작하면 좋을 것이라 조언했다.

김 행장과 대화하니 답답한 속이 훤히 뚫리는 청량감이 느껴졌다.

제일은행, 제일투자금융

몇 년 후 제일투자금융을 설립키로 하고 1977년 봄날 조언을 들으려 김 행장을 찾았다. 그분은 1975년 5월 제일은행 은행장으로 발탁돼 전국 규모의 거대한 은행을 이끌고 있었다. 제일은행 본점은 한국은행 맞은편에 자리 잡은 고색창연한 건물이었다.

"설립 내락을 받았으니 올 여름엔 설립할 수 있을낍니더. 행장님께서 많이 도와주시소."

"축하합니데이! 이렇게 첫발을 내디뎠으니 언젠가 은행도 세워야지예."

"그래야지예. 여기 제일은행에 들어오니 '제일第一'이라는 상호가 마음에 듭니더."

"재일在日, 제일 … 어울립니더."

"행장님은 소설가, 시인이니 언어감각이 좋심더! '제일투자금융'이라 지을랍니더."

"제일은행, 제일투자금융 … 너무 비슷하지 않습니꺼?"

"행장님이 상호 도용을 문제 삼지 않으시면 그대로 쓰겠심더!"

"그렇게 하시소. 하하하!"

이렇게 회사 명칭이 결정되었다. 설립 인가가 나면 구체적으로 조직을 꾸려 나갈 사람이 필요하다. 제일투자금융을 맡길 인물은 누구일까? 김 행장에게 다짜고짜로 물었다.

"앞으로 누구에게 회사를 맡기모 되겠심꺼?"

김 행장은 빙그레 웃으며 뜸을 들이더니 대답했다.

"라응찬 씨 기억나시지예?"

"대구은행 비서실장? 오사카에 수행한 분?"

"맞심더! 그 양반을 등용하이소. 한 마디로 '믿을 만한 인물'입니더. 인감도장까지 맡길 만한 사람이지예."

"차분한 인상에 곱상한 얼굴이던데 … 창업 때는 추진력 강한 사람이 낫지 않겠심꺼?"

"라 실장은 전형적인 외유내강 인물입니더. 추진력도 대단해요. 윗사람 뜻도 잘 따르고…."

"그라모 됐심더!"

"라 실장, 그 양반, 딱 한 번 내 뜻을 거스리기는 했심더."

"예?"

"내가 제일은행으로 오면서 여기 비서실장으로 오라고 하니 한사코 고사했심더. 농업은행에서는 대구은행으로 잘 따라왔는데."

얼마 후 김준성, 라응찬, 나, 이렇게 3명이 만나 제일투자금융의 앞날에 대해 간략하게 논의했다. 마침내 라응찬 실장은 제일투자금융 설립의 실무적인 업무에 돌입했다.

김준성 행장은 1978년 12월엔 한국산업은행KDB 총재로, 1980년 7월엔 한국의 중앙은행인 한국은행BOK 총재로 발탁된다. 대구은행, 제일은행, 외환은행, 산업은행, 한국은행 등 5개 은행의 수장을 맡은 이는 전무했고 아마도 후무하리라. 그분은 1982년 1월엔 한국 경제정책의 사령탑인 경제부총리로 등용된다. 그 후 삼성전자 회장, ㈜대우 회장, 이수그룹 회장 등으로 활동한다. 소설가로도 활약해 〈김준성 문학전집〉을 냈다. 또 한국문학 발전을 위해 사재를 털어 〈21세기 문학〉이란 잡지를 창간했다.

청년 라응찬

김준성 추천 인물

김준성 은행장에게서 소개받은 라응찬 실장은 외모가 무척 단정했다. 머리카락 하나, 옷매무새 하나 흐트러짐이 없었다. 1938년생이니 제일투자금융에 처음 합류할 때는 30대 후반이었다. 훗날 신한은행의 산파역에다 신한은행장의 막중한 역할을 오랫동안 맡았다.

나는 언젠가 이병철 삼성그룹 창업자에게서 용인술用人術을 들었다.

"'의심스런 사람은 쓰지 말고, 기용한 사람은 의심하지 말라疑人勿用 用人勿疑'는《송사宋史》에 나오는 말을 따릅니데이."

이 회장은 난국에 처할 때마다《논어》를 읽으며 해법을 찾는다 했다. 어린 시절에 서당에서 배우고 익힌 유가적 가치관이 몸에 밴 분이었다. 그런 점에서 나의 가치관도 비슷했다.

미국의 로버트 풀검Robert Fulghum의 명저 제목이 내 눈길을 끈 적이 있다.《내가 정말 알아야 할 모든 것은 유치원에서 배웠다All I Really Need to Know I Learned in Kindergarten》는 한국어, 일본어로도 번역되었다. 이 책 제목과 내용처럼 나도 코흘리개 시절에 3년간 서당에 다니면서 평생 지녀야 할 몸가짐, 마음가짐을 배우고 익혔다.

나는 라응찬 실장을 믿었고 그는 한 치 오차 없이 온몸을 던져 직분에 충실했다. 오늘날 신한금융그룹이 글로벌 리딩 뱅크가 된 데엔 그의 기여도가 막대했다. 그런 점에서 그를 천거한 김준성 부총리의 혜안에 감탄한다.

나는 임직원을 기용할 때 학력, 집안 배경, 출신 지역 등을 거의 따지지 않는다. 맡은 일을 잘 처리할 수 있느냐 여부를 최우선 고려하기 때문이다. 명문학교 졸업생이라 해서 직장에서도 우수한 능력을 발휘한다는 보장이 없다. 그래서 나는 임직원의 신상을 시시콜콜 캐묻지 않는다. 사적 사안은 거론하지 않고 프라이버시는 존중하는 편이다.

그러나 라응찬 씨는 예외일 수밖에 없었다. 내가 일본에 체류하면 나의 분신처럼 활동할 터이니 그에 대해서 가급적 많이 알고 싶었다. 그의 개인적 영역을 침해하는 게 아니라 이해하고 싶었다. 그를 알아야 그도 나를 이해할 것 아니겠는가.

초기에 우리는 서로의 마음을 털어놓고 많은 대화를 나누었다. 나는 어린 시절에 굶주리면서도 손에서 책을 놓지 않은 추억을 털어놓았다. 가난한 집안에서 태어나 맨발로 사회에 나선 점은 두 사람이 똑같았다. 우리는 인사동 한정식집, 용산의 고깃집 등에서 함께 밥을 먹으며 서로를 알아갔다.

나보다 20년 가까이 젊은 그는 자기 또래 동년배보다 훨씬 모질게 고생하며 자랐다. 그런 시련을 딛고 일어선 그가 대견스러웠다. 그의 소년, 청년 시절의 고난기는 다음과 같다.

통신사 사환

라응찬은 1938년 경북 상주의 두메산골에서 태어나 자랐다. 빈농 집안이어서 초등학교에 다닐 때는 방과 후엔 늘 농사일을 거들어야 했다. 보릿고개 때엔 피죽도 먹지 못한 날이 수두룩했다. 상주중학교에 가서는 등록금 내기가 버거웠지만 학업성적은 뛰어났고 반장을 도맡았다. 중3 때 수학여행에서 여유 있는 학생은 경주 불국사로, 형편이 어려운 학생은 보은 법주사로 가는데 라응찬은 법주사에도 갈 형편이 되지 않았다. 다행히 담임 선생님이 여행비를 대주는 덕분에 법주사 여행에 동참했다.

중학교를 졸업하고 남들은 고교에 진학하는데 정작 우등생 라응찬은 생활전선에 뛰어들었다. 대구의 어느 치기공사 조수로 일하게 된 것이다. 치과 병원을 돌며 보철, 틀니 구조물을 주문받아 제작하는 일이었다. 쥐꼬리 월급을 받아 빠듯하게 먹고 살았다. 1년쯤 후에 상주중학교 담임 선생님이 만나자고 연락을 했다.

"총명하고 성실한 응찬이가 할배들 틀니만 만져서는 안 된다. 두 눈 딱 감고 야간고등학교라도 가서 3년만 고생해라."

선생님 조언에 진학을 결심하고 서울로 간 친구에게 고교 입학원서를 사서 부쳐 달라고 부탁했다. 선린상고, 덕수상고 두 학교에 응시해 모두 합격했다.

라응찬은 선린상고 야간부를 선택하고 신설동 판자촌에 쪽방을 얻었다. 그때부터 주경야독 생활이 시작되었다. 낮엔 동화통신同和通信에서 사환으로 일했다.

편집국에서 행정 담당 직원의 심부름을 하는 한편 외근도 해야 했다. 통신사는 일종의 '뉴스 도매상'으로 32절지 종이에 인쇄된 뉴스를 신문사, 방송사에 배달해 주는 업무를 했다. 1950년대 중반엔 인터넷, 팩스 같은 전송기기가 없었기에 등사판으로 인쇄한 뉴스 종이묶음을 소년 사환이 각 언론사에 직접 들고 가 배달했다.

라응찬 소년은 갓 창간한 서울 종로구 중학동 소재〈한국일보〉(1954년 창간)를 시작으로 광화문〈동아일보〉,〈조선일보〉와 소공동〈경향신문〉등을 차례로 돌며 통신지를 배달했다. 하루에 4편을 배달했는데 마지막 4번째 편을 들고 언론사를 돌고 나면 학교 첫 시간 수업에 지각할 수밖에 없었다. 1학년 초에는 지각 벌을 서기도 했으나 사정을 말하고 나서는 양해 받았다.

이렇게 통신사에서 사환 일을 하며 기자들을 대하니 어깨너머로 뉴스의 흐름을 눈치 챌 수 있었다.〈조선일보〉에 배달 갔다가 유명한 언론인 천관우千寬宇 선생에게서 격려를 받기도 했다. 천 선생은 조간 마감을 마치고 짜장면으로 저녁 식사를 하다 고학생을 불렀다.

"마침 한 그릇 남으니 먹고 가라."

허겁지겁 짜장면을 먹으니 천 선생은 군만두도 먹으라고 건네주었다. 넙죽 받아먹으니 배갈도 한 잔 부어 주었다. 그때만 해도 큰어른이 주는 술은 거절하지 못하던 시절이었다. 술에 약한 라응찬 소년은 그 배갈을 마시고 그날 학교에 가서 수업시간 내내 취기가 가시지 않아 혼났다고 한다.

은행과장 앞에 무릎 꿇어

세월이 흘러 라응찬 행장은 대외업무를 수행하는 데 이런 고학 체험이 큰 도움이 되었다고 밝혔다. 어렵게 고교과정을 마친 라응찬 소년은 첫 직장으로 농업은행을 선택했다. 거기서 금융인의 기초를 배웠는데 직장 상사인 김준성 지점장의 눈에 들었다. 그 인연으로 김준성 행장이 대구은행을 창설할 때 발탁된 것이다.

훗날 신한은행 창설 초기의 일화 하나를 소개하겠다. 재무부 고위당국자를 만났더니 "라응찬 상무, 대단한 분"이라 말했다.

사정을 알아보니 내가 판단하기로도 예사롭지 않았다. 신한은행에서 정부 지침을 어겨 경고 또는 제재를 받게 된 모양이었다. 라응찬 상무가 재무부 은행과 사무실 앞 복도에서 구두를 벗고 양말만 신은 채 문을 열고 들어와 구석에 있는 과장 책상 앞으로 걸어오더란다. 과장과 눈이 마주치자 라 상무는 그 자리에 무릎을 꿇고 앉아 사과했다고 한다.

"신한은행, 살려주십시오! 저희들이 잘못했습니다!"

관치官治 전성시절인 그때엔 재무부 은행과장이라면 시중은행으로서는 '하늘' 같은 존재였다. 아무리 그래도 그렇지 과장은 라 상무의 사죄 퍼포먼스에 당황했다.

"상무님! 일어나십시오. 알았습니다!"

정부의 제재를 피하는 데 라 상무의 사죄 행위가 얼마나 도움이 되었는지는 모르겠으나 은행을 위해 온몸을 던지는 열성은 확인됐다.

제일투자금융의 약진

한국증권거래소 건물 매입

제일투자금융의 성장세는 거침없이 가팔랐다. 제2차 오일쇼크가 몰아쳐 한국 경제가 불황의 늪에 빠진 1979년에도 기세는 꺾이지 않았다. 그해 4월에 새서울상호신용금고와 부민상호신용금고 두 개의 상호신용금고를 인수 합병했다. 업계 최초로 전산시스템과 온라인 영업 태세를 갖췄다. 예금과 대출도 각각 1천억 원을 돌파했다.

당국으로부터 두 개 신용금고 인수를 권유받던 시점에서 나는 정부에 다음과 같이 건의해 관철한다.

'대출 상환기한이 6개월이어서 매우 불편하다. 상환기한을 1년으로 연장해 달라.'

1980년 제일투자금융은 한국 금융업계에서 주목받을 일을 일으킨다. 이해는 한국이 1962년에 경제개발을 본격 시작한 이래 처음으로 마이너스 성장[국내총생산(GDP) -1.6%]으로 뒷걸음쳤는데, 그해 11월 17일 명동에 있는 옛 한국증권거래소 건물로 이전한 것이다. 이 건물

제일투자금융은 1980년 명동의 증권거래소 건물을 매입해 입주했다.
영업장뿐만 아니라 금융계 최초의 종합상담부스를 설치해 운영하는 등
혁신적 시도로 금융계의 주목을 받았다.

제일투자금융 영업 개시 기념(1977. 8.10).

은 1920년대 경성주식현물취인소로 쓰인 증권거래의 발상지였다.

800평 부지의 3층 건물은 1977년까지 한국증권거래소로 사용되었다. 현재 명동 아르누보센텀 빌딩 자리다. 제일투자금융은 건물을 대대적으로 고쳤다. 1층은 400평 규모의 영업장으로 만들었고, 2층은 재일교포 기업들이 생산한 제품 전시장으로 꾸몄다. 3층은 재일교포 모국회관(100평 규모)으로 조성해 한국에 온 재일교포 관련 단체들이 회의장으로 쓰도록 했다.

모국회관에서는 간간이 미술, 꽃꽂이, 서예 전시회가 열렸다. 한국 시인협회가 주최한 시화전은 당시에 큰 주목을 끈 전시회였다. 참가 시인은 서정주徐廷柱, 구상具常, 모윤숙毛允淑, 이원섭李元燮 등 당대의 대표적인 문인이었다. 화가는 우희춘禹熙春, 하인두河麟斗, 장윤우張潤宇, 이화자李和子 화백이었다.

종합봉사실도 화제의 대상이었다. 건물 입구에 설치한 봉사실은 제일투자금융 고객뿐만 아니라 일반 시민들에게도 개방했다. 재무, 세무, 금융 등 경제생활과 관련된 종합상담부스로 꾸민 것이다. 이는 시중은행까지 포함해 금융업계 최초의 일이었다.

이런 혁신을 시도하면서 제일투자금융은 빠르게 성장해 갔다. 1982년 6월 기준으로 예금고는 3,400억 원으로서 5년 전 창립 자본금의 113배에 달했다.

1980년 12월 1일 KBS TV에서는 사상 처음으로 컬러 방송을 시작했다. 흑백의 시대에서 컬러로 바뀐 것은 소비문화, 시민 의식구조 등 여러 면에서 대대적인 혁명의 신호탄을 의미했다.

행복한 일터 문화

대표이사 회장으로 취임한 나는 제일투자금융이 행복한 일터가 되도록 해달라고 임석춘林錫春 사장, 이원모李源模 부사장에게 당부했다. 좋은 일터에서 좋은 경영성과가 나온다는 게 내 신념이다. 경영진이 직원 복지에 관심을 가지라고 촉구했다.

구내식당이 웬만한 레스토랑보다 인테리어, 음식 질, 메뉴 등에서 나았다. 깨끗한 스테인리스 식기에다 풍성한 반찬이 제공돼 나도 자주 구내식당에서 밥을 먹었다. 해수욕장에 하계 휴양소를 설치하고 직원들의 건강검진도 시설이 좋은 병원에서 실시하도록 했다. 도서실을 설치하여 책도 읽고 휴식도 취하도록 했다.

인원이 적은 회사인데도 취미활동 동아리는 다양했다. 회사에서 활동비를 지원했음은 물론이다. 문예부, 서도회, 테니스회, 야구부, 탁구부, 등산부, 낚시부, 바둑부 등이 있었다. 서도회에서 개최하는 서예전에 가 보니 명필이 많이 보였다.

1981년 이원모 부사장은 임직원의 애사심을 고취하려고 사가社歌를 짓기로 했다. 사내에서 가사를 공모해 10여 편이 들어왔다. 외부 전문가에게 심사를 맡겼더니 당선작을 고르지 못했다. 이원모 부사장은 고심 끝에 본인이 팔을 걷어붙이고 작시作詩했다. 문학적인 소양을 가진 모양이다.

작곡가를 구한다기에 나는 이왕이면 당대 최고 음악인에게 의뢰하라고 조언했다. 그래서 〈동심초〉, 〈이별의 노래〉 등 주옥같은 가곡을 지은 원로 작곡가 김성태金聖泰 교수가 작곡을 맡아 주었다.

완성된 사가를 임직원들은 열심히 연습하여 1982년 8월 10일 창립 5주년 기념식에서 제창했다. 가사가 멋지고 멜로디도 경쾌하여 듣는 내내 상쾌한 기분이 들었다.

안타까운 것은 1998년 3월 제일투자금융이 외환위기 광풍을 맞아 문을 닫은 점이다. 세월이 흘러도 제일투자금융의 사가가 귀에 맴돌아 기록해 둔다.

제일투자금융 사가

이원모 시, 김성태 곡

1절 낯선 산천 험한 길 가시밭을 헤쳤네
끈기와 정성으로 푸른 꿈 이룬 날에
태어난 나의 조국 번영의 길 염원해
부강의 첫걸음 금융의 문 열리었네

2절 아름다운 이 강산 새 아침이 열리네
드높은 이상 바라 끊임없는 전진으로
겨레의 슬기를 온 누리에 뻗치고저
새 역사 창조하는 도약의 터 다지세

후렴 신의와 사랑으로 한길 가는 우리들
보람되다 그 이름 제일투자금융

세무 상담

김수학 국세청장

오사카 지역의 대구·경북 출신 상공인들이 모국을 찾으면 대체로 서울, 대구에서 며칠 체류한다. 가끔 경북 도지사를 예방禮訪하는데 김수학金壽鶴 지사의 환대를 잊을 수 없다. 그는 도백道伯이라는 권위의식 없이 소탈한 태도로 우리 일행을 맞으며, 애로사항을 듣고 해결해 주곤 했다. 1927년 경주 출생인 그는 경주공립보통학교 졸업이 정규교육 학력의 전부인데도, 성실하고 청렴한 공직의 길을 꾸준히 걸어 고위 관료가 된 입지전적인 인물이다.

　1978년 김 지사가 국세청장으로 중용되었다. 국세청장은 대통령의 각별한 신임을 받는 인물이 등용된다고 한다. 재일교포 투자자 대표들이 축하인사차 국세청장실을 찾았다. 청장실 입구에서 우리 일행을 맞이하는 비서실장을 보니 안면이 있었다. 경북 도지사 때의 비서실장인데 국세청장 비서실장으로 옮겨 근무하는 신기철申琪轍 실장이었다. 인사가 끝나고 나서 나는 김수학 청장에게 신기철 실장의 신상을 물었다.

　"몇 번 보니 인상이 좋고 추진력도 탁월한 인재 같습니다."

　"맞습니다. 그러니 여기까지 데려왔지요."

　"청장님! 단도직입적으로 부탁드리겠습니다. 신 실장을 저희에게 보내주십시오."

"예?"

"아시다시피 작년에 재일한국인 본국투자협회를 발족시켰지 않습니까? 여기 살림을 맡을 사무국장으로 신 실장을 모실까 합니다."

"허허! 제가 아끼는 인재인데 … 그래도 이 회장님이 부탁하시니 그렇게 하도록 하겠습니다. 그러나 저도 여기서 자리를 좀 잡아야 하니 몇 달 후에 보내드리겠습니다."

이리하여 신 실장은 본국투자협회에 왔고 그 후 나를 돕는 비서실장으로 6년여 근무하게 됐다.

365일 근무

제일투자금융 설립 이후에 나는 사실상 365일 근무하는 것이나 마찬가지 신세가 되었다. 월요일부터 목요일은 오사카에서, 금요일 아침엔 한국으로 출발하여 일요일 오후에 출국할 때까지 한국에서 일을 보았다.

김포공항에 도착하면 비서실장이 출영出迎 나와 시내에 들어오는 동안에 차 안에서 주요한 동향을 보고한다. 신한은행 출범 이후엔 라응찬 상무도 자주 김포공항에 나왔다. 내가 금요일부터 일요일까지 한국에서 이런저런 일정을 소화하니 신기철 비서실장도 주말 휴일을 누리지 못하고 출근하며 묵묵히 일했다.

재일교포가 한국에 투자하면 세금 문제 때문에 곤욕을 치를 때가 많았다. 그럴 때면 그분들은 나에게 해결책을 하소연한다. 제주도 출신의 어느 교포는 고향에 모텔을 짓고 본인과 아들 명의로 공동등기를 했다. 그랬더니 아들에게 증여한 것으로 보고 과중한 증여세가 부과되었다. 세금을 마련할 여유가 없는 분이어서 보기가 딱했다.

"신 실장! 그분 사정을 들어보니 상황이 심각한 것 같소. 혹시 도와줄 방법이 없겠소?"

신 실장은 제주세무서장에게 절세방안을 문의했다. 증여가 일본에서 이루어졌기에 한국에서는 증여세를 물지 않아도 된다는 유권해석을 얻어냈다.

신한은행의 초기 주주 가운데 여성, 미성년자가 몇몇 있었는데 이들에 대해서도 증여세 부과가 논의되었다. 이때도 신기철 실장이 탄원서를 작성해 정부에 제출하는 등 백방으로 뛰어 원만하게 차선책을 도출했다.

나는 오사카흥은에도 오래전부터 세무상담실을 별도로 설치했다. 일본의 세무공무원 출신의 퇴직자를 고문으로 모셔 재일교포에게 무료 세무상담을 해 주었다.

나는 교포 상공인에게 자주 강조했다.

"탈세는 아주 어리석은 짓이오. 낼 세금은 내고 당당하게 사업합시다. 다만 세금이 너무 무거울 때는 상담을 통해 절세방안을 찾아봅시다."

신한은행 출범

6

전두환 대통령 담판

1981년 어수선한 정국

1979년 10월 26일 박정희 대통령이 서거한 후 한국은 혼란에 빠졌다. 한동안 정치권력이 공백인 상태였다가 '신군부新軍部'가 정권을 장악하게 되었다.

1980년 들어 4월엔 강원도 사북 탄광에서 광산 노동자들의 유혈 폭동이 일어났고, 5월엔 전국의 대학에서 민주화를 요구하는 대규모 시위가 이어졌다. 제2차 오일쇼크의 여파 때문에 경제상황도 악화일로였다.

신군부는 경제난을 타개해야 민심을 안정시킬 수 있다고 판단해 김재익金在益 박사에게 획기적인 경제정책을 추진하도록 힘을 실어주었다. 이에 따라 자율화, 개방화, 안정화 기치를 내건 경제정책 방향이 발표되었다.

정부는 1980년 10월 외국계 은행 설립을 검토한다는 방침을 밝혔다. 이유는 3가지였다.

첫째, 한국 경제의 대외신인도를 높이기 위해.

둘째, 외국자본의 조달 경로를 다양화하기 위해.

셋째, 한국에 선진금융 기법을 도입하기 위해.

정부가 이런 방침을 밝힌 것은 당시 한국 경제상황이 부정적인 방향으로 치달았기 때문이다. 경기 침체, 물가 급등, 국제수지 악화라는 3중고에 직면한 한국 경제는 기초체력을 키울 특효약이 필요했다. 바로 외국은행을 신설하는 방안이었다.

오랜 세월 은행설립을 꿈꾸던 나는 고무되었다. 두 달 뒤에도 희망적인 뉴스가 또 터진다. 12월 3일 정부는 '금융의 국제화, 대형화, 자율화'를 기본방향으로 하는 '일반은행 경영의 자율화 방안'을 발표한 것. 금융기관 자율화 조치인데 골자는 3가지였다.

첫째, 시중은행의 정책금융 비중을 점차 축소한다.

둘째, 금융사가 갖고 있는 부실채권을 과감히 정리한다.

셋째, 은행 내부경영에 대한 정부규제를 점진적으로 완화 또는 폐지한다.

이후 정부는 1981년 들어 은행 통제 근거였던 '금융쇄신 실천지침 및 경영효율화지침'을 폐지했다. 또 규제 공문서인 통첩通牒 601개 항목 중 500개를 없앴다.

김재익 경제수석

1981년 3월 3일 전두환全斗煥 대통령이 취임하면서 사회질서를 바로잡는다는 명분으로 폭력배, 파렴치범을 잡아들여 '삼청교육대'라는 군사시설에 수용하는 등 강압적인 분위기가 감돌았다.

경제정책의 조타수操舵手는 김재익 경제수석이었다. 김 수석은 '대통령의 경제 가정교사'로 불리는 인물이었다. 나는 한국의 지인들에게 질문했다.

"한국 정부의 자율화정책, 믿을 만하오? 김재익 수석은 매우 합리적인 이코노미스트라 하는데, 교민은행 설립에 대해서는 어떤 견해를 가질 것 같소?"

지인들은 한결같이 김 수석은 언행이 일치하며 대통령으로부터 각별한 신임을 받고 있다고 대답했다. 심지어 전 대통령이 김 수석에게 "경제는 당신이 대통령이야!"라고 말했다고 한다.

나는 교포은행 설립이 한국에서 번번이 좌절된 것은 기존 은행들의 카르텔 체제 때문으로 보았다. 은행설립이 엄청난 이권이기에 신입자를 배제하는 형국이었다.

그렇다면 역설적으로 이러한 변혁기가 오히려 교포은행 설립의 호기가 아닐까, 하는 기대감이 부풀었다. 정부가 외국계 은행 설립을 허용한다는 방침을 밝힌 대로 실천의지가 있는지 반신반의하면서 준비했다.

은행설립 청원서 제출

나는 때가 왔음을 직감했다.

'지금이 재일교포가 모국에서 은행을 설립할 마지막 기회다!'

나는 한일 양국을 오가며 발 빠르게 움직이기 시작했다. 곧바로 동포 투자가들을 한군데로 규합해서 '재일한국인 은행설립 추진위원회'

를 만들었다.

이미 1980년 4월 8일에도 재일교포는 민단 제30회 중앙위원회를 열어 한국 정부에 교민은행 설립을 청원하기로 의결하고, 설립 청원서를 한국 재무부 장관 앞으로 제출한 바 있다. 그러나 어수선한 정국에 누가 이를 제대로 들여다보기라도 하겠는가. 곧 불인가 방침을 통보받았을 따름이다.

1981년 4월 24일에는 재일교포 유지단의 공동명의로 작성한 '가칭 교민은행 설립에 관한 청원'이란 제목의 청원서를 이승윤李承潤 재무부 장관 앞으로 다시 제출했다. 이와 함께 관계 요로를 통해 대통령 면담을 주선하도록 했다. 당시 상황으로는 최고 통치권자의 재가 없

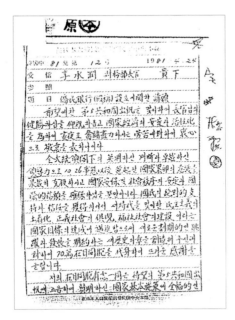

교민은행 설립 청원서(1981. 4. 24).

이는 성사될 수 없다고 봤다.

제일투자금융을 설립할 때 여러 조언을 아끼지 않은 당시 김준성 제일은행장이 이제는 한국은행 총재로 활동하고 있었다. 김 총재 자신이 재일교포의 상황과 심경을 잘 이해했고, 교포은행의 필요성을 절감했기에 이번에도 로드맵을 제시해 주었다.

이 청원에는 재일한국인 사회를 대표하는 단체가 모두 동참했다. 재일본대한민국민단 중앙본부(단장 장총명), 재일한국인 상공회연합회(회장 허필석), 재일한국인 신용조합협회(회장 이희건), 재일한국인 본국투자협회(회장 이희건) 등 4개 단체다.

청원서에는 재일교포 은행의 필요성을 조목조목 담았다. 우선 재일교포 기업인들의 모국투자 실적을 밝혔다. 1978년 재무부가 집계한 재일교포의 모국투자 총액(1965~1977년)은 미화 10억 달러로, 같은 기간 외국인들이 한국에 투자한 9억 3,700만 달러보다 많았다. 재일한국인 본국투자협회 회원사는 200여 개에 달했다.

당시 재일교포는 일본에서 1만여 개의 업체를 소유 또는 운영하고 있었다. 연간 매출액은 10조 엔, 총 보유자산은 70조 엔으로 추정됐다.

교포은행이 한국에 세워지면 다음과 같은 효과가 기대된다.

첫째, 다수 재일교포 기업의 모국 진출을 촉진할 수 있다.

둘째, 재일교포가 보유한 외자 및 재산 반입을 촉진할 수 있다.

셋째, 일본의 선진기술을 도입해 국내기업의 발전과 수출 증대에 보탬이 될 것이다.

넷째, 재일교포 2세 기업인들의 모국 진출과 투자를 촉진할 수 있다.

이러한 재일교포들의 청원은 정부가 추진 중이던 '금융자율화 정책'과도 부합하고 있었다. 당시 정부는 금융산업의 경쟁력 강화를 위해서 시중은행 민영화뿐 아니라 외국과의 합작은행 설립, 외국계 자본의 은행 신설 등 다양한 방안을 논의했다.

얼마 후 청와대에서 연락이 와 나는 전두환 대통령을 면담했다. 이승윤 장관과 김재익 경제수석이 배석했다. 나를 환대하는 대통령의 표정을 보고 일단 안도했다. 깡마른 체격의 김 수석은 차분한 목소리로 대통령에게 교포은행 설립의 필요성을 설명했다.

"한국이 선진국으로 도약하려면 동북아시아 금융 중심지가 되어야 합니다. 이런 기초작업으로 선진국 금융자본을 유치해야 할 때입니다. 재일교포들이 자발적으로 출자해서 은행을 설립하겠다 하니 마다할 이유가 없다고 봅니다."

전 대통령은 고개를 끄덕이며 긍정적인 태도를 보였다. 이승윤 장관도 우리 입장을 지지하는 발언을 했다. 나는 단도직입적으로 호소했다.

"재일교포들이 조국 경제 발전에 기여할 수 있도록 기회를 주십시오! 수십 년 동안 애타게 소망하고 있습니다!"

전 대통령은 활짝 웃으며 대답했다.

"이 회장님! 잘해 보십시오!"

대통령 면담 직후에 일은 일사천리로 진행됐다. 재무부에서 "잘 진행되고 있으니 설립준비를 하라"는 연락이 왔다. 나는 일본으로 가

갓 취임한 당시 전두환 대통령과의 면담 직후 교포은행 설립은 일사천리로 진행됐다.

서 도쿄, 오사카를 오가며 발기인대회를 준비했다.

1981년 7월 20일 도쿄에서 발기인대회를 열어 신설할 교민은행의 사업목적을 '모국에 진출한 재일교포 기업의 금융주선 및 이에 필요한 모든 업무'로 설정했다. 어렵게 설립 내락을 받았지만 과연 예상대로 주주를 모을 수 있을지, 그들이 주금株金을 제대로 납입할지 걱정이 태산이었다. 일부 재일교포 재력가는 한국의 정치·경제 상황이 불안하므로 투자를 꺼렸다.

훗날인 1983년 10월 9일 미얀마에서 '아웅산 테러사건'으로 김재익 경제수석이 희생됐다는 비보悲報를 듣고 참담함을 금할 수 없었다. 1980년대 이후 한국 경제의 미래를 위한 그랜드디자인은 그분의 열정과 통찰력에서 마련됐다고 본다.

은행설립위원회

발기인대회

정부는 여러 루트의 외국계 은행을 유치하고자 했다. 재일교포 모국 투자가들이 공동출자한 신한은행, 미국 뱅크오브아메리카^{BOA}와 국내 기업체의 합작은행인 한미은행, 막강한 오일머니를 가진 중동계 은행 등이다. 재일교포의 끈질긴 청원과 한국의 경제여건 문제가 맞물리면서 수십 년간 철통같이 닫혀 있던 은행시장 문호가 열린다. 신한은행과 한미은행이었다.

재일교포 상공인은 1981년 7월 20일 발기인대회를 시작으로 본격적으로 은행을 세우는 작업에 돌입한다. 발기인은 모두 19명이었다 (가나다순).

강병준姜炳浚 곽유지郭裕之 곽을덕郭乙德 곽태석郭泰石 김상호金相浩

김용태金容太 김학진金鶴鎭 박병헌朴炳憲 서상근徐相根 서재식徐在植

신격호辛格浩 안재호安在祜 윤수효尹守孝 이희건李熙健 장태식張泰植

정원환鄭元煥 허필석許弼奭 황공환黃孔煥 황칠복黃七福

재일교포들의 움직임은 강행군의 연속이었다. 1981년 9~10월의 업무일지가 이를 입증한다.

9. 1.   정관 작성

9. 14.   창립총회 개최(이희건을 대표이사로 추대)

9. 15.   신한금융개발주식회사 설립

9. 16.   임시주주총회 개최

9. 17.   한국은행에 은행신설에 관한 내인가內認可 신청

10. 15. 은행업 허가 취득

10. 16. 은행설립추진위원회 결성

…

하루하루 전투를 치르듯이 내달렸다. '신한금융개발주식회사'란 상호는 '주식회사 신한은행'으로 바꿨다.

40인의 설립위원

이러한 신한은행의 초석을 다진 조직체는 은행설립위원회였다. 이 위원회는 나를 포함해 40명의 위원으로 구성됐다.

위원의 면면은 재일교포 사회를 이끌어가는 기업인으로 일본 전역을 망라했다. 이들이 각각 5억~10억 원씩 내기로 약속한 출자금이 은행설립의 종잣돈이었다. 이와 함께 재일교포 사회의 대표로서 민단 중앙본부 단장(장총명)과 서울에서 관련활동을 지원하는 내국인 3명

을 위원으로 위촉했다(이하 지역별 명단, 가나다순).

오사카大阪	강계중姜桂重 강병준姜炳浚 곽유지郭裕之 김영창金榮昌
	박한식朴漢植 서상근徐相根 서재식徐在植 안재호安在祜
	양희진梁熙晋 윤수효尹守孝 이희건李熙健 장태식張泰植
	정원환鄭元煥 최영훈崔泳鑂 한록춘韓祿春 황칠복黃七福
도쿄東京	곽을덕郭乙德 곽태석郭泰石 김용태金容太 김평진金坪珍
	김학진金鶴鎭 박병헌朴炳憲 범전규范墫圭 신격호辛格浩
	장총명張總明 허필석許弼奭
요코하마橫浜	김유만金有萬 박성준朴成準 이종대李鍾大 임춘선林春善
고베神戶	황공환黃孔煥
시가滋賀	김상호金相浩
히로시마廣島	서한규徐漢圭
야마구치山口	도상룡都相龍
후쿠오카福岡	정태주鄭泰柱
센다이仙台	이경순李景淳
교토京都	윤인술尹仁述
서울	이선희李善熙 이원모李源模 임석춘林錫春

이후로도 여러 준비 작업을 거쳐서 1981년 11월 27일 을지로세무서
(현 남대문세무서)로부터 은행의 사업자등록번호(202-81-15199)를 부
여받았다.

228

김세창 초대 신한은행장

청와대 비서관, 은행장 인사 개입

초대 은행장을 구하는 일이 중요한 과제가 되었다. 업무에 능통하고 리더십이 출중한 은행장이어야 창립 초기의 격랑激浪을 헤쳐 나갈 것 아니겠는가.

여러 경로를 통해 후보자를 물색했다. 1980년대 초반엔 한국에서는 여전히 관치 분위기였기에 은행장은 대對정부 과제도 원만하게 해결할 수 있어야 했다.

1981년이 저물어 갈 때다. 그해 9월 30일 독일 바덴바덴에서 열린 국제올림픽위원회IOC 총회에서 1988년 하계올림픽 개최지가 서울로 결정된 바 있다. 한국에는 여러모로 격동기가 이어졌다.

서울 도심에 크리스마스 캐럴이 울려 퍼질 무렵에 재무부 장관실에서 연락이 왔다. 은행설립 상황을 파악하기 위해서이리라.

서강대 교수를 지내다 장관으로 발탁된 이승윤 장관은 차분한 어조로 이것저것 물어보았다.

"초대 은행장으로 어느 분을 선임하실지요?"

내가 추천받은 인물이 네댓 명 되지만, 일일이 거명하기가 곤란해서 장관에게 되물었다.

"혹시 심중에 둔 적임자가 있는지요?"

"김세창 증권거래소 전무님이 어떨지요?"

그 순간에 나는 정부 차원에서 이미 김세창金世昌 전무로 낙점된 것으로 감지했다. 의외의 인물이었다. 물론 나도 김세창 전무를 추천받았고 그가 외환은행 도쿄주재 이사로 근무할 때 자주 만나던 사이였다. 1977년 6월 한신협 총회가 아키타시秋田市에서 열렸는데 거기서 당시 외환은행 김 이사를 처음 만났다. 한국은행에서 한신협을 지원하던 업무를 국책은행인 외환은행이 이어받았기에 한신협 회장인 나는 김 이사와 정기적으로 업무 미팅을 했다.

그는 일본 메이지대학을 졸업하고 한국외환은행 이사, 한국증권금융 수석부사장을 거쳐 증권거래소 전무로 일하고 있었다. 외환은행 재임 때 뉴욕지점장을 지내 국제금융 동향에 밝았다.

"좋습니다. 저희도 추천받은 분입니다."

이렇게 해서 김세창 행장이 낙점되었다.

얼마 후에 신한은행 초대 행장 선임에 관한 진상을 듣고 당혹스러웠다. 재무부에서는 이용만李龍萬 전 차관보, 홍승환洪承煥 전 제일은행장, 김세창 전무 등 3명을 물망에 올렸다 한다. 이규성李揆成 재무부 재정차관보는 이용만 전 차관보를 1순위로 밀었다고 알려졌다.

당시엔 주요 인사에 청와대가 개입했는데, 3인 가운데 이용만 후보를 청와대의 한 비서관이 반대했다고 한다.

그 비서관은 "내가 도쿄에서 일한 적이 있으니 재일교포가 설립한 은행의 은행장 선임은 나에게 맡겨 달라"고 주장했다 한다.

개설준비위원회 발족

1982년 신년 벽두에는 특이한 변화가 많았다. 정부가 야간통행금지를 철폐했다. 현재 시각으로 보자면 매일 0시~4시에 통행을 금지한다는 게 이해되지 않으리라. 당시엔 심야에 거리를 방황하다가는 경찰에 붙들려가 즉결처분을 받았다. 직장인들은 회식할 때도 밤 11시가 가까워지면 일제히 귀가했다.

또 중·고교 학생의 교복 및 두발 자유화가 발표되었다. 그때까지는 모든 중·고교 학생은 교복을 입어야 했으며, 두발은 여학생의 경우 단발, 남학생은 삭발을 원칙으로 했다.

1982년 1월 4일 단행된 개각에서 경제기획원 장관 겸 부총리에 김준성 한국은행 총재가 임명되었다. 김 부총리가 중용重用된 점은 축하할 일이지만 그가 너무 높은 자리에 올라가 나로서는 대면해 조언을 들을 기회가 없을 듯하여 아쉬웠다.

1982년 1월 11일 신한은행 설립을 준비하는 법인체 신한금융개발의 임시주총에서 나는 대표이사직에서 물러나고, 김세창 행장 내정자를 후임으로 추대했다. 김 대표이사는 새로 구성된 신한은행 개설준비위원장을 겸임하게 됐다.

신한은행의 사번 1번은 송길헌宋吉憲 설립 사무국장으로 제일투자금융에서 파견되었다. 여행원 1호는 김세창 대표이사의 비서 주혜란

朱惠蘭 씨로 1월 11일 발령을 받았다. 1월 중에 송연수宋然秀 대리, 조우섭曹佑燮 대리 등이 입행했다. 2월 중엔 박찬욱朴燦旭 차장이 들어와 전산시스템을 구축하기 시작했고 이장환李章桓 차장이 기획업무, 홍성균洪性均 대리가 인사업무를 맡았다.

신한은행 개업

빗물과 눈물

1982년 7월 7일 신한은행이 개점했다. 341명의 재일교포 주주들이 자본금 250억 원을 모아서 동면冬眠에 빠진 대한민국 금융을 깨우는 순간이었다. 이들은 금융보국金融報國, 새로운 한국新韓을 만든다는 정신으로 한국 최초의 순수민간자본 은행인 신한은행을 창업했다. 영업점 3개로 시작한 미니뱅크였다.

개점 당일 오전 8시 30분 여고생 고적대가 연주하는 브라스 밴드 음악이 흐르는 가운데 서울 명동의 코스모스백화점 앞에서 재일교포 주주 200여 명은 내리는 가랑비를 아랑곳 않고 맞으며 감개무량해 했다. 주린 배를 달래며 지문이 닳도록 험한 일을 도맡아 하면서 번 돈으로 출자한 것이다. 수십 년 만에 고국 땅 수도 서울에 이렇게 은행을 세우니 어찌 감격의 눈물이 나지 않으랴?

나는 얼굴에 떨어지는 빗방울을 그대로 두었다. 빗물과 눈물이 섞여 흘러내렸다. 다른 주주들도 마찬가지였다.

건물 실내 로비에서 창립기념식이 열렸다. 개회 선언, 국민의례,

경과보고에 이어 회장 인사 순서가 진행되었다. 나는 회장 자격으로 마이크 앞에 섰다.

"신한은행은 수많은 재일교포 기업인들이 주도하여 이룩한 피와 땀의 결정체입니다. 오매불망 조국에 대한 애국충정을 승화한 산물입니다. 조국 경제개발에 대한 재일교포 참여의지의 결집체입니다. 이제부터 신한은행을 대한민국의 번영과 더불어 성장시켜 나가겠습니다!"

이어 김세창 은행장이 단상에 섰다.

"각계 각층의 피나는 노력으로 신한은행이 탄생했습니다. 앞으로 신한은행은 7B 경영이념을 실천하겠습니다."

김 행장은 7B를 열거했다.

- 나라를 위한 은행Bank for the National Wealth
- 대중의 은행Bank of Retail
- 서로 돕는 은행Bank of Community
- 믿음직한 은행Bank of Disclosure
- 가장 편리한 은행Bank of Effectiveness
- 세계 속의 은행Bank of Worldwide
- 젊은 세대의 은행Bank of New Age

이 7가지 경영이념은 이승재 이사가 처음 입안하여 난상 토의를 거쳐 확정되었다.

강경식姜慶植 재무부 장관은 축사에서 의미심장한 발언을 했다.

"우리나라 은행은 오랫동안 무사안일에 젖어 있어 선진국에 비해 낙후되어 있습니다. 신한은행이 금융자율화의 선도자로서 새로운 금융서비스를 바탕으로 국내 금융계에 새 바람을 몰고 올 것으로 기대합니다."

장총명 민단 중앙본부 단장도 감격어린 목소리로 축사를 했다.

"재일교포들이 열망하던 교민은행의 탄생을 진심으로 축하합니다. 신한은행이 재일교포 기업인과 모국의 실업계를 확고히 연결하는 가교架橋 역할을 해 주기를 바랍니다."

우리 앞에 영광이 있다

임직원들은 얼마 전에 새로 배운 행가行歌를 목청껏 불렀다.

1절   하늘에 나부끼는 우리의 저 푸른 깃발
        새롭고 늠름하다 젊음 더욱 영원하다
        나라와 겨레 위해 온갖 정성 다 바쳐
        금융경제 앞장서서 크낙한 꿈 이뤄간다

2절   장하다 우리 포부 하나의 맘 한 뜻으로
        서로 돕고 아끼며 끊임없이 전진한다
        상냥하게 정직하게 갈수록 더 미덥게
        맡은 직분 고객 위해 성심성의 다한다

후렴 번창하는 신한은행 전진하는 신한은행
우리 앞에 영광이 있다 축복이 있다

청록파 시인 박두진朴斗鎭 선생이 작시, 〈가고파〉의 작곡가 김동진金東振
선생이 작곡한 노래이다. 설립 업무에 참여한 한동우韓東禹 차장이 시
인에게 가사를 받아 작곡가 자택에 찾아가 작곡을 의뢰했다고 한다.
행진곡풍의 행가를 들으니 따라 부를 자신은 없었지만 가슴이 울렁이
는 명곡이다. 우렁찬 목소리로 합창을 마친 임직원들은 감격에 겨워
눈가에 물기가 촉촉했다.

일행은 다시 건물 바깥으로 나갔다. 마침 비는 멎었다.
　“제가 셋을 세면 자르십시오. 하나, 둘, 셋!”
　신상훈申相勳 (훗날 신한은행장) 비서과장의 힘찬 구령에 맞춰 나는
강경식 재무부 장관, 하영기河永基 한국은행 총재, 김세창 행장 등 여러
내외빈과 함께 나란히 서서 개점 테이프를 잘랐다. 우레 같은 박수소
리가 울리는 가운데 오색 풍선 수백 개가 하늘로 날아올랐다.
　이날 저녁에는 롯데호텔 2층 대연회장에서 창립 기념 축하연이 열
렸다. 김준성 경제부총리를 비롯한 각계 인사 750명이 참석해 성황을
이루었다.
　나는 전날에는 명동 로얄호텔에서 열린 창립 주주총회에서는 이
렇게 말했다.
　“우리는 신한은행을 국내 최고의 은행으로 만들겠습니다!”

236

나의 스피치는 으레 하는 인사치레로 여겨졌으리라. 그러나 나는 이를 반드시 이루겠다는 강렬한 의지를 갖고 있었다.

몰려온 고객 인파

"어서 오십시오. 신한은행입니다!"

고객이 점포에 들어서면 행원들이 일제히 일어서서 이렇게 경쾌하게 외쳤다.

신한은행의 산뜻한 출범이었다. 고객들이 몰려들면서 명동 본점의 영업부에는 문자 그대로 종일 입추의 여지가 없었다. 하루 방문한 고객 수는 무려 1만 7,520명. 예금고는 보통예금 178억 1,200만 원, 당좌예금 76억 6,000만 원, 저축예금 5억 8,600만 원, 창립기념 정기예금 95억 5,700만 원 등 5,017개 계좌에 357억 4,800만 원이었다. 은행설립 자본금의 1.5배를 유치한 것으로 이는 대한민국 금융사상 초유의 실적이었다.

개점 점포에 근무한 곽기환郭基桓 대리는 당시의 상황을 훗날 털어놓았다.

"개점 전날인 7월 6일엔 종일 소낙비가 내렸습니다. 여러 차례 개점 리허설이 있었기에 별 문제 없으리라 여겼는데, 저녁 무렵 인쇄소에서 갖고 온 정기예금 증서를 살피다가 넋이 나가고 말았지요. 기명식 예금과 무기명식 예금 약관이 뒤바뀌어 인쇄가 돼 있더군요. 부랴부랴 다시 인쇄를 맡기고 걱정이 돼 밤을 꼬박 샜지요. 다행히 아침에 잉크도 채 마르지 않은 증서를 받곤 안도했지요."

곽 대리는 밀려드는 손님들 때문에 밥도 먹지 못하고 주스 몇 잔으로 배를 채우며 이튿날 새벽 4시까지 일했다고 한다. 근 이틀을 밤샘한 셈이었다.

개업 당일에 문을 연 창구는 서울 본점 명동영업부 1개소였다. 같은 달에 오픈한 서울 서소문지점(7월 12일)과 대구지점(7월 29일)을 합해도 영업점은 3개, 직원은 279명이었다. '전국구' 시중은행으로는 제6호다.

개업일 심야

창립 기념 축하연을 마치고 나는 숙소인 로얄호텔로 돌아와 혼자 맥주를 마시며 상념에 잠겼다. 은행설립이라는 오랜 꿈을 이루었지만 한편으로는 새로운 시작이기도 하다. 방에 배달된 신문에 신한은행 광고가 실려 있었다. 광고 문구를 보니 새로운 금융서비스를 제공해야겠다는 의욕이 샘솟았다.

신한은행은 하나부터 열까지 모든 것이 새로운 은행이며,

외환업무를 포함한 모든 은행 업무를 취급합니다.

은행을 세우려고 동분서주하던 지난날 나의 행적들이 파노라마 필름처럼 눈앞에 흘러갔다.

설립 준비단계에서 내가 소유한 파친코 점포 3개 가운데 가장 장사가 잘되는 곳을 매각했다. 이 돈으로 은행 인허가, 주주모집 설명회,

신한은행 창립 기념 촬영(1982. 7. 7).

신한은행의 첫 광고

한국 내 사무실 임차료 등 소요비용을 감당했다. 남에게 밥값을 내지 못하도록 하는 내 성미가 여기서도 나타났다. 다른 주주는 대체로 출자금만 마련하면 되지만 나는 여러 잡다한 일로 출장을 다니며 돈도 쓰고 발품도 팔아야 했다. 아내에게도 시시콜콜 털어놓지 않았다.

나와 오래 오사카흥은을 경영한 자칭 '이희건의 평생 비서'라는 이정림李正林(전 간사이홍은 이사장) 씨는 걱정하며 나를 말리기도 했다.

"너무 몰입하다가 큰일이라도 나면 어떡합니까? 옆에서 지켜보니 제 마음이 조마조마합니다. 무리하지 마세요."

"더 몰입해도 될동말동한 일이오. 대업을 이루려면 모든 걸 쏟아부어야 하오."

"오사카흥은 초창기에 터진 예금인출 사태 때에 회장님께서는 자택을 담보로 급전을 구해서 해결하지 않았습니까? 그때와 비슷해 보여서 걱정입니다."

"그래 맞소. 그때 그렇게 해서 잘 극복하지 않았소? 이번에도 마찬가지요. 전쟁에서 승리하려면 장수將帥가 최선봉에서 총대를 메고 두려움 없이 전진해야 하오."

막상 은행설립 인가를 받고 자본금을 내야 할 때가 되자 주주 후보자 상당수는 출자를 주저했다. 아이치현愛知縣 동포 사회의 중진이자 나의 동지同志인 정환기鄭煥麒 대표는 당시 재일교포 사회의 분위기를 이렇게 회고했다.

"오사카와 도쿄 이외 지역에서는 신한은행에 출자하겠다는 동포가 극히 드물었소. 은행설립에 대해 반신반의하는 분위기가 팽배했소.

설령 설립되더라도 언제 망할지 모른다는 의구심이 있었다오. 출자금 전액을 날릴 각오를 한 사람이 창립주주로 참가한 셈이오. 그분들은 이희건 이사장을 믿고 거액을 낸 것이오."

주주들의 기대에 어긋나지 않도록 나는 분골쇄신粉骨碎身할 각오를 다졌다.

맹폐의 추억

나갈 테면 나가

1982년 신한은행 창립 이후 1990년대 초까지 신한은행에 몸담으려면 반드시 거쳐야 하는 통과의례가 있었다. '맹폐猛吠'라는 연수프로그램이다. '맹렬하게 짖는다'는 뜻으로 지금은 사라졌지만 그 체험을 기억하는 신한인들의 입에는 전설처럼 오르내리는 프로그램이다.

프로복싱 시합에서 양 선수는 링에 오르면 서로 눈을 쏘아보며 기싸움을 벌인다. 극도의 긴장감이 감돈다. 여기서 기가 꺾이면 기량을 제대로 발휘하지 못한다. 복싱이 어떤 스포츠인가. 두 주먹으로 상대를 때려 쓰러뜨려야 하는 절체절명의 싸움 아닌가. 복서는 백척간두에 서서 주먹을 날린다.

맹폐는 이보다 더 지독한 게임이다. 두 사람이 코가 맞닿을 정도로 얼굴을 바짝 가까이 댄 채 서로 노려보는 것은 물론 말로써 상대를 제압해야 한다. 양말을 벗고 바지를 걷어 올린다. 일본 씨름인 스모는 몸과 기술로 상대를 모래판 밖으로 밀어내지만, 맹폐는 입심과 눈빛으로 쫓아낸다.

"나가!"

"못 나가. 당신이 나가!"

인간이기를 포기하고 맹수가 되어야 한다. 눈에서는 불꽃이 튀고 얼굴 전체가 화끈화끈 타오른다. 목에서는 피가래가 끓어오르고 가슴은 폭주기관차의 엔진처럼 요동친다. 온몸에 진땀이 흐르고 오금이 저린다. 공포감이 엄습하며 전율이 느껴진다. 오열이 터지기도 한다. 숨 막히는 긴장감을 견디지 못하고 자리를 뛰쳐나가 영영 돌아오지 않는 사람도 있었다. 어느 심약한 사람은 오줌을 지리기도 했다 한다.

이 무시무시한 프로그램은 얼핏 보면 무식하고 원시적이다. 인간성에 반하는 듯하다. 그러나 잠재된 인간능력을 최대한 끌어내려면 대뇌를 자극하는 이런 감성훈련이 필요하다. 정신적 고통의 임계점이 지나면 엄청난 카타르시스를 느낀다. 이를 견디고 나면 감격의 눈물이 쏟아진다.

맹폐를 경험한 참가자들은 역설적이게도 상대에 대한 애정과 존경심이 생긴다고 한다. 훗날 신한은행 구성원의 끈끈한 단결력은 맹폐 체험에서 비롯되었다고 해도 과언이 아니다.

본래 맹폐는 중국 선종 종파인 임제종臨濟宗의 수련 방식이었다. 극한 지점까지 가는 수도승이 행하던 수련법이니 온실에서 자란 현대인이 감당하기엔 무리이겠다.

이승재 신한은행 이사가 이 프로그램을 도입했다. 심리학자에게 의뢰하여 이 프로그램의 유용성을 입증받았다.

1985년 입행멤버인 이원호李元浩 (후일 신한신용정보 사장)는 공평빌딩 본점에서 수행한 맹폐의 기억이 아직도 생생하다고 한다.

"놀라움과 충격이었어요. 공포감이 엄습해 왔습니다. 고함을 지를수록 상대방에게 밀리지 않으려고, 마음속에서 '질 수 없다'는 감정이 솟구쳐 오르는 거예요. 끝나니까 후련하면서도 자신감이 넘치는 기분이 들었습니다. 초창기만 해도 '한순간에 은행이 망할지도 모른다'던 위기감이 있었는데요. 그때 '자신 없으면 나가!'라는 외침은 저 자신의 가슴을 강하게 두드리고, 잠재되어 있던 열정을 일깨워냈습니다."

맹폐는 참가자들에게 고통을 주었지만 끝난 뒤에는 한 뼘 더 자란 자기 모습을 발견하는 기회가 되었다. 사막 한가운데 내던져져도 살아남을 수 있다는 자신감, 그것은 자기발전과 기업발전의 강력한 자산이었다.

길거리 달리기

가두구보街頭驅步도 수시로 실시했다. '신한 파이팅!'을 외치면서 거리 한복판을 달리면서 신생 은행을 시민들에게 홍보했다. 직원들은 서울 명동의 인산인해를 뚫고 나가면서 '신한은행 파이팅!'을 외쳤다. 그렇게 몇 시간을 누비고 다니는 사이에 저도 모르게 뭔가가 달라져 있음을 느꼈다.

끈끈한 동료애와 협동심, 무엇이든 할 수 있다는 자신감이 솟구쳤다. 가두구보는 단순한 홍보활동이 아니라, 직원들에게 자신감과 주인정신을 키우는 정신력 강화 트레이닝이었다.

버스에 올라타서 잡상인처럼 신한은행 출범을 알리는 인사말을 한 그룹도 있었다. 다른 은행에서는 "은행원 품격을 떨어뜨리는 행위 아닌가?"라며 눈총을 주었다.

맹폐와 가두구보는 어미 사자가 약육강식의 정글에서 새끼에게 사냥 법을 가르치는 신한 특유의 조련법이자 자기수련이었다. 신입들에게는 냉혹한 현실에 대한 자각 과정이면서, 미니뱅크 시절에 어떻게든 시장의 정글 속에서 살아남기 위한 치열한 몸부림이었다.

손해 봐도 투자하는 재일교포 주주

신한은행을 설립한 재일동포 기업인들은 신한에 대한 남다른 애착과 자긍심을 가지고 있었다. 그들은 사업적 투자 이전에 금융을 통해 모국의 경제발전에 기여하겠다는 '금융보국金融報國'의 신념을 갖고 있었다. 이러한 신념은 임직원들에게도 고스란히 전해져 은행의 차별화된 경쟁력으로 이어졌다.

수백 명의 주주가 대를 이어 주식을 상속하는 지배구조를 가진 금융회사는 아마 전 세계에서 신한이 유일할 것이다. 주주가 돌아가시면 자녀가 그 주식을 그대로 물려받고, 상속세는 주식을 팔지 않고, 예금으로 내는 형태이다. 세월이 흘러 오늘날에도 손주들에게 같은 방식으로 물려주고 있다.

신한은행 창립 때부터 참여한 많은 재일교포 주주들은 투자하는 방식도 남달랐다. 이해타산의 셈법보다는 금융보국의 신념이 작동했기 때문일 것이다.

대표적인 인물 중 한 명이 산케이三經그룹의 유재근兪在根 회장이다. 1941년생으로 일본에서 태어나고 자란 유 회장은 창업할 때 고향인 카와사키川崎 지역의 재일교포들로부터 지원을 받으며 젊은 나이에 성공한 사업가이다. 재일교포 사회에서 알려진 바로는 그가 1970년대에 할머니의 고향인 경북 고령에 전기와 수도 시설을 구축하는 데 기부하는 등 모국에 기여할 수 있는 길을 계속해서 찾고 있다고 했다.

나이차는 많이 나지만 유 회장과 뜻이 잘 통할 것이라고 직감했다. 1982년 신한은행 설립 계획서를 들고 가서 재일교포들과 함께 투자에 동참해 달라고 그를 설득했다. 유 회장은 민단의 지인을 통해 내가 모국에 은행을 설립하기 위해 동분서주하고 있다는 소식을 이미 들었다며 그 자리에서 흔쾌히 투자를 약속했다.

이렇게 창립주주가 된 유 회장의 투자방식은 독특했다. 창립주주로서 신한은행 주식을 매입한 이후 지금까지 보유한 주식을 한 주도 팔지 않았다. 매년 받은 배당금은 단 1원도 쓰지 않고 신한은행에 재투자했다. 신한은행에 맡긴 예금 이자도 재투자했다.

"신한은행 주주 사이에 유 회장님 투자방식이 이상하다고 소문이 났던데요. 신한 주식을 매입만 하고, 파는 법이 없다고요."

"주가가 아니라 이 회장님을 보고 사서 그렇습니다. 신한은행이 꼭 성공해야 하고, 성공할 것이라고 믿어서 사는 겁니다. 하하!"

내가 하는 일에 많은 관심을 보이며 한결같이 응원해 주던 유 회장은 88 서울 올림픽 성금을 모금할 때와 1995년 한신·아와지대지진 구호 활동을 펼칠 때도 거액을 쾌척하며 마음을 보탰다. 자기 사업을 열정적으로 꾸려 가는 와중에도 조국과 동포를 위한 일에는 성심을 다하는 이 젊은 사업가를 주주로 모시고 있다는 걸 생각할 때마다 마음이 든든했다.

1990년 1월 신한생명을 설립하고 그해 9월 유상증자를 할 때, 유 회장은 먼저 발 벗고 나서서 주저하던 여러 재일교포 주주들이 투자에 동참하게 만들었다. 1998년 IMF 금융위기 때도 유 회장은 증자에 참여했고, 추가로 1백만 주를 매입하면서 재일동포들과 함께 주식매입 운동에 앞장섰다. 2007년 리먼 사태로 신한은행 주가가 떨어졌을 때에도 주식을 팔지 않았다. 주위 사람들이 그에게 '바보'라며 한마디씩 했다. 상인이 아니고, 비즈니스맨도 아니라고 했다. 그런 소리를 듣고 나서도 그는 신한은행을 응원하기 위해 오히려 주식을 더 매입했다. 리먼 사태가 진정된 후 주가가 회복되며 신한은행이 다시 성장가도를 달리자 모두들 그때 그의 판단이 옳았다며 인정해 주었다.

1980년대 중반 일본 경기가 좋았을 때, 많은 재일교포들이 친인척들에게 경제적 도움을 주려고 한국에 회사를 설립했다. 그중에 계속 존속하는 회사는 매우 드물었다. 재일교포가 한국에 설립한 회사가 성공하는 일은 결코 쉽지 않다는 것을 유 회장도 잘 알고 있었다. 그러나 그는 주가가 오르고 내리는 것에 일희일비하지 않고 신한은행은 성장할 것이라는 믿음을 가지고 투자했다고 한다. 이렇게 투자하고 키워온 신한은행이 모국에서 1등 은행으로 성장했을 때 유 회장은 이루 말할 수 없는 기쁨을 느꼈다고 한다.

　나는 그를 만날 때마다 유 회장 같은 재일교포 주주들의 일관된 응원 덕분에 신한은행의 미래가 더욱 기대된다며 감사한 마음을 전했다. 오늘의 신한은행에는 모국을 사랑하는 재일동포의 꿈이 서려 있다. 손해를 보더라도 투자하며 응원해 준 '바보' 주주들이야말로 신한은행 성공신화의 진정한 주인공이다.

신한은행 신화

7

고객은 왕, 실천

45도 허리 굽혀 인사

신한은행 창립 당시에 한국에는 금융사는 존재하되 진정한 의미의 금융서비스는 찾아보기 어려웠다. 민간은행인 시중은행도 정부 규제를 받아 자율성을 잃었고, 한편으로는 관치 보호막 아래에 안주하고 있었다. 당연히 국책은행에서는 이런 분위기가 더 심했다. 은행은 정책자금을 기업에 분배하는 창구역할을 주로 맡았다. 중동 진출 건설회사에 지급보증을 섰다가 기업이 부실해지면서 은행이 타격을 당하는 경우가 허다했다.

사정이 이렇다 보니 대한민국 최초의 민간자본으로 탄생한 신한은행을 향한 사회 전반의 기대는 컸다. 창립 준비요원들은 한국 금융이 처한 현실, 고객들의 니즈에 부응하기 위하여 연구에 매달렸다.

신한은행의 이미지는 '서민을 위한 은행', 슬로건은 '새싹의 꿈, 키우는 보람', 행훈行訓은 '새롭게, 알차게, 따뜻하게'로 정했다.

나는 1992년 1월 25일 신한은행 업적평가대회에서 열변을 토한 적이 있다. 신한은행의 초고속 성장을 질투한 라이벌 은행에서 신한은행 직원들의 인사 예절이 일본풍이라고 꼬집었기 때문이다.

"일본의 은행에서는 '손님은 가미사마神樣(하느님)'라 부르고 객장을 나가는 손님의 뒷모습을 향해 45도로 허리를 굽혀 절합니다. 그게 원칙입니다. 은행 창립 1년이 지났을 때 다른 은행 분들이 우리 직원들이 서서 절하는 것을 마뜩지 않아 하는 걸 봤습니다. 예로부터 우리나라는 동방예의지국이라 했습니다. 존경하는 의미에서 절하는 것은 우리나라 사람들이 동양 사람들에게, 일본 사람들에게 가르친 우리의 근본입니다. 그것을 어찌해서 일본에서 왔다고 문제 삼습니까?"

기존 금융사의 눈에 비친 신한은행은 이단아 집단이었다. 하다못해 은행원이 고객에게 인사하는 방식조차 트집을 잡았을까.

인사 예절과 관련해서 개점 초기에 이런 일도 있었다. 어느 지점에 찾아온 기업체 여직원은 여러 은행원이 일제히 일어나 허리를 굽히며 인사하자 부끄럽고 당황스러워 얼른 몸을 뒤로 틀었다. 그러다 돌기둥에 얼굴이 부딪치면서 이가 부러졌다. 지점장이 그 여직원을 데리고 인근 치과에 가서 치료 받게 하고 정중히 사과했다. 그 후 그 지점에서는 너무 큰 소리로 인사하지는 않기로 했다.

신한은행 임직원은 경쟁업체의 곱지 않은 시선을 감내하면서 자기들의 길을 뚜벅뚜벅 걸어갔다. 우리가 한국 금융계를 강타한 화두는 철저한 '고객중심주의'였다. '손님은 왕'을 몸소 보여 준 것이다.

신한은행 임직원의 인사 매뉴얼을 외부인이 보면 놀랄 것이다. 경우에 따라 허리를 숙이는 각도가 15도, 30도, 45도 등으로 세분돼 있다. 끊임없이 매뉴얼대로 연습하면 몸에 밴다.

오사카흥은 연수원

나는 나라시^{奈良市}에 가쿠엔마에^{學園前}에 있는 흥은연수원을 신한은행의 연수장으로 활용하도록 했다. 신한은행 임직원들이 짧게는 1주일, 길게는 수개월씩 강도 높은 훈련을 받도록 했다.

흥은의 예금, 대출, 섭외, 대고객 서비스 등 분야별 담당자가 맨투맨으로 달라붙었다. 실전에서 바로 사용하도록 하는 속성 전수법이다.

"어서 오세요!"

"안녕히 가십시오!"

"또 오세요!"

이런 기본 인사용어에서부터 손님에게 머리를 숙이는 각도와 속도에 이르기까지 세심하게 알려 줬다. 이 내용을 매뉴얼로 만들어 제공했다. 명동영업부에 근무한 박석조^{朴錫租}(후일 안산 반월지점장) 행원은 증언한다.

"창립멤버들이 가장 중점적으로 받은 연수가 고객에게 정중하게 인사하는 법이었습니다. 뜻대로 안 되고 힘들었어요. 2개월간 맹훈련을 받으니, 야전^{野戰}(지점 근무)에서도 자연스럽게 인사할 수 있게 되더군요."

창립 시 신상훈(후일 은행장) 비서과장은 고객 인사법이 철저한 고객중심을 모토로 한 신한문화의 시작이라고 보았다.

"창구의 친절문화는 신한은행이 처음으로 한국에 정착시켰다 해도 과언이 아닙니다. 고객만족이란 시대적 흐름이지만, 그 시발점에서 신한은행이 한 역할은 분명 대단한 것이었다고 자부합니다."

경동시장 동전수레

신한은행은 금융시장에서 돌풍을 일으켰다. 한국에 가지고 온 재일교포 금융경영 방식은 기존 은행들의 그것과는 확연히 달랐다. 나는 오사카흥은의 영업 프로그램을 고스란히 신한은행으로 전수하도록 했다.

적극적으로 섭외활동을 펼치는 리테일(소매금융)전략, 업무를 고객 시각에서 보고 대응하는 서비스 프로그램, 지점별 특화사업 등은 경쟁 없이 안주하던 모국의 금융시장을 뒤흔들었다. 전설 같은 무용담이 전해 내려오고 있다.

"동전 사세요! 싱싱한 동전이 왔습니다."

한약재 시장으로 유명한 서울 청량리 경동시장에서 청량리지점 직원들이 시장 바닥을 돌면서 외친 구호다.

"싱싱한 생선이 있어요!"

어물전에서 들리는 목소리와 흡사하다.

장사 때문에 자리를 비우기 힘든 재래시장 상인들을 직접 찾아가는 금융서비스였다. 나무궤짝 안에 칸을 나누고 바퀴를 달아 완성된 동전수레를 끌고 하루도 빠짐없이 시장을 찾아갔다. 점포나 좌판 앞에서 상인에게 동전뭉치를 건네주거나 예금도 받아 주었다.

동전수레는 리테일 카트(동전 교환, 예금 수납하는 삼륜전동차)의 효시다. 요즘 명절 때 고속도로 휴게소에서, 지역축제 때 보이는 이동형

차량점포의 올드버전이다. 동전수레 일화는 고객을 직접 찾아나선 금융서비스의 상징이다. 실내에서 이루어지는 '홀 세일Hall Sale' 관행을 깨뜨린 광경이었다.

고무보트 타고 빵 배급

"여기, 빵하고 우유가 있어요!"

1990년 9월 11일 폭우로 서울 송파구 풍납동 일대는 불어난 한강물이 어른 키 높이 넘게 차올랐다. 신한은행 풍납동 출장소에도 한강물이 건물 2층 바닥까지 차올랐다. 직원들은 현금, 문서, 컴퓨터 등을 3층으로 올리고 나서 뜬눈으로 밤을 지새웠다.

이튿날 풍납동 출장소장이 맨 먼저 한 일은 빵과 우유를 한 트럭분 주문한 것이었다. 직원들은 군부대 고무보트를 빌려 타고서 이재민을 찾아다녔다. 수해복구 활동에는 본점의 임원들도 합류했다. 은행원들이 보트를 타고 다니면서 이재민을 도운 일이 알려지면서 신한은행 이미지 개선에 도움이 되었다.

"상담은 로우코너, 입출금은 하이카운터로 오세요."

신한은행이 일관되게 추구한 이미지는 남들과는 다른 은행이었다. 창구의 풍경부터가 달랐다. 한국 금융시장 최초로 도입한 로우코너Low Corner (현재의 상담창구)와 하이카운터High Counter (입출금 및 공과금 처리 창구) 시스템이다. 지금은 모든 은행에서 이렇게 하지만 그때는 '콜럼버스의 달걀'에 비견되는 혁신이었다.

로우코너, 하이카운터 시스템은 각기 다른 목적을 갖고 내방하는 고객들을 세분화하여 대기시간을 단축하는 한편, 직원들의 업무효율성을 높이는 시너지를 불러왔다. 단순 업무는 하이카운터에서, 복합 업무는 로우코너에서 고객이 편안하게 앉아서 상담하도록 한 것이다.

이런 혁신적 시도들은 은행이 영리를 떠나서 고객과 사회와 함께 공존하겠다는 '사회적 기업'의 본분을 지키고 있음을 보여 준다. 고객을 먼저 찾아가는 서비스, 사회와 함께하는 기업문화는 오사카흥은에서는 1950년대부터 시행한 기업문화이다. 신한은행이 이어받아 신한문화, 한국 금융의 기업문화로 만든 셈이다.

초창기에 신한은행의 최대 취약점은 다른 시중은행에 비해 점포수가 매우 적었다는 점이다. 그래서 고객과의 접점을 만들기 위한 기발한 아이디어가 속속 나왔다.

고객의 날 행사, 가두 캠페인, 은행장이나 임원이 지점을 방문해서 고객의 소리를 직접 듣는 자리 등 다양한 이벤트로 고객과의 접촉면을 넓혀 나갔다.

적수성천滴水成川!

'물방울이 모여 강을 이룬다'는 뜻으로 내가 어릴 때 서당에서 배운 문구이다.

신한은행의 작은 노력들이 쌓이면서 개인, 개인사업자 위주였던 고객층이 중소 상공인, 대기업으로 확장되어 갔다.

고객중심의 영업전략 덕분에 '리테일 혁명'이 이루어졌다. 이는

'신한은행 신화'를 낳았다.

신한은행은 설립 4년째인 1986년에 예금고 1조 원을 달성한 데 이어, 1988년 2조 원, 1990년 4조 원, 1991년 5조 원, 1994년 10조 원을 돌파하며 급성장했다.

이용만 제2대 은행장

오사카 점심 회동

1982년 겨울 어느 날에 이용만 중앙투자금융 사장이 오사카를 방문한다는 소식을 듣고서 점심 자리에 초대했다. 극동방송 사장인 김장환金章煥 목사와 함께 일본 여행 중인데 후쿠오카福岡에 들렀다가 오사카에 오는 길이란다.

나는 신한은행 초대 은행장 후보를 물색했을 때 이미 그를 유력 후보자로 점찍은 바 있다. 여러 지인이 이용만 전 차관보를 추천했다. 추진력, 친화력, 리더십 등 여러 면에서 탁월한 인물이란다. 그는 재무부의 요직인 이재국장직에 오래 봉직했기에 금융정책이란 칼을 휘두르던 관료였다. 억울하게 관직에서 물러났다는 풍문을 들어 그를 돕고 싶기도 했다. 그러나 결국 무산되었고 그는 1982년 2월에 중앙투자금융 사장으로 취임했다.

"요즘 어떻게 지내십니까?"

"민간 쪽에 와서 적응하느라 바쁩니다."

"이용만 사장님께서 맹활약하시는 바람에 경쟁업체인 저희 제일투자금융이 애를 먹고 있다는데요?"

"과찬입니다. 하하하!"

"작년에 쉬실 때는 어땠습니까?"

"백수이지만 무척 바빴답니다. 원어민을 집에 불러 영어 공부도 하고, 매일 아침 남산순환도로 8km를 달렸지요. 운동을 조금 과하게 하여 몸을 피곤하게 만들어야 잡념이 없어진답니다."

깨끗한 일식당인 '길조吉兆'에서 가이세키會席 요리를 먹으며 오랜 시간 대화를 나누었다. 그는 6·25전쟁 때 전투에 참가해 총상을 입고도 살아났다고 한다.

"재일교포에 대해 어떻게 생각하십니까?"

"어려운 때 일본에 건너가서 고생을 많이 하신 분들이지요. 그런 가운데 신한은행 주주처럼 성공하신 분들은 정말 존경스럽지요."

이날 식사 이후에 나는 그분을 언젠가 은행장으로 꼭 모시고 싶은 마음을 굳혔다. 그리하여 초대 김세창 행장이 임기를 마친 1985년 2월 14일엔 2대 행장으로 이용만 행장을 영입했다.

당시 김만제金滿堤 재무부 장관은 당초 이용만 사장을 제일은행장 자리에 앉히려 했다 한다. '국제그룹' 주거래은행인 제일은행이 국제그룹을 해체하는 작업을 추진했기에 진두 지휘자로 그를 선택한 것이다. 그러나 전두환 대통령이 이를 허용하지 않았다고 한다.

그 무렵에 내가 청와대를 방문했다. 전 대통령은 나를 '이 선생'이라 부르며 신한은행 경영상태를 물었다. 그 자리에서 나는 말했다.

"차기 은행장으로 이용만 사장을 모시고 싶습니다."

"그래요? 그렇게 하세요."

은행장의 가두캠페인

이용만 행장이 취임한 후 신문에 그의 행적이 자주 보도되었다. 이 행장이 T셔츠를 입고 길거리에서 고객에게 전단을 나눠 주는 가두캠페인을 벌이는 소식부터 신한은행 체육대회에서 은행장이 800m 달리기 우승을 했다는 가십까지 다양했다. 그만큼 이용만 행장은 주목의 대상이 되는 인물이었다.

신한은행은 신생 은행이어서 존재를 널리 알려야 할 때였다. 이런 면에서 이용만 행장은 앞장서서 은행 홍보에 큰 역할을 했다. 신문, 방송에 은행 광고를 내는 데는 비용이 적잖이 든다.

"은행장 보수 10배 이상의 광고 역할을 하고 있소!"

나는 언젠가 이용만 행장에게 그렇게 농담성 칭찬을 했다.

신설 점포 개점식 때 어깨띠를 두른 이 행장이 행인들에게 이렇게 인사했다고 한다.

"은행장 이용만입니다. 앞으로 저를 이용만 하십시오!"

참으로 재치 있는 발언이다. 이런 고품격 유머는 조직을 위해 자기를 버린다는 각오를 가져야 나오는 법이다.

이용만 행장이 미도파백화점 앞에서 가두캠페인을 하고 나자 한일은행장이 전화를 걸어 왔단다. 한일은행 본점이 미도파 건너편에 있을 때다.

"행장님! 제발 저희 은행 앞에서는 가두캠페인을 하지 말아 주십시오. 제가 자리에 앉아 있으려니 난처합니다."

신한은행 본점 화재사건

1985년 6월 어느 날 아침에 나는 평소처럼 전철을 타고 오사카흥은에 출근했다. 사무실에 들어서자마자 신한은행 라응찬 상무에게서 국제전화가 걸려 왔다.

"간밤에 공평빌딩 본점에 불이 나 큰일 날 뻔했습니다. 다행히 조기 진화해 큰 피해는 없습니다. 오늘 아침 영업하는 데는 지장이 없습니다."

나는 가슴이 철렁 내려앉았다. 11년 전인 1974년 재일교포 서갑호 회장이 구미에 지은 윤성방적이 화마에 휩싸여 잿더미로 변한 사건이 떠올랐기 때문이다.

"인명 피해는 없소?"

"아무도 다치지 않았습니다. 이용만 행장님께서 밤을 꼬박 새우며 수습을 진두지휘하셨습니다."

"다들 수고 많으셨소. 앞으로 화재사고는 각별히 주의하시오!"

추후 자세히 보고받은 화재 경위는 이랬다. 4층 전산부 직원이 야근하다 밤 11시경에 담배를 피우곤 꽁초를 신문지에 싸서 휴지통에 버렸다. 이것이 불씨가 되어 책상과 천장으로 옮겨 붙으며 대형화재로 이어질 뻔했다. 신설 은행이어서 전산개발 업무가 많아 전산부 직원 5명이 야근을 했다. 자칫 잘못되었다면 그들의 인명이 위협받을 뻔했다. 심야에 소방차 5대가 출동해 진화작업에 나섰다.

이용만 행장은 방독면을 쓰고 전등을 비추며 건물 내부로 들어가려 했지만 열기 때문에 발걸음을 디딜 수 없었다. 일단 진화되자 이 행장은 전 직원 비상소집령을 내렸다. 직원들은 모두 소매를 걷고 나서서 시커멓게 불탄 집기들을 끌어내고 물청소를 했다. 걸레로 바닥을 닦아내고 그럭저럭 수습하자 날이 훤히 밝았다. 영업을 시작할 때 고객들은 간밤에 불이 난 줄 까맣게 몰랐다.

이용만 행장은 혹시 화재사실이 언론에 보도될까 우려했다. 은행의 신용도에 악영향을 미칠 것이기 때문이다. 언론계에도 발이 넓은 이 행장은 직접 신문사 편집국장, 방송사 보도국장에게 전화를 걸어 화재 경위를 간략히 설명했다.

"간밤에 쓰레기통에서 연기가 나는 소동이 있었습니다. 잘 수습했으니 염려하지 않으셔도 됩니다."

이렇게 이실직고하니 언론에서도 별 관심을 갖지 않고 보도하지 않았다. 치부를 감추고 쉬쉬하다간 더 큰 화를 불러일으키는 법인데 이용만 행장이 적절하게 대응했다고 본다.

이 행장은 관할 경찰서장에게 연락하여 "실화범失火犯을 처벌하지 말아 달라"고 선처를 호소하였다 한다. 전산시설 4개 가운데 3개는 전소全燒되었고, 다행히 1개가 남아 정상가동하는 데는 문제가 없었다고 한다.

오사카지점 개점

신한은행은 1983년 8월 8일 일본 오사카에 사무소를 열었다. 장래에 지점으로 승격시키기 위한 포석이었다. 사무소는 영업을 하지 못하고 조사 활동만 하는 곳이므로 역할에 한계가 있다.

지점으로 승격하려면 일본 정부로부터 인가를 받아야 한다. 오사카사무소장은 일본 대장성을 여러 차례 방문하여 인가를 촉구하는 등 나름대로 노력했으나 진전이 없었다.

오사카에서 잔뼈가 굵은 나로서는 신한은행 오사카지점의 탄생을 오매불망 기다렸다. 오사카 권역의 신한은행 주주들도 마찬가지 심경이었다.

내가 이용만 행장에게 그 소망을 밝혔더니 일본에 직접 와서 타진하겠단다. 얼마 후 이 행장은 일본 대장성을 방문했다. 한국 재무부에서 오래 근무했기에 일본의 카운트파트 관료들과 친분이 두터운 모양이다.

이용만 행장은 대장성의 은행국장, 국제금융국장, 차관보, 차관 등을 차례로 만났다고 한다. 차관은 인사치레이겠지만 정중하게 말했다.

"대신大臣(장관)께서는 국회에 나가셨는데 나중에 이용만 행장님이 다녀가셨다고 전하겠습니다."

한국의 여느 시중은행장이라면 일본 대장성 과장도 만나기 어려운 게 현실이다. 마침 국제금융국장은 함경도 청진에서 태어났고 부친이 한국에서 근무했기에 본인도 한국에서 출생해 네 살까지 살았다면서 친근감을 나타냈다. 이용만 행장이 신한은행 오사카지점의 개설을 요구하자 일본 당국자들은 흔쾌히 수락했다고 한다. 그의 대외 교섭력이 빛을 발했다.

얼마 후인 1986년 3월 19일 오사카지점 개점식을 가졌다. 일본 땅에서 신한은행 간판을 보니 감격스러웠다. 이용만 행장은 개점식에서 이렇게 말했다.

"오사카지점 개점은 신한은행이 추진하는 국제화의 시금석인 동시에 70만 재일동포 사회 전체를 위한 금융기관으로서 그 의미가 자못 크다 하겠습니다."

개점식에는 박병헌 민단 중앙본부 단장 등 950여 명의 인사들이 참석해 축하해 주었다. 개점 당일의 예수금은 439억 엔(2,200억 원)이나 되는 놀라운 실적을 기록했다.

구두와 쇠고기

1986년 10월 24일 신한은행의 총 예금고가 1조 원을 돌파했다. 나는 은행장을 비롯한 임직원들의 공적을 높이 치하했다. 나의 평소 말버릇대로 악수할 때마다 그들을 격려했다.

"모두 여러분 덕택입니다!"

이용만 행장은 임직원의 사기를 진작하는 데도 탁월한 역량을 가진 분이었다.

이 행장은 예금고 1조 원 돌파를 이룬 직원들을 격려하기 위해 전직원에게 구두 한 켤레와 쇠고기 5근씩을 선사했다. 구두엔 은행 로

고를 새겨 넣었고 쇠고기는 축협에 가서 직접 우량품으로 주문했다고 한다.

"그 구두 신고 부지런히 발로 뛰고 쇠고기 먹고 힘내시라!"

은행장 선물을 받은 직원들은 신바람이 났다.

이렇게 이용만 행장이 맹활약하는데 1988년 2월 그의 신상과 관련한 소식을 듣고 깜짝 놀랐다.

"회장님! 정부에서 저를 외환은행장에 선임한다고 합니다. 제가 회장님과의 의리 때문에 고사했는데도 막무가내입니다."

"뭐라고요? 민간은행 은행장을 정부가 마음대로 이리저리 가라 할 수 있소?"

나는 부리나케 남태령을 넘어 재무부로 달려가 장관실로 들어갔다. 과천청사 4층 '401호'가 장관실인데, 묘하게도 사공일司空壹 장관이 있었다.

"민간에서 잘하고 계시는 이용만 행장을 왜 빼가는 겁니까? 그 인사안을 철회하시오!"

내가 언성을 높이자 사공일 장관은 차분하게 배경을 설명했다.

"올해부터 국회 국정감사가 시행됩니다. 부실채권을 많이 가진 외환은행이 집중 공격을 받을 겁니다. 제대로 대응할 만한 은행장으로 이용만 행장밖에 안 계십니다. 회장님께서 좀 봐주십시오."

주무 장관이 민간인에게 사정하는 모양새였다. 언제까지나 고집을 피울 수 없었지만 서운함을 감출 수는 없었다.

김재윤 제3대 은행장

엘리트 중앙은행맨

1988년 2월 26일 신한은행 3대 은행장으로 김재윤金在潤 한국은행 부총재가 취임했다. 라응찬 상무는 전무로 승진했다.

김재윤 행장은 1956년 서울대 경제학과를 졸업하고 바로 한국은행에 들어가 조사1부장, 뉴욕사무소장, 이사, 감사, 금융결제원장 등을 거쳐 부총재를 역임한 엘리트 '중앙은행맨'이었다. 경력으로 보아 여전히 다른 시중은행에 비해 소규모인 신한은행의 수장이 되기엔 우리로서는 과분한 분이었다.

이용만 행장의 후임자를 찾는 과정에서 김재윤 부총재가 거명되자 나는 안도의 숨을 쉬었다. 그분이 국제금융 전문가이니 신한은행의 국제화에 크게 기여할 것으로 기대되었다.

김재윤 행장은 취임식에서 이렇게 포부를 밝혔다.

"신한은행의 눈부신 5년간 발전을 이룬 여러 임직원들에게 경의를 표합니다. 금융경제 상황이 급변하고 있어 임직원 모두가 새로운 각오와 자세를 다져야 합니다. 우리는 미래를 정확하게 예견하고 적절하게 대비해야 할 것입니다. 제가 추구할 경영방향은 세계 속의 은행 실현, 철저한 고객지향적 서비스정신, 인화단결 등입니다."

김 행장은 과연 국제 신사였다. 외모부터 흐트러짐 하나 없이 단정했고 매너에도 품격이 있었다. 언젠가 외국인 인사를 만날 때 함께 가는 간부에게 김 행장이 점잖게 조언하는 광경을 보았다.

"금융인은 구두 하나, 양말 하나에까지 스탠더드에 맞게 신경을 써야 해요. 끈이 있는 검정 구두가 표준입니다."

그 간부의 구두를 보니 편하게 신는 컴포트화였다.

나는 양식 레스토랑에서 김 행장에게 테이블 매너를 묻고 많이 배웠다. 와인 종류에 따라 유리잔 모양이 달라진다는 사실도 처음 들었다. 프랑스 와인 가운데 독주인 코냑은 아주 큼직한 잔에 '병아리 눈물'만큼 적게 따라 거의 냄새만 맡는 식으로 음미한단다.

"코냑 판매량이 늘어나지 않자 요즘은 코냑에도 얼음을 넣어 위스키 온더록스 on the rocks 처럼 마시는 마케팅 수법을 쓴다고 합니다. 그러나 정통파 프랑스인은 이런 음주법을 보면 질색하지요."

김 행장은 다양한 분야에 해박한 지식을 갖고 있었다. 학자의 길을 걸었어도 대성할 분이었다. 나는 김 행장에게 임직원의 시야를 넓히게 하는 데 조언을 아끼지 말라고 당부했다.

"금융인은 천박하거나 무식하게 보이면 안 됩니다. 김 행장께서 국제금융 무대에서 쌓은 지식과 노하우를 아낌없이 전수해 주시오."

김 행장은 ZD Zero Defects (무결점) 운동을 추진해 업무능률을 향상시켰고 주요 점포에 고객서비스센터를 설치해 고객들을 만족시켰다. 김 행장 재임 시기인 1990년 11월에는 총 예금고가 4조 원을 돌파했다.

해외시장 진출 본격화

김재윤 행장은 자신의 국제금융 경륜을 신한은행을 위해 잘 활용했다. 국제금융계에 지인들이 많아 최신 정보를 빨리 입수했고, 신한은행 해외점포 개설 때도 적잖은 도움을 얻어냈다.

1988년 6월 20일 도쿄지점을 개점했다. 사무소를 설치하고 지점으로 승격하는 관행과는 달리 바로 지점으로 문을 열었다. 오사카지점에 이어 도쿄지점을 열자 나는 1932년 일본에 건너와 파란만장한 과정을 겪은 고생에 대한 보람을 느꼈다.

도쿄지점 개점식이 끝나고 기념 리셉션을 진행하다가 김재윤 행장의 인사말이 없었다는 사실이 생각났다.

"은행장도 인사말 한마디 하시지요?"

"예?"

김 행장은 순간 당황하는 듯했다. 준비한 원고가 없는 데다 일본어가 익숙하지 않았기 때문이었으리라.

"간단하게 인사만 하면 되오. 통역은 내가 하겠소."

이렇게 예정에 없던 김 행장의 인사말 스피치가 있었고 나는 옆에서 순차順次 통역을 했다. 통역을 잘하려면 신경을 집중해야 한다. 리셉션이 끝난 후 김 행장이 나에게 말했다.

"회장님 놀랐습니다! 제 인사말의 내용, 어휘, 어순에 이르기까지 매우 적확하고 완벽한 통역이었습니다!"

"과찬이오. 하하하!"

"기억력이 비상하십니다."

해외 진출에 가속도가 붙었는데 1989년 5월 29일 뉴욕지점을 개점했다. 국제금융의 메카인 뉴욕 맨해튼에 지점을 설치하니 신한은행의 무대가 갑자기 넓어진 기분이었다. 나는 뉴욕지점 개점식에는 가지 못했으나 김재윤 행장과 공로명 뉴욕총영사가 개점 테이프를 끊었다.

이어 런던사무소, 홍콩 현지법인, 홍콩사무소, 방콕사무소가 잇달아 문을 열었다.

손목시계도 세관 신고

1989년 5월 4일에 중국 베이징北京에서 열리는 아시아개발은행ADB 총회에 참석하기 위해 출국했다. 당시엔 한국과 중국이 미수교 상태여서 항공기 직항도 없었다. 나는 김재윤 행장, 이승재 신한종합연구소장, 신기철 비서실장과 함께 홍콩을 거쳐 베이징에 갔다.

베이징공항에 도착하니 입국절차가 까다로웠다. 특히 주요 소지물품을 신고하라는데 필수 신고품목에 손목시계도 포함되어 있었다. 우리 일행은 현지에서 만날 인사들에게 줄 손목시계 10개를 가지고 갔다. 봄 주주총회 때 주주 선물로 마련한 실용적인 시계였다. 서울올림픽 엠블럼이 새겨져 있어 멋있게 보였으나 제작비는 비싸지 않았다.

신 실장이 신고할까 말까, 난처한 표정을 지었다. 고가高價 품목이 아닌데 신고하려니 번거롭기 때문이다. 원칙주의자인 김재윤 행장은 신고하라고 했다.

신 실장이 세관 데스크 앞에 신고서와 시계 10개를 내놓으니 세관원이 웬 시계를 10개씩이나 가져오나, 놀라는 듯했다. 시계는 반입할 수 없고 출국할 때 찾아가라며 보관증을 발급했다. 당시만 해도 중국에서 손목시계는 관세를 물지 않고는 반입할 수 없을 만큼의 귀중품이었나 보다.

인민대회장에서 열린 ADB 총회에 참가한 후 중국 요인들을 면담했다. 그 가운데 1886년 서태후西太后가 조성한 여름 궁전 이화원頤和園에서 만난 조남기趙南起 상장上將이 특히 기억에 오래 남는다. 중국 길림성吉林省 성위서기省委書記를 지낸 그는 당시 중국군 총후군부장總後軍部長으로 중국 군부에서 서열 상위인 고위급 인사였다. 그는 충북 청원군에서 독립운동가의 손자로 태어난 조선족이라고 밝혔다.

그 후 중국의 빠른 경제 성장세를 지켜보면 '시계 사건'이 떠오르곤 했다.

신한증권(현 신한금융투자)

동화증권 인수

신한은행은 설립 초기인 1982년 9월 8일 증권업 취급허가를 얻은 바 있다. 그 후 증권업에 진출할 기회를 줄곧 찾고 있었다. 그러나 마땅한 돌파구를 찾지 못했고 증시도 시들했다. 1985년 들어 증권시장이 활기를 보였고, 동화東和증권이 매물로 나왔기에 인수를 검토했다. 이 회사의 모태母胎기업은 1962년 설립된 유림증권이었다.

그러는 사이인 6월 11일 정부는 '자본시장 육성방안'을 발표했다. 증권업에 날개를 달아 주는 셈이었다. 신한은행은 적극적으로 나서 동화증권을 인수하기로 결정했다. 6월 19일 제일투자금융이 동화증권 주식의 90%를, 신한은행이 10%를 인수하는 방식으로 증권업에 진출했다.

1962년 설립된 동화증권은 사명社名이 여러 번 바뀌고 대주주도 변경되는 등 표류 끝에 신한금융그룹에 안착하게 된 것이다. 인수 당시의 자본금은 23억 5천만 원, 영업점 3개소, 임직원 90여 명인 소형 증권사였다. 인수 직후에 자본금을 62억 5천만 원으로 늘리고 8월 2일엔 상호를 '신한증권'으로 바꾸었다. 11월엔 8억 원의 유상증자를 실시했다.

"한국에서 앞으로 증권업이 각광받을 테니 신한증권 증자에 참여해 보시오."

나는 재일교포 주주들에게 권장했다. 그러나 이들 상당수는 참여하기를 주저했다.

"위험한 것 아니오?"

주저하는 재일교포 주주와 달리 발 빠른 주주들의 참여가 이루어져 유상증자는 가속화되었다. 1987년 1월에 70억 5천만 원, 1989년 5월에는 182억 7,500만 원이 조달되었다.

1989년 9월엔 기업공개와 함께 215억 원의 유상증자를 추진했다. 이에 따라 10월 20일엔 주식을 상장했으며, 1990년 5월엔 19억 원의 배당을 실시함으로써 총 납입자본금이 734억 원에 이르렀다.

신한증권 주가가 오르자 증자에 불참했던 재일교포들은 서운한 감정을 드러냈다.

"증자에 참여하라고 더 적극적으로 설득했어야 하지 않았소?"

이런 볼멘소리를 들으니 반대로 주가가 폭락한다면 원망을 들을 것이 명약관화했다. 신한증권이 출범하면서 신한금융그룹의 기반이 넓어지게 되었다.

한직 인사

나는 주요 임원의 인사에서 가끔 당사자의 인내심을 테스트한다. 한직에 보내 여유를 갖고 회사 안팎을 살피게 한다. 더 중요한 보직에 앉히기 위한 포석이다. 일부 임원은 나의 복안을 모르고 한직 발령에 서운함을 나타내기도 했다.

류양상柳亮相 신한증권 사장의 경우도 그랬다. 사장으로 보내기 전에 제일투자금융 감사로 보임했다. 그는 처음엔 의아하다는 반응을 보였다. 열심히 일해 성과를 꽤 냈는데 한직에 보낸다 하니 억울한 모양이었다.

"나에게 다 생각이 있으니 그 자리에 가서 2년쯤 있어 보시오."

1996년 신한증권 사장으로 취임한 그는 특유의 추진력으로 회사를 잘 이끌었다. 그는 과거 직장인 서울은행에 근무할 때 한신증권에 파견근무를 한 적이 있어 증권 업무가 낯설지는 않은 편이었다.

1980년대 후반기엔 한국의 실물경기가 호황을 이루면서 증시도 활황 장세였다. 증권회사도 규모가 커지고 수익성도 좋아졌다. 그러나 1996년 류양상 사장을 임명할 즈음에는 여러 대기업들이 부실 징후를 보이기 시작했다. 그 여파가 금융시장에도 미쳐 신한증권의 영업실적도 적자가 우려되었다.

"류 사장! 내년 결산 때 흑자를 기대하오!"

"성심성의껏 노력하겠습니다."

그러나 우려가 현실로 나타나 이듬해 결산기가 다가오자 흑자를 내기 어려워졌다. 부실화 보유주식이 늘어나 평가손評價損 처리를 하면 적자가 날 지경이었다.

"무슨 묘책이 없겠소?"

"회장님! 흔히 다른 증권사에서는 이런 경우에 평가손 처리를 하지 않고 덮어둡니다. 그러면 외형으로는 흑자 결산을 낼 수 있습니다. 그러나 이것은 썩은 고름을 짜내지 않고 붕대로 감아 아프지 않은 체하는 것과 마찬가지입니다."

"그럼 평가손을 반영해서 적자결산을 할 수밖에 없다, 그 말이오?"

"그렇습니다. 흑자로 분식하면 속으로 더 썩어 들어갈 뿐입니다."

류 사장의 보고를 들으니 당혹스러웠다. 재일교포 주주들에게 어떻게 얼굴을 들고 결산보고를 할 수 있겠나. 류 사장은 소신대로 주식 평가손을 반영해 곪은 부분을 도려냈다.

1997년 말 불어 닥친 외환위기 광풍 때 분식회계를 일삼던 여러 증권회사들은 도산했다. 신한증권은 이미 부실 부분을 정리했기에 체질이 개선돼 그 거센 바람에서도 버텨낼 수 있었다.

신한종합연구소

3저 호황

1986년 서울아시안게임이 성공적으로 끝나니 1988년 서울올림픽도 잘 치를 것이란 기대감이 부풀었다. 1985년 1달러에 240엔이던 일본 엔화 환율이 1986년 들어서는 200엔 이하로 내려가 엔화 강세가 이어졌다. 해외시장에서 일본 제품과 경쟁하던 한국 상품에 엄청난 가격 경쟁력이 생겼다.

1985년 1배럴에 28달러이던 국제유가가 1986년엔 15달러로 떨어졌다. 기름 한 방울 나지 않는 한국으로서는 호재였다. 또 국제금리는 1986년 이후 안정적인 저금리였다. 거액의 외채를 짊어진 한국 경제는 원리금 상환부담이 크게 줄었다. 이렇게 환율, 유가, 금리 등 '3저 호황'이 시작되었다.

1987년에 접어들어서도 호황은 이어졌으나 한국의 정국은 혼란스러웠다. 결국 6월 29일 노태우盧泰愚 민정당 대통령 후보는 대통령 선거방식을 국민직선제로 한다는 '6·29선언'을 발표한다. 마침 이날은 나의 70회 생일이었다. 한국의 이러한 민주화 소식을 듣고 나는 큰 생일 선물을 받은 기분이 들었다. 6월 29일은 천주교에서는 베드로, 바오로 성인 대축일이어서 좋은 일이 많이 생긴다 한다.

이즈음 국제 정세도 급변하기 시작했다. 소련의 고르바초프 대통령은 개방정책을 추진하고 경제 선진국들은 신흥공업국에 시장개방을 강력히 요구했다.

이런 격동기에는 국내외 변화 양태를 정확히 분석하는 싱크탱크 Think Tank 가 필요하다. 나는 평소에 일본의 노무라野村종합연구소를 유심히 관찰했다. 거기서 나오는 간행물을 살피고 연구소 관계자와도 접촉했다.

1986년 10월 중순 서울아시안게임을 참관하고 일본으로 돌아가는 비행기 안에서 신한은행에도 부설 연구소를 세워야겠다는 결심을 굳혔다. 1987년 2월 3일 오사카에서 열린 신한은행 이사회에서 주주들에게 연구소 설립계획을 밝혀 동의를 얻었다.

"미래를 내다보고 금융업을 제대로 하려면 이런 연구소가 꼭 필요합니다."

납입자본금 5천만 원의 신한종합연구소는 5월 7일 개소식을 가졌다. 신한은행 50％, 재일한국인 본국투자협회 25％, 제일투자금융 25％ 비율로 출자했다. 국내에 증권회사가 설립한 연구소는 여럿 있었으나 시중은행이 연구소를 가지기는 처음이었다.

이승재 소장

신한종합연구소는 기존의 다른 경제연구소와는 성격을 달리했다. 국내 기업체에 대한 정보뿐 아니라 선진 각국의 연구성과를 종합하여 업종별, 업체별 산업동향을 분석했다. 특히 일본 경제 연구에 중점을 두었다. '종합연구소'라는 타이틀에 걸맞게 사회·문화 비교연구에도 성의를 기울였다. 경제를 제대로 이해하려면 더욱 폭넓은 연구가 필요하기 때문이다.

연구소 소장으로 어떤 인물을 뽑을까 고민하면서 주변에 수소문했다. 뜻밖에 대답은 거의 한결같았다.

"이승재 이사를 보임하십시오. 학구적 태도, 창의력, 성실성을 두루 갖추었으니 최적임자입니다."

나도 그런 견해에 동의하지만 이승재 이사는 나의 장남이므로 혹시 '혈족血族 경영'이란 지적을 받을까 봐 망설였다. 이용만 행장이 나에게 다시 한번 강력히 이승재 이사를 등용하라고 촉구했다.

"좌고우면하지 마시고 결단을 내리십시오. 전문가로서 이승재 소장이 꼭 필요합니다."

나는 새로 출범하는 신한종합연구소 소장에 이승재 이사를 발령냈다. 1988년엔 부소장에 신한은행 설립 초기부터 인사업무에서 활약한 홍성균 과장을 합류시켰다.

이승재 이사는 신한은행 설립사무국 시절부터 신설은행의 뼈대를 세우는 데 기여했다. 일본의 대형은행인 다이와은행에서 7년간 근무하여 기초를 다졌다. 거기서 가이호 다카시海保孝(전 회장, 은행장)로부터 영업을, 나카노 기시오中野貴志男(전 상무)에게서는 경영기획을 배웠단다. 또 5천여 명 조직인 노동조합에서 청년부장으로도 활동했다.

나로서는 선진금융 기법을 익힌 승재가 필수 인재여서 오사카홍은
으로 스카우트했다. 승재는 오사카홍은 시스템에 혁신적인 대책을 마
련하여 조직에 활력을 불어넣었다. 나는 내심으로는 승재가 한국에 가
서 신한은행 설립에도 참여하기를 바랐지만 차마 말을 꺼내지 못했다.

장하다! 내 아들!

어느 날 베갯머리 대화에서 아내에게 슬쩍 이런 고민을 털어놓았다.
그랬더니 나도 모르게 아내가 '행동'에 나선 모양이다. 나중에 들어보
니 상황은 다음과 같았다.

아내는 오사카홍은 부근의 커피숍에 앉아 승재를 불렀다.

"승재야! 여기 1,200만 엔이 있다. 내 개인적인 전 재산이다. 이 돈
을 갖고 한국으로 가거라. 아버님께서 천신만고 끝에 모국에서 은행
설립 허가를 받으셨다. 너는 은행에서 경영기획을 배웠으니 서울로
가서 실무적인 측면에서 아버님을 도와드려야 되지 않겠니?"

"어머니! 곤란합니다."

"왜?"

"경영기획은 알지만 한국어를 모르는 제가 가서 뭘 하겠습니까?
한국의 금융시스템도 전혀 모릅니다. 무리입니다."

"그런 일이라면 너는 극복할 수 있다. 네 아버님은 열다섯 나이에
사고무친四顧無親인 오사카에 오셔서 대업大業을 이루지 않았느냐?"

"……."

"네가 남자라면 결단을 내려라."

"예! 어머니! 한국에 가서 아버님을 돕겠습니다."

"장하다! 내 아들!"

연구소는 초창기 멤버 10명으로 출발했다. 개소 기념 세미나로 '미래 사회의 전망과 우리나라 첨단산업'이란 주제의 모임을 열었다. 경제 연구반, 산업연구반, 첨단산업 경영연구반, 사회문화연구반 등 4개 연 구반으로 구성했다.

국내외 경제동향을 분석하고 경제·경영 정보를 수집하여 은행 내 부에 제공했다. 계간지 〈신한리뷰〉 등 정기간행물을 만들어 거래 기 업체와 언론사에도 배포했다. 국내 여러 경제연구소는 연말이면 새해 경제전망을 내놓는다. 1년이 지나면 신한종합연구소의 적중률이 매 우 높은 편으로 드러나곤 했다.

베스트셀러 《불씨》

1993년 10월에는 신한종합연구소에서 펴낸 《불씨》라는 책이 25쇄 나 인쇄되며 20만 부 팔리는 일이 있었다. 일본의 도몬 후유지童門冬二 라는 작가가 쓴 책《上杉鷹山》을 번역한 것이다. 내용은 일본의 에도시 대에 17세 청년이 양자 신분으로 번주藩主가 되면서 중신들의 구태를 혁파하며 개혁을 추진하는 스토리이다.

김영삼金泳三 대통령이 개혁정책을 밀어붙일 때여서 바람을 탄 덕 분이다. 당시 청와대 민정수석이 비서실 직원들에게 일독을 권하면서 입소문이 났다. 군부대에서도 간부 필독서가 됐다. 어느 날 연구소로 어느 군인이 찾아와 간청했다.

"상관이《불씨》라는 책을 사오라고 했는데 서점에 가니 다 팔렸다 합니다. 얼른 귀대해야 하기에 책을 못 구해 애를 태우다 여기로 왔습니다."

1998년 '도서출판 들녘'에서 나온《일본 보고서》도 신한종합연구소가 저자이다. 2000년에 연구소가 직접 출판한《디지털 경제시대 초우량 중견기업의 7가지 성공조건》과《알기 쉬운 환경산업》도 주목을 끈 책이었다.

은행장표 칼국수

신한은행은 매년 1월 중순경 모든 임원과 부서장을 경기도 기흥에 있는 연수원에 집합시킨다. 해외점포장도 예외가 아니다. 3일간 일정으로 부서장 연수가 열린다.

이 연수를 준비하느라 신한종합연구소는 전년 7, 8월부터 테마를 찾고 연수교재를 만든다.

초창기 연수 테마는 로마제국의 흥망사, 해상강국 베네치아공화국의 성공 요인, 칭기즈칸의 성공과 쇠망 등이었다. 작은 도시국가로 출발하여 광대한 제국으로 성장한 로마 역사는 신한은행에 큰 통찰력을 제공했다. 베네치아공화국의 발전사는 더욱 큰 교훈을 주었다. 갯벌 위에서 시작한 작은 도시국가가 유럽 문예부흥을 선도한 상업 중심지가 된 과정은 '신한맨'들에게 용기와 자신감을 불러 일으켰다.

철학자 오르테가의 저서《대중의 반역》을 통해서는 리더의 역할을 배운다. 경영학자 체스터 바너드Chester Barnard의《경영자의 역할》이란 책도 필독서이다. 동서양 고전도 교재로 채택되었는데 사서삼경은 물론 에리히 프롬의《자유로부터의 도피》같은 서양 철학서도 다수 포함됐다.

은행의 경영 주안점에 관한 심도 깊은 토론도 벌어졌다. 예를 들자면 이승재 소장이 기업문화를 강조하자 한동우 기획부장은 리스크 관리를 중시해야 한다고 주장했다. 1947년생 돼지띠 동갑내기인 두 사람은 열띤 토론 끝에 양자를 절충해야 한다는 결론에 도달했다.

부서장 연수 때 언젠가 은행장과 임원들이 손수 칼국수를 만들어 부서장들을 대접한 프로그램이 있었다. 주방장 모자를 쓰고 앞치마를 두른 채 반죽을 치대고 썰어 칼국수를 끓였다. 부서장들은 찬사를 보냈다.

"은행장표 칼국수가 지금까지 먹어본 칼국수 가운데 가장 맛있습니다!"

또 한번은 신세대를 이해하기 위해 '스트리트파이터 경연대회'와 '신세대 노래자랑'을 연수프로그램으로 채택했다. 이런 기발한 연수 과정은 언론에도 큼지막하게 보도되어 사회적으로 반향을 일으켰다.

신한생명보험(현 신한라이프)

삼성생명

삼성그룹 창업주 이병철 회장은 금융에도 탁월한 식견을 지닌 분이었다. 해마다 연초에 도쿄에 머물며 각 분야 전문가들을 만나 미래의 경제상황을 살펴보는 '도쿄구상'을 하실 때 나도 몇 번 뵌 적이 있다.

삼성그룹은 한때 한국 시중은행 주식의 절반을 가졌다 한다. 요즘 기준으로는 상상하기 어려운 일이지만 1957년경에는 사실이었다. 일제강점기 때 있었던 흥업은행(훗날 한일은행), 조흥은행, 상업은행, 제일은행 등 4개 시중은행은 광복 이후 일본인 소유 지분을 대한민국 정부에 귀속歸屬시켰다. 정부가 각 시중은행 지분의 30~40%를 가진 대주주여서 간판만 민간은행이지 사실상 국영은행이었다.

당시 이승만 대통령은 국영은행의 비효율성을 지적하면서 정부 보유 은행주식을 민간에 불하拂下하라고 지시했다. 이에 따라 재계 1위 기업인 삼성이 입찰에 나섰는데 흥업은행 지분의 83%, 조흥은행 지분의 55%를 낙찰받았다. 흥업은행 신탁부가 상업은행 지분의 33%를 보유하고 있어 자연히 상업은행의 대주주도 되었다.

1961년 5월 16일 이후 군사정권이 들어서면서 정부는 삼성이 보유한 은행 주식을 정부에 환원시켰다. 삼성 이 회장은 이를 매우 안타깝게 여기며 1963년 신년 초에 나에게 말했다.

"한국에서 당분간 기업이 은행 대주주가 되기는 어려울 낍니다."

"은행 대신에 생명보험은 어떻습니까? 일본에서는 보험회사도 중요합니다. 미국에서는 보험업이 훨씬 앞섰고요. 선진국에서는 보험, 증권이 은행 못잖게 필수 금융 기능을 하지 않습니까?"

"그렇잖아도 몇 년 전(1958년) 안국화재보험을 인수해 무역거래와 관련한 손해보험 업무를 맡기고 있습니다. 생명보험이라 …."

"생명보험은 가입자에게는 저축과 유사시 대비를, 국가경제 측면에서는 투자재원 조달에 기여합니다."

이 회장은 귀국해서 생명보험업 진출을 타진하다가 1963년 7월에 파산위기에 빠진 동방생명東邦生命을 인수했다. 이 회사가 오늘날의 삼성생명이다.

재일교포 22명 출자

1988년 11월 29일 신한은행은 남대문 옆 신축 본점 사옥을 마련했다. 이날 오전 8시 20분 20층 강당에서 열린 이전기념식에서 나는 다음과 같은 요지의 격려사를 말했다.

"창립 6년 만에 자체 소유의 본점을 신축 이전할 수 있게 돼 임직원 여러분과 감격을 함께합니다. 6년 전 무無에서 출발할 당시 여러분들이 가졌던 개척자 정신을 되새겨 이곳 태평로에서 신한은행의 전성기를 활짝 꽃피워 주시기를 기대합니다."

이어 본점 1층에서 진행된 테이프 커팅식에는 김건金建 한국은행 총재, 박종석朴鍾奭 은행감독원장, 남덕우 무역협회장, 박병헌朴炳憲 민단 중앙본부 단장, 김세창 신한증권 부회장 등이 참석했다.

행사를 마치고 본점 건물 주위를 한 바퀴 걸어서 돌았다. 그때 본점 바로 건너편에 우뚝 서 있는 연한 갈색 동방생명 빌딩이 보이면서 25년 전 도쿄에서 이병철 삼성 회장과 생명보험 진출에 대해 이야기하던 광경이 기억에 되살아났다. 1년 전(1987년 11월 19일)에 이병철 회장께서 타계하신 점이 몹시 안타까웠다.

그날 저녁 6시에 본점 20층 강당에서 내외빈 800여 명이 참석한 가운데 기념리셉션이 열렸다. 나는 손님들을 맞으며 머릿속에서는 신한금융그룹의 미래를 어떻게 설계할까 구상하느라 골몰했다. 그날 밤 숙소인 로얄호텔에 돌아와 더운 물로 샤워를 하다가 '생명보험 회사를 세우자!'는 결심을 굳혔다.

그렇잖아도 한국에서는 생명보험사 신설이 붐을 일으켰고 신한금융그룹에서도 그 타당성을 조심스럽게 검토하던 중이었다. 기존 6개 생명보험사가 누리던 독과점 체제가 깨지고 춘추전국시대가 전개될 참이었다.

신한은행은 1989년 4월 15일 생명보험사 설립 내인가內認可를 얻은 데 이어 8월 28일엔 설립준비위원회를 발족시켰다. 한동우 신한은행 인사부장을 설립준비위원회 사무국장으로 발령내 설립에 관련한 실무

총책을 맡겼다. 1990년 1월 4일 마침내 신한생명보험이 설립되어 송길헌 신한은행 감사가 초대 사장으로 취임하였다.

최초 납입자본금은 100억 원으로 나를 포함하여 재일교포 주주 22명이 공동출자했다. 다수 주주를 참여시키기 위해 소수 주주가 지분을 과다보유하는 것을 억제하기로 했다. 3월 23일에는 영업을 개시했고 9월 6일에는 100억 원의 유상증자를 실시해 초기에 자본 기반을 강화했다.

주주를 모으는 과정이 순탄하지는 않았다. 여러 재일교포 주주들은 '한국 생명보험 시장의 전망을 낙관할 수만은 없다'는 견해를 피력했다. 나는 신한은행의 성공 사례를 내세우며 그들을 설득했다.

신생 신한생명이 걸어가기엔 기존 회사의 장벽이 너무 높았다. 모집원의 조직력이 영업 성패의 관건인데 삼성생명, 교보생명, 대한생명, 흥국생명 등 선발회사의 조직력은 여전히 견고했다. 신설 생명보험사들이 난립하면서 일부 회사는 얼마 버티지 못하고 문을 닫았다. 외국계 합작회사도 한국 시장에서 뿌리를 제대로 내리지 못했다. 1997년 12월 외환위기 직후엔 신한생명과 비슷한 시기에 세워진 생명보험사 대부분이 도산했다.

설립 후 10여 년이 지나자 신한생명의 누적적자가 3천억 원에 이르렀다. 설립 당시에 사무국장으로 활동한 한동우 사장이 2002년 신한생명 사장으로 취임해 적자의 불을 끄는 소방수 역할을 맡았다. 한 사장은 적자 상황에도 직원 급여를 올려 사기를 진작시키는 역발상을 실천했다. 한 사장은 여러 혁신 경영책으로 적자문제를 해결해 재일교포 주주에게 창립 이후 처음으로 1% 배당을 실시하기에 이르렀다. 나는 모처럼 안도의 숨을 내쉬었다.

신한생명은 2005년 12월 13일 신한금융지주회사의 일원으로 편입되면서 장기적인 성장 기반을 다지는 계기를 마련했다.

외환위기 때도 흑자

제일투금 자진 퇴출

1997년 12월의 외환위기는 국가적인 대재난이었다. 신한은행도 위기의 소용돌이를 피해갈 수는 없었다. 당장 터진 문제는 은행의 모태였던 제일투자금융(1996년 단기금융을 취급하는 투자금융에서 종합금융사로 전환하여 당시는 '제일종합금융', 이하 제일투금)의 파산위기였다.

제2금융권인 종합금융회사(종금사)들은 은행보다 먼저 위기에 직면했다. 외화차입 돈줄이 끊어지면서 8개 종금사의 외환업무 기능이 마비됐다. 당국은 1998년 1월 나라종금을 비롯해 5개 종금사에 대해 영업정지를 내린다. 이른바 '종금사 사태'가 터진 것이다.

종금사는 줄줄이 도산했다. 나머지 3개의 차례도 다가오고 있었다. 제일투금은 기아그룹과 한라그룹에 빌려준 돈을 떼이게 됐다. 회사의 금고에 돈줄이 말랐다. 이대로라면 국제통화기금IMF이 한국 금융사들에게 가이드라인으로 요구한 국제결제은행BIS의 자기자본 비율 8%를 달성하는 것조차 녹록지 않게 됐다.

탈출구는 증자增資였다. 그런데 주주들은 반대의 길을 택했다. 대주주인 재일교포와 신한은행이 "제일투금에 증자하지 않겠다"고 선언한 것이다.

한국 금융회사 가운데 관계회사에 대해 자진폐쇄를 내린 것은 제일투금 케이스가 최초다. 이로써 1998년 3월 제일투금은 금융당국으로부터 영업정지 명령을 받았고, 만 21년간의 영욕을 뒤로한 채 역사속으로 쓸쓸히 사라졌다.

동화은행 인수

엎친 데 덮친 격이라고 신한은행에서는 또 대형악재가 터졌다. 외환위기가 한창이던 1997년 12월 제정된 '금융감독기구 설치법'에 따라 1998년 4월에 출범한 금융감독위원회는 IMF의 권고에 따라 부실 시중은행 5개를 골라냈다. 이 가운데 포함된 동화은행을 신한은행이 인수 합병하도록 종용했다. 금융위기에 부실은행을 떠안으라니 기가 막힐 노릇이었다.

'준비된 자는 위기를 기회로 바꾼다!'

이런 격언이 얼른 머리에 떠오르면서 인수를 검토했다. 부실은행을 인수하면 두고두고 골치를 앓을 수 있으나, 잘만 하면 대형화를 도모할 수 있다.

나는 라응찬 행장에게 물어보았다.

"동화은행을 감당할 수 있겠소?"

"한번 해 보겠습니다."

신한은행은 외환위기 기간에 점포 249개, 직원 4,420명, 자산규모

56조 5천억 원으로 늘어나 중규모 시중은행으로서 발돋움했다. 정부가 지정한 5개의 인수은행(신한, 국민, 주택, 하나, 한미) 가운데 신한은행이 맨 먼저 통합 전산망을 가동했다. 지급 보류된 동화은행 고객예금도 가장 먼저 지급했다. 인수 작업을 가장 신속하고 효율적으로 마무리 지었다.

이를 계기로 신한은행의 브랜드 인지도가 크게 높아졌다. 새로 형성된 이미지는 '내 돈을 믿고 맡길 수 있는 은행'이다. 외환위기 전후 기간인 1997년, 1998년에 신한은행은 각각 533억 원과 590억 원의 흑자를 냈다. 나머지 시중은행들이 1998년 한 해 동안의 적자는 12조 5천억 원에 달했다.

대우 도산에도 무풍지대

1999년 대우그룹이 도산하여 대우에 거액을 빌려준 종금사 대부분이 잇달아 파산했다. 시중은행들도 대우그룹 때문에 간판을 내릴 위기에 빠졌다. 실제로 부실채권이 많은 전통 깊은 시중은행은 간판을 내리고 다른 은행에 합병되었다.

신한은행만은 예외여서 무풍지대無風地帶였다. 라응찬 은행장의 역할이 컸다. 제3대 김재윤 행장에 이어 1991년 제4대 은행장에 취임한 라응찬 행장은 1999년까지 3연임하며 신한은행을 반석 위에 올려놓았다.

인생사가 묘한 것이 라응찬 행장의 대부代父격인 김준성 부총리는 라 행장 재임 당시에 대우그룹 부회장으로 활동했다. 김 부총리가 김

우중金宇中 대우그룹 회장과 사돈 인연을 맺으면서 대우그룹으로 간 모양이다. 대우그룹이 자금난에 몰리면서 김준성 부회장이 라응찬 행장에게 직접 구조 요청을 했는지 여부는 확실히 모르겠다. 그러나 신한은행 일선 창구에서는 김준성 부회장과 라응찬 행장 사이의 특수 관계를 알고 대우 계열사에 대해 우호적으로 대해 주려는 분위기가 있었던 모양이다.

　라응찬 행장은 "대우그룹이라 해서 우대하지 말고 원칙대로 처리하라"는 지침을 내렸다. 라 행장이 냉철한 뱅커임을 증명했다. 만약 라 행장이 대우그룹을 잘 봐주라고 귀띔이라도 했더라면, 신한은행도 부실 폭풍에 휘말렸으리라. 남의 돈을 맡아 안전하게 관리해야 하는 금융업은 이래서 어렵다. 정실에 얽매이면 대의를 그르친다.

77세 젊은이의 꿈

젊은 은행

1992년 7월 7일 신한은행 창립 10주년 기념식 때다. 나는 기념사에서 '금융그룹Financial Group에 대한 꿈'을 피력했다. 참석자들은 고개를 갸우뚱했다. 한국 금융권에선 그룹이란 개념이 없던 때였으니까. 나는 오늘날 '신한금융그룹'의 모습을 그리고 있었다.

나는 신한은행의 경영이념 7B 가운데 마지막 B인 '젊은 세대의 은행Bank of New Age'을 유독 좋아해 신한은행 업적평가대회에서도 자주 '젊음'을 강조한다. 나는 1993년 7월 8일 서울 힐튼호텔에서 열린 77세 생일 축하연에서 이렇게 인사말을 했다.

"돌이켜 보면 저는 언제나 꿈을 꾸었습니다. 이를 실현시키려 노력했고 노력하면 반드시 좋은 결과가 나왔습니다. 국경 없는 커다란 금융그룹을 만드는 것, 아직은 젊은 저의 꿈입니다."

그 꿈은 그로부터 8년 뒤 실현되었다. 2001년 9월 출범한 신한금융지주회사가 그것이다. 한국 금융 역사상 처음으로 은행, 증권, 카드, 보험 등 여러 금융계열사들을 금융그룹으로 묶어 원스톱 금융서비스 체제를 구축했다. 이때 나는 명예회장으로 일선에서 물러난 상태였다. 이 무렵에 신한금융지주회사 라응찬 초대 회장이 나에게 상담을 신청했다.

"명예회장님! 신한도 이만큼 컸으니까 저도 이제 물러날 때인 것 같습니다."

나는 버럭 소리를 질렀다.

"이 사람아! 당신 올해 몇 살이오? 나는 65세에 은행을 만들었는데 무슨 뚱딴지같은 말이오? 라 회장! 젊은 마음을 가지시오. 당신은 앞날이 창창한 사람이오. 오늘 일은 못 들은 걸로 하겠소."

주주가 보이는 은행

나는 신한은행 경영진을 믿는다. 오사카, 서울을 오가며 경영 실적을 듣지만 일일이 따지지는 않는다. '지분은 있되 경영엔 간섭하지 않는다'라는 경영 금언을 실천하려 노력한다. 간섭하지 않고 전문경영인에게 일을 맡기면 그는 최선을 다하지 않을 수가 없다.

신한은행의 강점은 주주가 보인다는 사실이다. 여느 은행들은 주주가 누구인지 존재감 자체가 없다. 신한은행은 출발부터 다른 은행들과 달랐다. 누군가 주시하고 있다는 걸 인식하면 행동이 달라지는 법이다.

나는 은행의 큰 그림에 대해 의견을 낼 뿐이지, 은행장에게 '감 놔라 대추 놔라'며 간섭해서는 안 된다고 믿는다.

신한은행의 초고속 성장의 비결 가운데 하나는 외압을 견디는 힘이다. 온갖 권력층의 대출청탁, 인사개입을 배격할 수 있는 뚝심이 있었다. 신세 진 게 없고 약점이 없으니 가능한 일이었다.

투철한 주인의식도 재일교포 주주들이 가진 강점이다. 주주들에게 신한은행은 자부심의 상징이다. '배당 제로Zero'의 시대에도 주식을 처분하지 않았다. 1990년대 말, 2008년 금융위기가 일어났을 때에는 자발적으로 신한주식 매입 캠페인까지 펼쳤다. 위기에 처한 자기 집을 지키겠다는 열의였다.

나는 언제나 강조한다.

"재물을 잃는 건 조금 잃는 것이고, 사람을 잃는 건 많이 잃는 것입니다. 그러나 용기를 잃는 건 모든 걸 잃는 겁니다."

"해 보시오. 젊은 사람이 뭘 못 하겠소? 책임은 내가 질 테니까 열심히 해 보시오."

"어느 한 사람도 소홀히 대하지 마시오."

"기업의 성장과 존망은 천명天命에 달려 있고 천명은 사람의 마음에 달려 있습니다. 기업에서 인심이란 종업원과 고객의 마음입니다. 따라서 기업의 존망은 종업원과 고객에게 달려 있음을 명심해야 합니다."

조흥은행 합병

관치 금융 … 부실의 씨앗

1998년을 맞아서는 외환위기 때문에 신년 벽두부터 온통 암울한 소식이 들려왔다. 재벌그룹이 줄줄이 도산하는 바람에 대마불사大馬不死도 옛말이 되고 말았다.

이들 그룹에 돈을 떼인 주거래은행도 잇달아 도미노처럼 넘어갈 처지였다. 관치금융의 인과응보였다. 기업에 대한 대출심사 때 권력층의 외압이 들어오는 해당 기업은 대개 부실 요인을 안고 있다. 신용상태가 좋고 사업전망이 밝으면 청탁하면서까지 대출을 받을 이유가 없기 때문이다.

신한은행은 청탁에 굴하지 않는 은행으로 이름이 났다. 대출청탁, 인사청탁이 통하지 않는다. 창립 초기에 어느 장관이 처제를 은행에 넣어 달라고 부탁했다고 한다. 인사부에서는 그 처제를 불러 인성검사를 했다. 수치 감각을 주로 알아보는 검사였는데 그녀는 점수가 좋지 않았다. 그 점수표를 들고 라응찬 상무가 장관실을 찾아가 보여 주었단다. 장관도 무안해 하면서 물러났다는 것이다.

기존의 은행은 대체로 외압에 저항하지 못하고 대출청탁을 들어주는 모양이다. 은행 부실의 책임이 외부에 있는 경우가 많았다.

나는 신한은행 창립 때부터 임직원이 고객에게서 커미션을 받고 대출하는 행위를 엄단했다. 당시에 대부분의 시중은행에서는 대출금액의 10％ 안팎의 커미션을 받아 점포의 업무추진비로, 개인 용돈으로 쓰는 게 관행이었다고 한다.

신한은행은 급여를 다른 은행에 비해 20~30％ 많이 주는 대신에 뒷돈은 철저히 배격했다. 신한은행의 물이 맑으니 정치권, 권력기관 등의 압력도 배척할 수 있었다.

대출청탁과 관련해 이런 일도 있었다. 강직한 성품의 윤광림尹廣林 대출 심사역이 어느 기업의 대출청탁을 거부했다. 그는 기업주를 불러 대출 불가 사유를 설명했다. 그랬더니 그 기업주는 앙심을 품고 유력한 국회의원에게 이 사실을 일러바친 모양이었다.

그 국회의원은 국정감사 때 신한은행에 대해 온갖 자료를 내라고 윽박질렀다. 국책은행도 아닌 민간은행에 이런 자료 제출을 요구하는 것 자체가 부당한 일이었다. 라응찬 전무가 총대를 메고 국회의원을 만나 경위를 설명하려 했다. 그러나 그는 만나주지를 않았다.

라 전무는 그 의원 집에 새벽 5시에 찾아가 문 앞에서 기다렸다. 그래도 문전박대를 당했다. 그러기를 며칠째 마침내 라 전무의 인내심에 그 국회의원이 감복하여 집 문을 열어 주었다. 의원은 설명을 듣고 나서야 고개를 끄덕였다고 한다.

최고最古 은행, 신생 은행과 합병

외환위기 때 금융회사에 구조조정 폭풍이 몰아쳤다. 신한은행은 큰 부실이 없으니 무관한 줄 알았는데 조흥은행을 합병하라는 제의가 들어왔다. 신한은행 임원회의에서는 토론 끝에 합병을 찬성하는 쪽으로 방향을 잡았다 한다. 이 소식은 1998년 6월 11일 일본으로 긴급출장 온 최방길崔方吉 기획부장이 보고해 알았다. 아무래도 은행장으로부터 직접 설명을 들어야겠기에 이튿날 서둘러 서울로 들어왔다. 김포공항에 출영 나온 이백순李伯淳 비서실장에게 승용차 안에서 물었다.

"합병을 어떻게 생각하시오?"

"……."

하기야 비서실장이 이 사안에 대해 답변할 위치에 있지 않아 다그칠 수도 없었다.

"저쪽 실상을 우리가 잘 모르는데 우리가 감내할 능력이 있는지 걱정이오. 상황이 엄중하오. 무엇보다도 신한은행의 문화가 희석될까 우려되오. 주인정신, 파이팅 스피릿, 도전정신 말이오."

"그렇습니다."

나는 당시에 미국의 경제학자 조지 길더George Gilder 교수의 저서 《부와 빈곤》을 읽고 감명을 받아 책 내용을 실천해 보려던 참이었다. 부는 인간의 유한성, 자유, 책임, 존엄성, 희망 등을 토대로 이루어지며 우리 삶의 축복은 끝없는 '자기완성의 길'에서 나온다고 이 책은 역설했다. '삶은 누구도 대신 책임을 져주지 않는다'는 구절도 있었다.

라응찬 행장을 만나 합병에 관한 내 의견을 밝혔다.

"우리보다 훨씬 큰 은행을 인수해 몸집을 불린다 해서 경쟁력이 커진다는 보장이 없소. 큰 배도 부력이 있어야 물에 뜨지 않소?"

내가 신중론을 펼치는 바람에 일단 합병 건은 무산되었다. 그러나 조흥은행과의 인연은 끊어지지 않았다. 2003년 9월 정부가 조흥은행을 신한금융지주회사에 넘겼다. 당시 정부는 조흥은행 주식의 80%를 보유한 최대주주였다.

1897년 설립된 조흥은행은 우리나라 최고最古의 은행으로 전통을 자랑하는 우량은행이었다. '조·상·제·한·서'라는 5대 시중은행 별칭에서도 맨 앞자리를 차지하지 않았는가. 조흥은행은 한보그룹, 삼미그룹, 기아자동차, 대우그룹 등에 대규모 대출을 했다가 이들 그룹이 와해되는 바람에 타격을 입었다. 외환위기 때 공적 자금을 지원받아 겨우 버티고 있었다.

신한은행과 조흥은행은 2003년부터 3년간 신한금융지주회사 아래에서 '한 지붕 두 가족'처럼 Two Bank 체제로 유지하다가 2006년 정식 합병했다. 이로써 신한은행은 한국의 리딩뱅크로 우뚝 서게 되었다.

나는 2001년에 명예회장으로 물러났기에 합병 건에 대해 관여할 입장은 아니었다. 주주 자격으로 조언할 따름이었다.

"조흥은행 구성원을 존중하고 배려하시오. 신한은행이 점령군처럼 행세해서는 안 되오. 전통 깊은 조흥은행의 노하우가 많을 것이니 겸허한 자세로 배우시오."

SBJ은행 탄생

재일교포의 손자

SBJ은행Shinhan Bank Japan은 대한민국 은행이 일본에 진출한 제1호 현지법인 은행이다. 일본에서 외국계 은행으로는 미국의 씨티은행에 이어 두 번째다. 금융당국의 설립인가를 받은 건 2009년 7월 27일, 영업 개시일은 그해 9월 14일이다. 'SBJ'라는 이름을 지은 유래를 밝히겠다.

신한은행을 재일교포가 모국에서 낳은 아이라고 치자. 그 아이가 27세 청년으로 장성해 동포의 삶터 일본에서 손자를 낳았으니 그게 SBJ이다.

일본에서 SBJ은행 탄생 소식은 주목을 끌었다. 여러 언론보도 가운데 2009년 7월 28일 자 〈아사히신문〉 기사를 옮겨 본다.

금융청은 한국의 대형은행 신한은행이 100% 출자한 SBJ은행에 은행 면허를 주었다. 미국의 씨티은행에 이어 두 번째 외자계外資系 은행이다. 신한은행은 도쿄, 오사카, 후쿠오카의 3개 지점을 두고 영업했는데, 업무 확대를 노리며 일본 법인을 설립했다. 영업 개시일은 9월 14일이다. 연내에 도쿄나 요코하마 등 3개소에 새로운 지점을 설립할 예정이다.

설립 과정에 우여곡절이 많았다. 일본 정부에 은행설립을 신청한 후 2008년 9월에 미국에서 대형 금융사고인 '리먼 사태'가 일어났다. 이 때문에 전 세계 금융시장이 요동쳤고 각국은 경제위기에 내몰렸다. 그 여파로 일본 당국은 신한은행에 대해 더욱 엄격한 잣대로 건전성을 점검했다. 마침내 2009년 초에 가능성이 보이기 시작했다.

SBJ은행에 동그라미

2009년 벽두 어느 날 아침에 진옥동晉玉童(후일 신한은행장) 오사카지점장이 나를 찾아왔다. 그때 나는 완전히 은퇴해 오사카에 있는 3남 융재의 집에서 살았다.

"명예회장님! 은행이 곧 될 것 같습니다."

"그래요? 그것 참 반가운 소식이네!"

진옥동 지점장은 은행 이름 후보 10개를 내밀었다.

"아사가오朝顔(나팔꽃), 괜찮지 않습니까? 와카바若葉(새잎)는 어떻습니까?"

나는 잠시 살펴보다 눈에 띄는 이름에 동그라미를 크게 그렸다. 'SBJ은행'이었다.

SBJ는 '신한뱅크재팬'의 영어 이니셜이어서 신한은행 이미지를 내포하고 있다. 세 글자여서 부르기 쉽고 기억하기도 쉽다.

개업일에는 신규예금 문의가 쇄도해 은행원들은 즐거운 비명을 질렀다. 이날 우편주문을 통한 예금신청 건수가 1천 건을 넘어 콜센터가 일시적으로 마비되는 사태까지 벌어졌을 정도다. SBJ은행 열풍은 이어져서 개업 3개월 만에 2천억 엔이 넘는 신규예금을 유치했다.

신한은행 본점 매입 비화

긴급이사회

수도 서울의 정문, 숭례문 바로 옆에 우뚝 솟은 신한은행 본점이 세워진 경위를 밝히겠다.

신한은행 본점은 1982년 7월 서울 명동 코스모스백화점 빌딩 일부를 임차해 쓰면서 출범했다. 그러다가 옛 화신백화점 뒤편의 공평빌딩으로 옮겼다가, 무교동 한국관광공사 빌딩으로 이전했다. 조직이 점점 커지면서 언제까지 남의 건물에 전세살이를 하며 전전할 수는 없었다.

나는 좋은 터에 번듯한 신한은행 본점 사옥을 짓고 싶었다. 은행업은 신용이 생명인데 본점 빌딩은 신용도를 좌우하는 요인이 될 수 있다. 선진국의 은행이 사옥의 위치, 디자인에 신경을 쓰는 이유도 마찬가지다.

나는 서울 시내에서 승용차로 이동할 때는 바깥 풍경을 유심히 살피며 본점 사옥 입지를 찾곤 했다. 1986년 어느 날 오사카 사무실에 있는데 라응찬 상무에게서 국제전화가 걸려왔다. 월요일 아침이었다.

"긴급이사회를 개최할 일이 생겼습니다. 재일교포 이사들을 소집해 주십시오."

"무슨 일이오?"

"남대문 옆에 좋은 땅이 나왔습니다. 본점 사옥을 지을 만한 명당입니다."

"그런데 왜 그리 서두르시오?"

"땅 주인이 곧 다른 기업과 가계약을 체결한다 합니다. 이용만 행장님이 땅 주인과 잘 아시는 사이여서 1주일만 검토시간을 달라고 간청했다 합니다."

목요일 오후에 이용만 행장과 라응찬 상무가 오사카에 나타났다. 일목요연하게 정리한 차트를 갖고 온 라 상무가 주주들 앞에서 브리핑을 했다.

"서울의 정문, 숭례문 바로 옆이라는 위치로 보아 상징성을 갖고 있는 데다 토지와 건물을 합쳐서 평당 500만 원으로 매우 저렴합니다. 20층 건물 가운데 50%를 신한은행이 매입하려 합니다."

몇몇 주주가 질문했다.

"왜 건물 전체를 사지 않고 절반만 사는 거요?"

이용만 행장이 답변했다.

"현재 재무상태로는 전체를 매입할 여력이 없습니다. 일단 절반으로 시작하여 차츰 매입해가면 됩니다. 그리고 빌딩 외벽에 '신한은행 본점 사옥'이라 표기해도 된다고 미리 내락을 얻었습니다."

남대문 옆 재개발 부지

이용만 행장으로부터 다음과 같은 비하인드behind 스토리를 들었다.

이용만 행장이 우연히 대왕수산의 김치곤金治坤 회장을 만났다. 김 회장의 장남과 이 행장은 호형호제呼兄呼弟하는 사이였다. 거제 출신으로 원양어업 사업으로 재력을 쌓은 김 회장은 이 행장의 근황을 묻다가 불쑥 뜻밖의 제안을 했다.

"남대문 옆 재개발 부지에 빌딩을 지으려 하는데 동참할 의향이 없으십니까?"

"김 회장님, 평당 가격이 얼마나 됩니까?"

"토지, 건물을 포함해서 평당 1,200만 원은 받아야겠어요."

"어휴! 그건 너무 비쌉니다."

이 행장은 그 뒤로 잊고 지내다가 남서울골프장의 목욕탕에서 김 회장을 또 우연히 만났다. 지나가는 소리로 안부 삼아 물었다.

"건물 짓는 일은 잘 진행됩니까?"

"예. 이번 토요일에 한국화장품과 가계약을 하기로 했습니다."

"얼마에 하기로 했습니까?"

"토지, 건물 포함해서 평당 500만 원입니다."

이 행장은 귀가 솔깃해졌다. 그 가격이라면 유명빌딩의 임차료에도 못 미치는 염가였다.

"김 회장님! 가계약을 일단 중지하시고 저에게 1주일만 시간을 주십시오."

이렇게 해서 부랴부랴 자료를 만들어 긴급이사회를 소집한 것이다. 주주들은 이 제안을 승인했다.

1988년 11월 29일 신축 신한은행 본점 이전 기념식이 열렸다. 이용만 행장이 신한은행을 떠나 외환은행장으로 재임할 때였다. 신한은행으로서는 숙원을 이루었다. 이 건件만으로도 이용만 행장의 치적은 신한은행 역사에서 길이 빛나리라!

이용만 행장은 1991년 5월 제35대 재무부 장관에 취임해 2년 가까이 재임했다. 나중에 들은 이야기로는 원래 이 부지는 삼성그룹이 눈독을 들였다 한다. 인근에 삼성생명, 삼성플라자 빌딩이 있으니 이곳을 매입하면 삼성복합타운을 형성할 수 있었을 것이다.

이웃을
내 몸처럼

8

초라한 오사카 한국총영사관

재일교포의 수도 오사카

재일교포들은 일본 내 대한민국 공관 10개소 가운데 9개소를 자력으로 세웠다. 나도 이 일에 적극적으로 참여했다. 1974년 오사카의 노른자위 땅에 태극기를 휘날리게 한 경위를 밝힌다.

일본 수도 도쿄가 간토 지방을 대표한다면, 오사카는 간사이 지방을 대표하는 도시다. 오사카는 예로부터 재일교포가 가장 많이 거주하는 지역이다. 그 역사는 1,400년 전 도래인渡來人 시대부터 100년 전 일제강점기를 거쳐 오늘날에 이르고 있다.

오랜 시간 한국문화가 깊숙이 스며든 오사카는 '재일교포의 수도' 같은 도시다. 한국 정부도 오사카를 제1의 거점지역으로 인식했다. 정부 수립 직후인 1948년 9월 재외 제1호 한국공관을 설치한 곳이 오사카였다. 도쿄에 한국대표부 사무소가 들어선 것은 그로부터 4개월 뒤인 1949년 1월이다.

당시 한국 정부는 주일 한국대표부를 세우기만 했을 뿐 재정문제는 방치하다시피 했다. 해방 정국에서 극도로 궁핍한 재정 탓이었다.

정부는 재일교포에게 손을 벌리는 것을 당연시했다. 정부는 대표부 건물의 임차료는 물론 운영비조차 부담할 능력이 없었다.

공관 임차료, 재일교포가 부담

민단 오사카본부가 발간한 《재오사카 한국인 100년사》에 관련 기록이 남아 있다. 재일교포들은 1963년 4월 주오사카 한국대표부를 이전할 때 건물 보증금 2,700만 엔 전액을 부담했다. 현 시가로 30억 엔에 달하는 거액이다. 보증금은 서갑호 사카모토방적 사장, 한록춘 후지관광 사장, 안재호 일본유기화학공업 사장 등 5명이 냈다.

그렇다 해도 어디까지나 '남의집살이'다. 이런 상태는 한일 국교가 수립된 이후에도 계속됐다. 그 사이에 건물은 낡았고 늘어난 민원업무를 처리하기엔 공간이 비좁았다. 불편함과 혼란은 1970년대까지도 이어졌다.

공관에서 겪는 불편함은 둘째였다. 나는 대한민국 공관을 임차해서 쓴다는 사실이 부끄러웠다.

1970년 오사카에서 치러진 세계박람회(이하 오사카엑스포)가 끝난 후 나와 한록춘 사장이 영사관을 우리 손으로 세우자며 분연히 일어섰다.

오사카엑스포

번듯한 한국관 세워야

오사카엑스포는 1970년 3월 15일부터 9월 13일까지 오사카 스이타 시吹田市에서 열린 아시아 최초의 국제박람회다. 엑스포는 올림픽, 월드컵 축구대회를 능가하는 대규모 국제 이벤트다. 경제적 파급효과가 엄청나고 선진국만 치를 수 있는 국제행사로 꼽힌다. 일본은 1964년 도쿄올림픽이 열리기 전부터 엑스포를 유치하려 애썼다. 유치 후에는 엑스포특별법을 제정하고 전담 장관직까지 신설했다.

한국도 오사카엑스포의 77개 참가국 가운데 하나였다. 검토 단계 때는 참가 자체에만 의의를 두려고 했다. 한국에서는 엑스포가 뭔지도 잘 몰랐다. 정부 관계자들은 행사장 귀퉁이에 '대한민국관'을 자그마하게 세우면 될 것이라 여기는 분위기였다. 이벤트에 예산을 투입한다는 건 낭비라는 인식이 팽배했다.

내가 보기엔 그렇지 않았다. 한국을 만방萬邦에 알릴 수 있는 물실호기勿失好機 마당인데 대충 참가해서는 될 일이 아니었다.

1969년 5월, 나는 김진홍金鎭弘 오사카 총영사를 면담했다.

"절호의 찬스인데 한국관을 귀퉁이에 놓겠다니요. 엑스포 기간이 장장 6개월이에요. 그러니 한국관은 반드시 행사장에서 제일 잘 보이는 데다 설치해야 합니다."

이희원 민단 중앙본부 단장은 도쿄에서 엄민영嚴敏永 주일 대사를 만나 같은 취지로 설득했다. 이 단장은 엄 대사에게 재일교포의 열정을 밝혔다.

"재일교포들이 모금운동을 펼쳐서라도 한국관을 크게 짓는 데 일조하겠습니다!"

엑스포의 심벌symbol인 '태양의 탑' 옆에 한국관을 설치하려면 미화 50만 달러를 내면 됐다. 내 자존심으로는 반드시 이곳을 차지해야 했다. 나는 몸에서 열이 달아올라 주체하지 못하며, 오사카-도쿄 신칸센 열차를 수십 차례 탔다. 재일교포 지도자들을 만나 오사카엑스포 후원사업을 논의한 것이다.

민단은 엑스포 때 모국 동포 참관단 초청을 핵심으로 하는 사업계획을 1969년 6월 27일 발표했다. 이어서 8월 4일 민단, 한신협, 상공회 합동으로 '70 오사카엑스포 재일한국인 후원회'를 발족했다. 후원회장에는 내가 추대됐다. 나는 일본 전역을 돌며 재일교포에게 참여를 호소했다.

"존경하는 동포 여러분! 우리 대한민국관은 핵심 요지에 자리 잡게 해야 합니다. 부디 힘을 모아 주십시오!"

성금 70만 달러

모금액은 목표치를 훌쩍 뛰어넘었다. 70만 달러(2억 4천만 엔)를 모은 것이다. 재일교포들이 한 푼 두 푼 모은 성금의 위력은 컸다. 마침내 한국관은 엑스포 행사장의 정중앙 자리, 일본관이 있는 입구 쪽에 우뚝 섰다. 개발도상국의 전시관이었지만 건물과 내부 전시물은 여느

오사카엑스포 폐막 후 대한민국 국민훈장 무궁화장 수훈(1970.11.11).

선진국 전시관 못지않게 멋지게 꾸몄다.

한국관의 테마는 '깊은 이해와 우정'이었다.

세계인들이 한국을 이해하도록 돕고 이웃나라 일본과는 우정을 두텁게 하는 공간으로 삼았다. 석굴암 불상을 비롯한 옛 예술품과 문물을 소개하고 전쟁의 폐허를 극복하고 경제개발에 성공한 모습을 부각시켰다. 한국의 밝은 미래가 나타난 청사진이었다.

누적 관람객 수 625만 명

한국관은 일본, 미국, 소련, 스위스 전시관과 더불어 인기를 끌었다. 엑스포 관람객이 총 6,421만 명(주최국 일본관 1,163만 명)이니 한국관 관람객은 약 10%에 달했다. 당시 한국의 국제적 위상, 국가지명도를 감안하면 오사카엑스포는 '대박'이었다.

재일한국인 후원회가 전개한 모국 동포 초청사업도 성공리에 마무리됐다. 모두 9,710명의 모국 동포들이 6차례에 나누어 오사카를 방문해 재일교포 후원으로 오사카엑스포를 무료 관람했다.

엑스포 때 한국관 입구에 전시한 석굴암 불상 모형을 보니 40여 년 전에 경주 수학여행에서 본 석굴암이 기억에 살아났다. 그때 친구들은 어디에서 무얼 하며 살고 있을까, 하는 상념에 젖었다.

엑스포 폐막 후엔 석굴암 모형은 민족학교인 오사카 건국학교로 옮겼다. 자라나는 자손들은 이를 보며 한국문화의 숨결을 배우리라.

오사카 총영사관 건설모임

우리 힘으로 총영사관을!

오사카엑스포의 대성공 덕분에 재일교포들은 신바람이 났다. 똥지게를 지며 번 돈이 이렇게 보람 있게 쓰이다니!

"뭐 다른 일 없소? 호주머니를 털어서라도 기분이 좋을 사업이?"

이렇게 묻는 동포가 여럿이 있을 정도였다. 곰곰 생각해 보니 오사카 총영사관을 세우는 사업이 떠올랐다.

1971년 9월 6일 민단 오사카본부에 오사카 안팎 지역인 간사이 지역을 대표하는 동포들이 한자리에 모였다. '오사카 대한민국총영사관 건설기성회'가 발족한 것이다. 재일교포들은 대형 태극기를 걸어 놓고 목소리를 높였다.

"우리 힘으로 공관을 건설해 국가 위신을 높이자!"

궐기대회를 하는 듯 비장함이 드러났다. 이날 기성회 회원들이 발표한 취지문 요지를 옮겨본다.

재일교포 대다수가 거주하는 간사이 지방을 관할하는 오사카 총영사관은 '주일 한국대표부 오사카사무소' 시대로부터 지금까지 자체 청사를 마련하지 못하고 있습니다. 현재의 임차 청사는 좁고 낡아 불편함이 이루 말할 수 없는 실정입니다.

경애하는 유지제현有志諸賢 여러분!

지난해 오사카엑스포에서 여러분은 솔선하여 국위 선양에 적극 참여했습니다. 그러한 우리들의 성심을 이번에는 '건설기성회'를 발족해 총영사관 건설에 발휘하고자 합니다.

우리 손으로 총영사관을 건설하게 되니 무한한 영광입니다.

기성회 회장은 한록춘 사장, 상임고문은 박한식 오사카상은 이사장, 회장대행은 강택우 오사카한상 회장이 맡았다. 나는 명예회장으로 추대되어 기성회를 돕기로 했다.

오사카 심장부에 내건 태극기

기성회는 공관 터로 오사카 요지인 미도스지御堂筋 거리의 신사이바시心齋橋를 점지했다. 그러나 한국 외무부의 견해는 달랐다. 김진홍 총영사는 기성회 회장단 앞에서 이렇게 말했다.

"외무부는 총영사관을 굳이 비싼 땅에 세울 이유가 없다는 방침을 세웠습니다. 공관장인 저로서도 작년 오사카엑스포 때 동포들에게 많은 신세를 졌기에 염치가 없어 또 손을 벌리기 어렵습니다. 새 영사관은 땅값이 싼 외곽지대에 세우면 어떨까요?"

청년 시절부터 열정이 넘치는 한록춘 기성회장이 발끈했다.

"무슨 말씀이오? 그래도 '가오(체면)'가 있는데 어찌 그런 데에 세우겠소? 다른 곳은 생각할 필요가 없소."

한 회장은 앞장서서 신사이바시 땅을 매입했다. 부지가격 3억 2천만 엔, 평당 200만 엔. 당시로선 적잖은 가액이었다.

매수과정이 순탄치 않았다. 매수자가 한국인이라는 사실을 알고는 토지 주인이 매도를 거부했기 때문이다. 한 회장이 기지를 발휘해 일본인 부인 명의로 매입했다. 물론 영사관 건물이 완공된 후 곧바로 대한민국으로 소유권 이전등기를 했다.

1972년 11월 착공했는데 간사이 일대 동포들은 건축비 모금에 나섰다. 간사이 지역의 오사카, 교토, 시가, 나라, 와카야마 등 5개 지방본부의 산하 수백 개 지부 단원들이 열정적으로 모금활동을 전개했다. 나도 오사카홍은 네트워크를 풀가동했다.

민단에서는 지방본부별로 목표액을 각각 할당했다. 오사카본부 5억 5천만 엔, 교토본부 5천만 엔, 나머지 3개 지방본부는 각각 1천만 엔이었다. 최종 모금액은 목표액을 훌쩍 넘은 8억 엔이었다.

1974년 9월 15일 마침내 재일교포의 숙원이었던 주오사카 한국 총영사관이 완공됐다. 오사카의 심장부인 미도스지에 태극기가 휘날리는 날이 찾아온 것이다.

연건평 5,699㎡에 지상 9층, 지하 2층의 현대식 건물. 옥상에 올라가면 오사카 시내가 한눈에 내려다보인다. 재일교포의 자력으로 설계, 부지매입, 공사 비용을 전액 기부로 세운 '한국인의 자존심'이다. 주오사카 한국 총영사관처럼 일본 내 재일교포들이 기증한 대한민국 공관은 10개소 가운데 9개소이다. 재일교포가 모국에 기증한 주일 한국공관의 시세는 원화가치로 2조 원을 상회할 정도로 막대한 자산 가치를 갖고 있다. 동포들은 거의 모든 지역에서 중심지에 공관을 세웠다.

재일교포가 기증한 '주일 대한민국 공관'

공관명	소재지	부지 면적
대사관	도쿄도 미나토구 미나미아자부 1−2−5 (東京都 港區 南麻布 1−2−5)	10,217m² (3,091평)
오사카 총영사관	오사카시 주오구 니시신사이바시 2−3−4 (大阪市 中央區 西心斎橋 2−3−4)	519m² (157평)
요코하마 총영사관	요코하마시 나카구 야마테초 118 (横浜市 中區 山手町 118)	1,797m² (544평)
후쿠오카 총영사관	후쿠오카시 주오구 모모치하마 1−1−3 (福岡市 中央區 地行浜 1−1−3)	318m² (96평)
나고야 총영사관	나고야시 나카무라구 메이에키미나미 1−19−12 (名古屋市 中村區 名駅南 1−19−12)	403m² (122평)
고베 총영사관	고베시 주오구 나카야마테도리 2−21−5 (神戸市 中央區 中山手通 2−21−5)	422m² (127평)
히로시마 총영사관	히로시마시 미나미구 히가시코진마치 4−22 (広島市 南區 東荒神町 4−22)	991m² (300평)
삿포로 총영사관	삿포로시 주오구 기타3조니시 21초메 (札幌市 中央區 北三条西 21丁目)	978m² (296평)
센다이 총영사관	센다이시 아오바구 우에스기 5−5−22 (仙台市 青葉區 上杉 5−5−22)	991m² (300평)

KOMA컨트리클럽

KOMA 컨트리의 비밀

'북녘 말은 북풍을 그리워하고, 남쪽 새는 남녘 가지에 둥지를 튼다. 胡馬依北風, 越鳥巢南枝'

나는 이 한자성어를 좋아한다.

북녘 말 '호마胡馬'란 원래 고대 중국 북쪽의 호胡나라 말을 지칭한다. 말도 자기가 태어난 북녘에서 불어오는 바람을 맡으면서 고향을 그리워하는데, 하물며 인간이 고향을 그리워하는 건 당연지사 아니겠는가. 수구초심首丘初心이다.

북녘 말 '호마'는 한국과도 깊은 연관이 있다. 예로부터 한민족은 말을 잘 타는 사람인 기마민족으로 불렸다. 한민족은 북녘 땅에서 말을 타고 남진해서 한반도에 뿌리를 내렸다. 거기서 일부는 다시 바다를 건너 일본으로 진출해 영토를 개척했다.

고구려인은 벽화에 말을 타며 사냥하는 궁수弓手 그림을 남겼다. 일본인들은 말 타며 사냥하는 궁수의 나라 고구려, 즉 고려高麗를 '코마 KOMA'라고도 발음한다. 그래서 코마는 기마민족의 후예인 재일교포와 잘 들어맞는다.

나는 1980년에 골프장을 세우면서 'KOMA 컨트리클럽'(나라현 소재, 27홀 파Par 108)이라 이름 붙였는데, 고려高麗와 호마胡馬의 의미를 모두 담은 것이다. 이곳은 재일교포들이 만나서 교제하는 공간이자 일본 땅에 살아갈 후손들이 뿌리를 확인하는 미니 코리안빌리지이다.

일본 최대의 재일교포 집거지인 오사카에서 자동차로 1시간 반 거리인 골프장 곳곳에는 한국적인 면모가 짙게 배어 있다. 입구에서부

나는 골프 애호가로서 재일교포들이 차별받지 않고
골프를 즐길 수 있도록 KOMA컨트리클럽을 만들었다.

터 한국인에게 낯익은 풍경이 펼쳐진다. 클럽 안에는 한국 전통양식의 단청과 기와를 얹은 팔각정八角亭, 경주 불국사에 있는 다보탑을 그대로 재현해 놓았다. 나는 이런 한국풍 시설을 원형대로 설치하려고 한국에서 내로라하는 장인을 일본으로 초빙했다.

KOMA 컨트리클럽 클럽하우스의 최고 인기메뉴는 곰탕이다. 골프를 치지 않더라도 곰탕을 먹으려고 오는 손님이 있을 정도로 맛이 좋다. 진하고 담백한 사골국물의 맛은 본토 한국의 맛을 능가할 정도다. 거기에 불고기정식, 돌솥비빔밥까지 곁들이면 '여기가 한국인가? 일본인가?' 하는 혼돈에 빠진다.

운동하다가 도중에 손님이 잠시 쉬는 곳에는 모두 한국에서 건축 자재를 가져와 지었다. 입구 건축물의 문門도 경주에서 가져온 흙으로 지었다.

한국인 출입금지 골프장

KOMA 컨트리클럽은 1980년 9월 12일에 개장했다. 남아프리카공화국의 '골프 전설' 개리 플레이어Gary Player 가 설계했다.

미래를 내다보고 만든 코스이며 분양 회원권 가격이 500만 엔으로 당시에도 매우 비쌌다. 여전히 명문 코스다. 2002년의 제70회 일본 프로골프선수권대회를 비롯해 일본 프로골프그랜드골드시니어선수권대회 등 일본에서 손꼽히는 토너먼트를 개최했다.

시작은 가시밭길의 연속이었다. 당국으로부터 허가받는 데만 3년, 건설기간 2년, 모두 5년이 걸렸다. 일본 골프장은 대체로 일본인만 출입할 수 있다. 이런 차별 관행은 2000년대까지도 이어졌다. 외국인이나 여성 골퍼에게 회원 입회자격을 불허하는 골프장이 허다했다. 관련한 송사가 툭하면 벌어졌다.

일본 법원은 "골프장 멤버십은 어디까지나 친목모임이므로 외국인이나 여자를 반드시 받아들여야 한다는 의무는 없다"고 차별을 인정하는 판결을 내린 적도 있다.

사정이 이렇다 보니 재일교포는 골프장에 가고 싶어도 갈 수 없는 딱한 상황이었다. 이 문제와 관련된 실제 사례가 있다. 1995년 10월 23일 재일한국상공회의소는 일본 〈아사히신문〉에 도발적인 타이틀로 전면광고를 실었다.

'Japanese Only. 골프장 회원으로 가입할 때 물어야 할 것이 국적입니까, 인품입니까?'

당시 한창우 재일한국상공회의소 회장은 신문광고로 공론화했다. 그러나 별로 달라지지 않았다. 재일교포 스스로 골프장을 세워야 했다.

도래인 마을에서 홀인원

나는 골프장 부지로 의미가 있는 곳을 골랐다. 한국과 인연이 깊은 나라현의 땅을 고른 것이다. 근처에 고구려인 정착촌이 있었다.

일본 역사서인 《일본서기》에는 6세기 중반에 한 무리의 고구려인들이 일본에 귀화해 왔다는 기록이 있는데, 그들의 후예가 나라현에 정착해 살았다고 전해진다. 이는 오늘날로 치면 자이니치在日 코리아타운에 해당된다.

나는 골프장까지 세운 사람답게 골프 애호가이다. 오사카 집 부근 공터에서는 피치샷 연습을 했다. 100야드 이하 거리에서 내가 공을 치면 장남 승재와 차남 경재가 야구글러브를 끼고 뛰어다니면서 공을 잡았다.

나라奈良 가쿠엔마에学園前로 이사 와서는 정원에 골프케이지를 설치하고 일찍 귀가한 때나 주말에는 어프로치 연습을 자주 했다.

스포츠로는 골프가 유일한 취미였다. 나는 거의 매주 주말에 필드에 나갔다. 나는 해마다 정월에 아들 셋과 가족대항 골프대회를 열었다. KOMA가 생기기 전부터 가족대항 대회를 열었는데, 그때는 나라 국제컨트리클럽에서 했다.

그냥 치면 재미가 없으니 2 대 2로 내기를 했다. 대개는 나와 3남 융재가 같은 편, 장남 승재와 차남 경재가 같은 편을 이루었다.

나에게도 인생 샷은 찾아왔다. 1987년 1월 17일 KOMA 컨트리클럽 아웃코스 6번 홀에서 날린 티샷에서 골프공이 경쾌한 타격음을 내면서 창공을 가르며 쭉쭉 뻗어 나갔다.

"홀인원Hole in one!"

티샷한 공은 단번에 홀컵 속으로 빨려 들어갔다. 얼마나 기뻤던지, 가족과 지인들은 나의 홀인원을 축하하기 위해 떠들썩하게 한바탕 대잔치를 열었다.

신한동해오픈

한국의 골프 애호가라면 모두가 알고 있는 명망 높은 골프대회인 '신한동해오픈'. 현재는 신한금융그룹이 주최하고 있어 신한은행이 만든 대회로 인식되고 있다. 하지만 그렇지 않다.

동해오픈(1981년)이 신한은행(1982년)보다 1년 먼저 생겼다. 1981년 9월 10일 남서울컨트리클럽에서 열린 이 골프대회는 오사카의 재일교포 싱글골퍼 모임 회원들이 힘을 합쳐서 만들었다. 오사카 골프 애호가들이 각자 100만 엔씩 내어 동해를 사이에 둔 한국과 일본이 친선을 도모하자는 뜻을 담아 만들었다.

국내골프 역사상 최고액수의 상금(당시 1,500만 원)과 재일교포 경제인들이 창설했다는 점에서 골프계에서 돌풍을 일으키며 시작했다. 첫 대회에서는 당시 42세의 노장 한장상韓長相 선수가 합계 3언더파 285타로 우승 트로피를 거머쥐었다. 나의 시타로 시작한 대회가 끝나고 내가 우승자를 시상하니 뿌듯했다.

당시에는 여자부 대회가 따로 열렸는데, 훗날 일본에서 대스타가 된 한류골퍼의 원조 구옥희具玉姬 선수가 우승자였다.

동해오픈은 첫 대회 이후에도 한동안 재일교포의 성금, 광고 스폰서로 운영되었다. 그러다 1989년 9회 대회부터는 신한동해오픈으로 명칭이 바뀌었다. 1989년 신한은행이 상장하면서 이 대회의 주최자가 된 것이다.

해마다 신한동해오픈이 열릴 때면 나는 두근거리는 가슴을 안고 대회를 지켜봤다.

한일 친선을 도모하자는 뜻으로 만든 동해오픈
제1회 대회에서 우승한 한장상 선수(위), 구옥희 선수(아래)에게
트로피를 수여하고 축하했다(1981. 9).

재일교포의 안식처

1982년 10월 아내가 신한은행 창립 직후에 별세했을 때 KOMA 컨트리클럽 옆 양지바른 땅에다 묘소를 마련했다. 언제든 들를 수 있는 가까운 곳이고 내가 혼신의 힘을 바쳐 만든 터전이어서 그랬다.

나는 KOMA 컨트리클럽을 세우면서 '전통문화를 영구히!'를 모토로 삼았다. 재일교포의 염원이 깃든 공유재산으로 삼고 싶었다. 또후대 세대로 계승하는 곳으로 만들고 싶었다.

이곳에는 울창한 미루나무 숲길이 있다. 어릴 적 친구들과 뛰어놀던 꽃피는 산골을 연상시키는 곳. 대자연의 품속에서 여유롭게 '모국의 향수'를 느낄 수 있는 골프장은 일본열도를 통틀어 여기가 유일할 것이다.

2000년 12월 KOMA 컨트리클럽에 일대 위기가 찾아온다. 모기업간사이홍은이 파산했기 때문이다. 불똥은 KOMA 컨트리클럽에도 튀어 회원권 가격이 폭락했다. 회원들은 너도나도 출자금을 반환해 달라고 요구했다. KOMA도 거대한 불황의 파고를 뛰어넘지는 못했다.

나는 사재를 털어 홍은이 KOMA에 출자한 돈을 갚기 위해 최선을 다했다. 그리고는 경영에서 완전히 손을 뗀다.

그때는 수많은 일본 골프장들이 파산했다. 그중에서도 명문 골프장들은 미국 자본이 헐값으로 대거 사들였다. KOMA에도 그런 손길이 다가왔으나 물리쳤다. KOMA를 재일교포 최영훈 회장에게 넘겼다.

오사카 국제꽃박람회 1990

애초엔 불참 결정

1990년 '오사카 국제꽃박람회'는 쓰루미구鶴見區와 모리구치시守口市에 걸쳐 있는 쓰루미 녹지공원에서 열렸다. '자연과 인간의 공존'을 추구하며 그해 4월 1일부터 9월 30일까지 열린 이 박람회는 아시아에서는 처음으로 열린 꽃 관련 국제 이벤트다.

원래 한국 정부는 '엑스포EXPO 90'으로 불리는 이 행사에 참여할 뜻이 없었다. 꽃과 화훼라고 하면 '한가하다'란 생각이 들었기 때문이다. 서울올림픽이 끝나고 2년 뒤의 일, 올림픽에 전력을 다한 직후여서 여력이 없기도 했다.

한국의 불참 사실을 확인한 일본은 발등에 불이 떨어졌다. 아시아 참가국이 전무하다시피한데 선린우방인 한국마저 빠진다면 축제는 맥이 빠지고 말 것이기 때문이다.

일본의 고위 관료가 나를 급히 찾았다.

"한국이 부디 박람회에 참가하기를 간절히 바랍니다."

나는 이 관료의 부탁 때문이 아니라 내 판단으로도 중요한 행사여서 한국이 꼭 참가해야 한다고 보았다.

한국정원 지금도 남아

나는 서둘러 재일교포 경제단체장들을 대동하고 서울에 왔다.

우리 일행은 뉴욕총영사를 마치고 귀국한 공로명 대사를 외무부에서 만나 참가 필요성을 역설했다. 공 대사는 일본에서도 오래 근무해서 친근했다.

"그건 안 될 겁니다. 쉬운 일이 아닙니다. 정부 안에서는 벌써 불참으로 결정했습니다."

"불참 방침을 뒤집을 수 있는 방도가 없습니까?"

"딱 하나… 대통령을 설득하는 길밖에는 없습니다."

"좋습니다. 그럼 저희가 청와대로 가겠습니다."

우리 일행은 노태우盧泰愚 대통령을 설득하는 데 성공했다. 노 대통령은 서울올림픽 이전에 그가 체육부 장관, 올림픽 조직위원장으로서 활동할 때 자주 만났다.

내가 앞장섰으니 EXPO 90의 재일한국인 후원회 회장을 맡았다. 이번에도 일본 전역을 돌며 후원금을 모았다. 동포들이 자기 형편대로 거액, 소액을 내 총 9억 엔을 모금했다.

EXPO 90 전시장 가운데 '한국정원'이 압권이었다. 일본정원 바로 옆에 자리 잡은 한국정원은 옥내외 620평의 전시공간에 자생식물과 한국 토종 꽃들을 선보였다. 옥외전시장에는 경복궁, 창덕궁 등 조선

재일교포 경제단체장들을 대동하고 노태우 대통령과 면담.

1990년 오사카 국제꽃박람회에 선보인 한국정원은 아직도 그 자리에 남아 있다.

시대의 궁궐 정원을 모델로 한 정원을 꾸몄다. 한국 전통의 단청丹靑을 입힌 청계정淸溪亭, 한국정韓國亭 등 정자 두 채를 세웠다. 정자 주변엔 연못, 개천, 담장, 계곡 등을 배치했다.

83개국이 참가한 꽃박람회에서 한국정원은 건축미와 자연미를 인정받아 우수상을 수상했다. 이 한국정원은 영구 시설물로 분류돼 지금도 '일본 속 한국 유산'으로 남아 있다. SBJ은행이 이 정원을 관리한다.

태풍이 불어 한국정원 여러 군데가 파괴된 적이 두 번 있었다. 이희건 한일교류재단에서 복구작업을 지원했다. 한국의 전통건축 전문가를 파견하고 기와를 보냈다.

바이코리안 운동

조국에 용기를

재일한국인 기업 및 단체들은 한일무역 불균형 개선 노력의 일환으로 재일교포 사회에 한국 제품 구매운동을 확산시키기 위해 '바이코리안 용기회'(회장 이희건, 오사카흥은 회장)를 결성, 그 구체적인 첫 사업으로 22일 오사카에 한국 상품 상설전시 직매장을 열었다.

— 1992. 6. 22. 〈동아일보〉

당시 오사카를 현장 취재한 이낙연李洛淵 특파원(후일 국무총리)의 이 기사는 재일교포의 애국심을 소개했다. '바이코리안Buy Korean 용기회'는 속수무책으로 여겨지던 한국의 대일對日 무역적자 상황을 개선하겠다는 재일교포들의 용기로부터 시작됐다.

한국의 대일 무역수지 적자는 1991년 87억 달러로, 전체 무역수지 적자의 90%를 차지했다. 이에 따라 재일교포들은 모국 기업들에 용기와 자극을 주자는 취지에서 '조국에 용기를, 바이코리안'이라는 슬로건을 내걸고 캠페인 조직을 만든 것이다.

한국 상품 전시장의 이름은 '더 개러지The Garage'. 오사카흥은 주도
로 신축한 이 전시장은 오사카 히가시나리구東成區 부지 500평에 연건
평 1,650㎡의 2층짜리 건물이다. 일본 땅에서 메이드 인 코리아Made In
Korea 제품을 널리 쓰이도록 하겠다는 운동이었다.

전시장 개장식에는 한일 양국의 명사 다수가 참석했다. 한국에서 한
봉수韓鳳洙 상공부 장관, 박용학朴龍學 한국무역협회 회장, 오재희吳在熙
주일 한국대사, 일본에서 하라다 겐原田憲 일한의원연맹 회장 대행, 니
시오 마사야西尾正也 오사카 시장, 우라니시 료스케浦西良介 오사카부 부
지사 등이 참석했다. 재일교포 대표로는 민단 중앙본부의 정해룡丁海龍

모국 기업에 용기를 주자는 취지로 바이코리안 운동을 펼친 재일교포들과 함께(1992).
왼쪽부터 라응찬, 허필석, 나, 박종, 이승재.

단장, 재일한국상공회의소 장두회張斗會 회장 등이 동석했다.

'더 개리지'의 취급품목은 한국의 우수기업에서 생산한 의류, 잡화, 가정용품, 식료품 등이다. 일본 제품 못지않은 우수한 품질이면서도 가격은 저렴한 한국 상품들을 엄선했다.

퍼스트 구락부

바이코리안 운동은 신한은행 재일교포 주주들로부터 시작됐다. 출발점은 1992년 2월 26일, 은행 주주총회를 마친 그날 저녁이었다. 현재까지 이어지고 있는 재일교포 신한은행 주주들의 모임인 '퍼스트 구락부' 회원들이 따로 모임을 가진 것. 그 자리에서 나는 주주 대표로서 제안했다.

"제가 한국에 왔다 갔다 하면서 안타까운 현상을 목도하고 있습니다. 한국 제품도 일본 제품 못잖게 우수한데, 평가를 제대로 받지 못하고 있습니다. 한국의 무역적자에서 가장 큰 비중을 차지하는 나라가 일본입니다. 재일동포들이 힘을 모아 일본 땅에서 한국의 우수제품을 널리 알리면 어떻겠습니까? 용기를 갖고 한번 해봅시다!"

주총에 참가한 200여 명의 주주들은 뜨거운 박수를 보냈다. 모국상품 구매운동에는 신한은행 주주뿐 아니라 민단, 한신협, 한상련 등 재일교포 선도단체도 동참했다.

이때 결성된 모임이 가칭 '한국상품 구매 용기회'였으며, 모임의 추진위원장에는 내가 추대됐다. 바로 '바이코리안 용기회'다.

내가 이 운동을 결심한 배경이 있다. 1990년대에 한국은 본격적인 경제개발을 시작한 지 30년이 지났는데도 여전히 일본을 따라가지 못했다. 우수한 제품을 양산하는 기업들도 제품에 대한 자신감이 부족했다. '일본 제품보다 뒤떨어진다'라는 막연한 열등감에 움츠러들었다.

서울올림픽 호황이 끝나가면서 한국의 경제성장은 둔화 기미를 보였다. 1992년 경제성장률은 6.2%로 전년 10.4%에 비해 큰 폭으로 하락했다.

재일교포들은 분위기를 바꾸려 이런 방안을 마련한 것이다. 이 운동에는 신한은행도 동참했다. 한국의 우수업체를 재일교포에게 연결하는 역할을 했다. 이 캠페인의 슬로건 '조국에 용기를, 바이코리안'도 신한은행 직원의 아이디어였다.

3대 히트상품, 김치 라면 의류

재일교포들은 값싸고 양질인 한국 상품을 일본 시장에 소개한다는 목표를 세웠다.

재일교포들은 한국 제조업체와 일본 소비자를 직접 연결해 주는 카탈로그 통신판매, 한일 업체의 무역중개도 실시했다. 한국 상품 상설전시장인 '더 개리지' 입점 업체는 참가신청을 받아서 정했다. 의류, 문구, 잡화, 식료품, 스포츠용품, 가정용품 등 60여 개 업체가 500여 종 제품을 선보였다. 해외시장 진출에 어려움을 겪는 한국의 중소제조업체는 수출 판로를 마련했다.

한국 상품들은 불티나게 팔렸다. '더 개리지'는 개점 4개월 동안 손님 4만 명, 매출 3억 5천만 엔을 올렸다. '바이코리안 용기회'는 여기서 그치지 않았다. 도쿄, 나고야, 교토, 히로시마 등 일본의 주요 도시 20여 곳을 순회하면서 한국 우수상품 전시회와 직판장을 함께 열었다.

재일교포의 모국기업에 대한 서비스는 세심했다. 판매상황과 일본인들의 구매패턴을 꼼꼼하게 체크했다. 한국 제품을 구매한 일본 소비자에게 전화를 걸어 품질 만족도와 개선점을 조사했다. 이 데이터를 제조업체에 마케팅 활용자료로 전해 줬다.

'바이코리안 운동'에서 히트 품목은 김치, 라면, 의류였다. 진공팩 김치는 위생을 중시하는 일본인의 구미에 딱 들어맞았다. 맵고 칼칼한 맛에 쫄깃한 면발이 특징인 한국의 인스턴트 라면도 일본인 입맛을 사로잡았다. 한국산 의류도 '품질, 디자인이 일본산에 버금가는데 가격은 더 저렴하다'는 호평을 받았다.

'바이코리안 운동'은 이후 일본에서 열풍처럼 유행한 김치 붐의 원조였다. 또한 도쿄와 오사카에 의류전문 동대문시장이 탄생하는 기초가 됐다.

한신·아와지대지진
오토바이 지원대

대지진 현장의 오토바이

1995년 1월 17일 한신阪神·아와지淡路 대지진이 일어나던 날, 나는 도쿄 출장 중이었다. 이른 아침 호텔 방에서 TV를 켜니 지진 발생 소식이 뉴스 속보로 나오고 있었다. 나는 오사카로 전화를 걸었다. 상대는 1960년대 중반부터 내 비서 역할을 해온 이정림 전무였다.

"당장 지진 대응팀을 꾸리시오! 고베지점 상황도 알아보고! 가급적 서둘러 현장으로 가서 피해자들을 도우시오!"

"예?"

"뉴스 보니까 이번 지진이 최악이오. 고베라면 우리 동포들이 많이 사는 데 아니오? 직원들과 함께 구호물품들을 최대한 많이 챙겨서 가시오!"

"예! 빨리 움직이겠습니다."

이 전화 한 통으로 '지원대'가 발족했다.

오사카의 간사이흥은 본점에는 비상이 걸렸다. 간부들은 출근하자마자 긴급구호 대책회의를 열었다. 간사이흥은은 1993년 7월 1일 오사카홍은이 고베, 와카야마, 나라, 시가 등 한국계 신용조합 4개를 합병한 광역 신용조합이다.

행동은 신속하고 일사불란했다. 회의는 짧게 끝내고 구체적인 방책은 움직이면서 찾기로 했다. 고베지점 직원들이 생필품을 챙겨 이날 오전 11시에 맨 먼저 현장에 도착했다.

선발대 7명이 목격한 현장상황은 듣기보다 심각했다. 도로는 두 갈래로 갈라졌고 고가도로는 허물어져 내렸다. 무너진 건물들 사이로는 화염이 솟구치고 있었다. 본진이 리히터 규모$^{Richter\ magnitude}$ 7.3에 달하는 역대급 파괴력을 보였고 수시로 터지는 여진도 강력했다.

"생필품을 최대한 많이 구해서 현장으로 보내 주세요!"

선발대의 첫 현장보고였다.

이정림 전무, 양부삼^{梁富三} 상무 등 간사이홍은의 임직원들은 식료품, 담요 등 생필품을 마련하려 동분서주했다. 오후 6시 오사카의 홍은 본점에서 30명의 오토바이 지원대가 현장을 향해 출발했다. 오토바이 뒷좌석에는 물, 담요, 빵, 주먹밥, 초밥 등 생필품들이 가득 실려 있었다.

고베까지 가는 데 평소보다 훨씬 더 오랜 시간이 걸렸다. 지진으로 고속도로는 봉쇄됐고 국도도 끊긴 데가 허다했다. 가다가 막히면 우회하고 다시 가다가 돌아가기를 반복하면서 달려갔다.

홍은 지원대가 고베 현장에 도착한 시간은 밤 11시경. 구호물품을 전해 준 지원대는 그 길로 다시 밤을 새워 오사카로 향했다. 구호물품을 다시 챙겨 와야 했다. 이들이 타고 간 오토바이는 홍은의 수금용 오토바이였다.

오사카 지원대는 지진 현장에서 다른 지역에서 온 지원대를 만났다. 자전거로 달려온 민단 중앙본부 임직원도 있었다. 효고^{兵庫}현에서 그나마 피해가 적었던 세이반^{西播} 민단 지부는 20리터 생수 400통, 라면 620개를 갖고 왔다. 히메지^{姬路}와 가코가와^{加古川} 민단 지부에서는 쌀과 김치 등 식자재들을 갖고 왔다.

그날 저녁 어느 한국 특파원이 지원대 대원들에게 물었다.

"지진과 여진 때문에 위험하고 생업도 바쁜데, 어떻게 여기까지 찾아왔습니까?"

"사람이 죽어 가는데 나만 편하자고 가만히 앉아있을 수 있나요?"

지진 후 이틀 동안 재일교포들이 한 푼 두 푼 낸 성금은 1억 원, 구호물품은 2억 4천만 원어치였다.

조총련도 일본인도 구한다

지진 당일에 나는 도쿄에서 바쁘게 움직였다. 재일한국인 신용조합협회(한신협)의 회장으로서, 재일교포 리더로서 당장 할 일은 재해극복이었다. 나는 도쿄 아자부^{麻布}에 있는 민단 중앙본부로 달려가 대책을 논의했다.

이날 민단은 긴급중앙상임위원회를 소집해 ① 대책본부 설치 ② 중앙간부 현지 급파 ③ 재해상황 파악 및 지원운동 전개를 결정했다. 이튿날인 18일에는 민단 오사카본부에서 신용상^{辛容祥} 중앙단장이 대책회의를 주재했다. 간부단원들은 18일 밤늦게 고베에 있는 효고현 민단 본부에 집결했다. 교통망이 마비되면서 환갑을 훌쩍 넘긴 고령 단원들이 자전거를 타고 찾아오는 모습도 목격됐다.

재일교포들은 이재민 구제 원칙을 정하고 효고현 민단 본부를 대책본부 겸 이재민 연락센터로 지정했다.

"국적을 불문하고 모두 구조한다. 한국계 동포뿐 아니라 조총련, 일본 주민까지 구한다."

일본 한신·아와지 지역을 덮친 대지진은 6,000명 이상의 사망자, 4만 명의 부상자를 낸 재앙이었다. 14만 채 이상의 가옥이 파손되는 등 경제적 피해도 10조 엔에 달했다.

한신·아와지대지진은 재일교포 사회에도 대참사였다. 고베神戸, 니시노미야西宮, 아시야芦屋 등지에서 재일교포 129명이 사망했다. 특히 고베에서 재일교포 밀집지역인 나카타구長田區는 화재로 초토화되다시피했다. 나카타는 재일교포들이 경영하는 영세 신발(케미컬 슈즈)공장 400여 개가 몰려 있는 곳. 신발 제조에 쓰이는 인화성 화학물질이 불쏘시개로 돌변하면서 공장 일대는 하루아침에 잿더미로 변했다.

나카타구 가쿠라神楽소학교 주변의 '한국인 거리'는 건물과 도로가 통째로 사라졌다. 인근 지역의 1만 명 재일교포들이 생활기반을 잃었다.

무너진 건물더미에는 일본 자위대와 경찰이 생존자 확인 및 발굴 작업을 벌이고 있었다. 흥은 지원대와 민단은 지진 발생 직후부터 일본의 구조대와 거의 동시에 구조지원 작업을 펼쳤다.

홍은 직원들은 오토바이로 은행과 피난처를 오가면서 이재민에게 생필품을 공급했다. 재일교포들은 고베 동쪽에서 오는 구호물자는 오사카에서, 규슈九州 등 남서쪽에서 답지한 물품은 히메지시姫路市에서 모아 이재민에게 전달하는 체계를 마련했다.

당시 간사이홍은 직원 1,200명은 평소에 비상상황 대비훈련을 반복해 몸에 익히고 있었기에 발 빠르게 대응할 수 있었다.

5만 엔 묻지마 대출

또 다른 드라마틱한 일이 홍은에서 시작됐다. 홍은 내 지진대책본부는 이재민 금융지원책을 강구하고 있었다.

나는 양부삼 대책본부장에게 물었다.

"이재민 지원 대책은 마련했소?"

"예. 검토 중입니다."

"기다릴 시간이 없소. 이재민들에게 5만 엔씩 무조건 빌려주시오. 이름하고 연락처만 받고 다른 건 묻지도 따지지도 말고요."

"예? 나중에 부실이 되면 어쩝니까?"

은행원이라면 누구라도 그랬으리라. 담보도 신용도 없는 융자는 금융상식으로는 불가능하다.

"괜찮소. 지금은 죽어 가는 사람을 살리는 일부터 해야 하오. 참! 하나 더 있소. 가족 친지에게 전화를 걸려면 잔돈이 필요할 거요. 공중전화를 쓸 수 있도록 잔돈 꾸러미도 1,000엔씩 담아서 나눠 주시오."

이에 대해 일본 언론은 '궁극의 신용대출'이라 부르며 놀라움을 감추지 못했다.

홍은의 무담보 5만 엔 대출에 대해 〈마이니치신문〉은 이듬해 4월 26일 자에 공개했다. 인터뷰에 응한 일본인들의 반응을 전한다.

집이 전소해서 아무것도 남지 않았다. 피난처인 소학교에 간사이홍은 사람들이 와서, 지장을 찍는 것만으로 돈을 빌려주었다. 거래관계도 없고 믿어도 괜찮은가 반신반의. 나중에 뭔가 있는 게 아닌가도 의심했다. 하지만 바지도 챙겨 입지 못해 곤란했기에 돈을 빌렸다. 정말로 고마웠다. 권유받지도 않았지만, 나중에 변제한 뒤 50만 엔짜리 정기예금을 들었다.　　　　　　　　　　　　　　　　　— 고베시, 주부, 53세

빌린 5만 엔으로 식료품을 살 수 있었다. 거래처도 아니고, 전혀 모르는 사이인데도 빌려주었다. 다른 금융기관 점포는 문을 닫았다. 대체 뭘 하고 있는 거지? 하고 분통이 터졌다.　　　　　— 고베시, 부동산업자, 33세

간사이홍은의 대출은 지진발생 3일째 되던 1월 20일부터 22일까지 이뤄졌다. 긴급자금 융자 형태로 2,500명에게 총 7,162만 엔을 빌려주었다. 이것과 별도로 나의 지시대로 공중전화 용도로 1,000엔씩 동전을 담은 꾸러미 3,500개도 배포했다.

빌리면서 가짜이름을 적더라도 확인하지 않았다. 당연히 변제재촉도 하지 않았다. 하지만 놀라운 일이 벌어진다. 돈을 빌려간 사람들의 90% 이상이 홍은 지점을 찾아와서 대출금을 갚은 것이다.

당시 흥은의 이상화李相華 상품설계부장은 "회수될 리 없다고 여겼는데 상환자가 많아서 놀랐다"고 말했다.

한신·아와지대지진 때 고베 시내의 모든 일본 은행점포는 폐쇄상태였다. 지진의 충격파로 온라인망은 스톱됐고, 건물은 붕괴되고, 집기들은 파손됐기 때문이다. 그 지경에서 은행이 문을 닫는 것은 당연한 일이었다.

하지만 간사이홍은은 달랐다. 지진이 일어났지만 그날도 평소처럼 창구 문을 활짝 열어 두었다. 지진 현장에 나가 피해자에게 무담보 대출한 것도 놀랍지만, 전산시스템이 망가졌는데도 은행 업무를 했다는 점이 더 놀랍다는 반응이었다.

나의 답변은 간단명료했다.

"금융업은 원래 오프라인으로 시작했습니다."

흥은의 고베 나카타지점의 고객 수는 지진 전에는 약 850세대였지만 1년 만에 꼭 2배로 늘었다. 고객을 찾아가는 서비스, 사람을 최우선으로 하는 흥은의 이념, 업業의 본질은 대지진의 혼란 속에서도 지켜졌다.

신한은행과 함께 구호봉사

나는 1월 20일 급하게 서울에 들어가 외무부를 찾아갔다. 마침 그때 1994년 12월에 외무부 장관으로 부임한 공로명 장관이 있어 허심탄회하게 호소했다.

"한국이 맨 먼저 일본 지진현장에 구호단을 파견해 주십시오!"

공로명 장관과 함께 청와대에 들어가 김영삼 대통령을 만나서도 똑같은 말을 되풀이했다.

대일對日 강경론자로 알려진 김 대통령도 인도주의 차원의 구호활동에 대해서는 열린 마음으로 적극 찬성했다.

실제로 한국은 가장 빠르게 구호활동에 나섰다. 1월 22일 이재춘李在春 외무부 차관보를 단장으로 한 대한민국 한신·아와지대지진 구호단 제1진이 지진 현장에 갔다. 한국 정부가 특별 편성한 대한항공 화물기에는 30만 달러 상당의 담요, 식료품, 약품 등이 실려 있었다.

이후에도 한국은 수차례에 걸쳐 일본으로 구호품을 보냈다. 한국 정부가 한신·아와지대지진에 지원한 의연금은 500만 달러였다. 인명구조단, 의료지원단을 파견했고 민간 자원봉사단들이 고베의 지진 현장으로 달려갔다.

간사이흥은은 이재민에게 1인당 최대 300만 엔의 신용대출을 실행했다. 긴급사업자금, 주택복구자금도 빌려주었다. 흥은은 지원대 이후에도 기발한 구호작전을 계속했다.

지진피해가 심해 제 기능을 못하게 된 니시고베西神戶지점의 주차장에 임시목욕탕을 만들어서 이재민에게 제공했다. 오사카 이쿠노에서 쇠고기 400kg을 직송해 이재민들에게 구워 나눠 줬고, 무료 이발소와 세탁코너를 운영했다.

신한은행 임직원들도 한국에서 구호물자를 잔뜩 싣고 와서 복구활동에 동참했다. 흥은과 신한은행이 손을 맞잡고 봉사활동을 펼치자 재일교포는 물론이고 현지 일본인들도 진심으로 고마워했다.

일본 한신·아와지대지진 당시 신한은행과 간사이흥은 직원들의 이재민 구제 현장(1995.1).

　재일한국인 신용조합협회(한신협)는 산하 각 조합에서 의연금을 모았다. 이렇게 한신·아와지대지진 때 민단, 한신협, 상공회 등 재일교포 사회가 모은 의연금은 6억 5천만 엔이었다.

지속해야 할 4대 사업

재일교포의 행복한 삶

나는 재일교포의 행복한 삶을 위해서는 오래전부터 4대 사업이 필요하다고 보았다.

　　첫째, 원활한 금융서비스를 제공하는 금융업

　　둘째, 재일교포의 건전한 사교장으로서의 골프장

　　셋째, 정신적인 뿌리 의식을 고취하는 문화행사

　　넷째, 건강을 살펴주는 병원

　　금융업의 필요성에 대해서는 이미 여러 차례 언급했고 1955년 오사카흥은을 창립했기에 굳이 더 설명하지 않겠다. 돌이켜보면 오사카흥은을 통하여 수많은 재일교포와 교포기업에 적절한 자금을 공급했다.

　　그러나 오사카흥은이 부실한 신용조합 4개를 흡수하여 간사이흥은을 출범시킨 게 독毒이 되고 말았다. 간사이흥은이 2000년 12월 파산선고를 받으며 문을 닫았으니 일본에서의 금융업은 비극으로 끝나고 말았다.

그나마 신한은행 오사카지점, 도쿄지점, 후쿠오카지점을 시작으로 신한은행 현지법인 SBJ은행이 금융업을 영위하니 재일교포들은 이곳을 이용할 수 있게 되었다.

KOMA 컨트리클럽은 앞서 소개했듯이 재일교포들이 골프장에서 차별받지 않고 골프를 즐기며 건전한 사교활동을 하도록 만들었다. 이 골프장도 간사이흥은의 파산과 함께 정리대상에 올랐다.

뿌리의식을 일깨우는 역사 문화행사로 창설한 '사천왕사 왔소'도 길이 보전해야 할 행사이다. 이 행사의 창설과 진행 경위는 후술하겠다.

오사카 이쿠노구는 재일교포들이 몰려 사는 지역이다. 이곳에 진료 수준이 높은 종합병원을 지어 교민 건강에 기여하고 싶은 소망을 오래전부터 품어 왔다. 오사카흥은 주도로 의료법인 육화회育和會를 설립하고 이 법인은 육화회기념병원을 건립했다. 이 종합병원 개원으로 숙원宿願이 풀렸다.

'3 최崔' 동지

간사이흥은 파산 후 나는 한동안 허탈한 심경에서 벗어나지 못했다. 건강도 나빠져 병원에 가는 일이 잦았다.

나는 평생 '성誠, 신信, 인忍'을 실천하려 노력했다. 스스로 다짐하기 위해 구슬에다 이 글자를 새겨 아침에 일어나면 무작위로 구슬을 뽑는다. '성誠' 자 구슬을 뽑으면 그날엔 더욱 성심성의껏 매사를 살핀다.

병상에 무기력하게 누워 있다가는 아무 일도 못할 터였다. 나는

'인忍' 자 구슬을 뽑고 나서 벌떡 일어나 병원 주변을 산책했다. 이 상황을 참고 견뎌야 한다는 사명감이 가슴속에서 용솟음쳤다.

KOMA 컨트리클럽, 육화회기념병원, '사천왕사 왔소' 행사를 유지하려면 믿을 만한 인물에게 맡겨야 한다. 창립자가 간청하면 그들이 창립정신을 이어받지 않겠는가. 나는 오랜 세월 동안 뜻이 맞는 동지同志가 적잖았는데 그 가운데 최씨崔氏 동지 셋과 각별한 정을 나누고 있었다. 최영훈崔泳鍾, 최만식崔萬植, 최충원崔忠垣이 그들이다.

KOMA 컨트리클럽은 최영훈 회장에게 맡길 심산이었다. 그는 파친코 사업으로 재력을 키웠고 골프를 잘 쳤기에 적임자로 보였다.

그는 오랫동안 나와 뜻을 같이하며 신한은행 설립위원, 동해오픈 창설 멤버 등으로 기여했다. 1981년 5월 13일 나의 3남 융재와 그의 따님이 혼인하여 나와 최 회장은 사돈 인연을 맺는다.

"최 회장! 아니 사돈! 코마컨트리클럽을 맡아 주실 수 있겠소?"

"기꺼이 인수하겠습니다."

"부실이 심해서 인수하면 20억, 30억 엔을 투입해야 정상화될 터인데⋯."

"그걸 감수하고서라도 제가 맡아 유지해야지요."

"반드시 지켜 주시오! 고맙소!"

나는 최 회장의 손을 한동안 붙잡았다.

육화회기념병원은 최만식 회장에게 맡기기로 작정했다. 그는 경남 마산에 한국일신韓國日伸이라는 회사를 만들어 전자레인지, 식기건조기, 토스터기 등을 생산하는 건실한 기업인이다. 그는 재력이 있는 데다 아들 둘이 의사여서 병원을 운영하기에 적격이었다.

최만식 회장의 손위 처남은 일본 야구계의 전설적인 투수 가네다 마사이치金田正一이다. 한국 이름이 김경홍金慶弘인 그는 일본 프로야구에서 400승이라는 불멸의 대기록을 남겼다. 신격호 롯데 회장이 구단주인 롯데오리온스 감독을 지냈기에 나도 가네다 감독과 친분을 쌓았다. 더욱이 그의 모친이 경북 경산, 나와 동향 출신이어서 더욱 친근감이 갔다.

최만식 회장이 나의 거처를 방문했다. 그는 자신의 장모가 나와 고향이 같다는 점 때문에도 나를 유난히 따랐다.

"처가에 가면 장모님이 씨암탉 잡아 주셨소?"

"저희 장모님은 토종닭에다 인삼, 대추를 넣어 삼계탕을 끓여 주셨답니다."

"그래서 가네다 감독이 삼계탕 요리를 잘 만드시는구만. 롯데오리온스 감독 때 선수 보양식으로 감독이 손수 삼계탕을 끓여 주었다 하잖았소."

"맞습니다."

이렇게 운을 뗀 후 나는 육화회기념병원 이야기를 꺼냈다.

"최 회장 아드님이 의사니까 병원을 맡아 주시면 고맙겠소."

"회장님이 얼마나 어렵게 세운 병원인데 오래 유지해야지요. 염려 마십시오."

후에 그의 아들인 야마즈미 이사오山住勳 의사가 육화회 대표를 맡아 재일교포 및 지역 주민들을 성심성의껏 진료한다 하니 안도의 숨을 쉴 수 있었다.

최충원 회장에겐 '왔소 행사'를 맡길 참이었다. 그는 이발소 체인업체인 이스톤아미 회장으로 '마쓰모토松本 리더'라 불렸다. 그는 '사천왕사 왔소' 행사에서 탁월한 리더십을 발휘했다. 이 행사에 관해서는 회고록 마지막 장章에서 자세히 기술하겠다.

박정희 대통령 추모

1932년 3월 대구사범학교 입시 때 만난 박정희 소년과의 인연은 오래 지속되었다. 1961년 10월 박정희 국가재건최고회의 의장과 재회했고, 그가 1963년 12월 대통령에 취임한 이후엔 해마다 1월 초에 재일교포 경제인 대표단의 일원으로 청와대에 가서 신년 하례賀禮를 했다. 또 전국체육대회에서도 박정희 대통령을 자주 만났고 이런 공식행사 이외에도 가끔 독대했다.

박 대통령이 1979년 10월 26일 서거하자 나는 큰 충격을 받았다. 나의 소년 시절 추억이 지워지는 느낌이었다.

박 대통령의 기일엔 서울 동작동 국립현충원에 가서 묘소 앞에서 참배하는 게 연례행사가 되었다. 10월 26일 오전에는 추모객이 붐비므로 나는 오후 한적한 시간에 찾아간다. 일본에서 갖고 온 향을 피우고 재배한다.

2001년 나는 신한은행 회장직에서 물러났다. 간사이흥은이 파산선고를 받았기에 내가 신한은행 회장 자리에 있는 게 적절하지 않다고 판단했다.

신한은행 측에서 은행 발전에 기여한 공로를 기려 특별위로금을 준다 하기에 나는 사양했다. 그랬는데도 이사회 결의가 이루어졌고 내 통장에 5억 원이 입금되었다.

공수래공수거空手來空手去!

빈손으로 왔다가 빈손으로 가는 게 인생이 아니던가. 내가 거액을 가진들 어디에 쓰겠는가. 자식들에게 과도한 재산을 넘겨주는 것은 자립의지를 꺾는 일일 뿐이다.

나는 망설임 없이 특별위로금 전액을 박정희 기념사업회에 기부했다.

트렌드 살피기

세상 변화의 흐름

나는 세상 변화의 흐름을 파악하기 위해 관찰, 독서에 힘을 쏟는다. 길거리를 걸을 때면 상점 간판을 유심히 살피고 어느 가게에 손님이 많이 들어가는지 본다. 시장이나 백화점에서도 잘 팔리는 상품이 무엇인지, 진열방식이 어떻게 변하는지를 관찰한다.

나라奈良에 있는 집에서 오사카흥은에 출퇴근할 때 전철을 타는데 승객들의 옷차림을 보면서 패션 흐름을 파악한다.

백화점이나 시장에서 물건을 살 때 내 옆에 비서가 있어도 가급적 내가 직접 물건값을 치른다. 점원이나 상인에게 덕담이라도 한마디 건네는 것이 살아가는 맛이 아니겠는가.

"이 매장은 진열을 잘해서 손님들이 많이 오겠네요."

이렇게 칭찬하며 물건을 사면 나도 기분이 좋아진다.

거리를 걷다가 서점이 보이면 들어가 책을 서너 권 산다. 즐겨 읽는 책은 세상 흐름을 꿰뚫어볼 수 있는 경영·경제 서적이다. 역사서 코너에도 오래 머무는데 '역사를 알면 미래가 보인다'는 명제를 믿기 때문이다.

언젠가 오사카의 어느 책방에서《풍요로운 사회를 위한 제언》이라는 책을 발견하고 탐독했다. 그 책의 핵심은 '여성시대가 다가온다'였다. 가정주부 역할에서 벗어난 여성들이 정부, 기업, 사회단체 등에서 중추적 위치에 오를 것이란 전망이다. 마침 신한종합연구소에서도 이 책의 한국판을 기획해서 출판했다.

신한종합연구소는 이 책을 강영훈姜英勳 국무총리께 보내드렸다 한다. 유명인사나 기관장이면 외부에서 보낸 증정본 책을 얼마나 많이 받겠는가. 얼마 후 총리 비서실장이 연구소로 전화를 걸었다고 한다.

"총리께서 감명 깊게 읽으셨다 합니다. 정책에 반영하도록 노력하겠습니다."

육군 중장으로 예편한 강 총리는 군인 출신이지만 매우 학구적인 분이어서 대학교수, 외교관(영국 대사)으로도 활동하셨다.

서점 순례

신한은행 창립 초기에 인사업무를 담당한 홍성균 과장을 1983년 오사카로 오라고 한 적이 있다. 장래에 신한은행의 핵심인물로 활약할 인재이기에 그릇을 키워 주고 싶었다. 나는 그에게 일본 체류기간에 아무 일도 시키지 않았다.

"서점에 가서 책을 구경하시오."

이 말만 했을 뿐이다. 아마 당사자는 처음엔 당혹스러웠던 모양이다. 나중에 당사자로부터 당시의 체험담을 듣고 내 뜻이 이루어졌음을 알았다.

"첫날엔 호기심으로 일본책들을 흥미롭게 살폈지요. 그러나 이틀, 사흘 지나니 아무런 미션 없는 일본 출장이 어색하며 좀 불안해지기까지 하더군요. 더욱이 회장님의 아드님인 이승재 소장이 일본에 얼른 오라고 재촉까지 했거든요. 무슨 일인가? 혼자서 고민하다가 닷새째 되니 회장님의 의중을 알겠더군요. 수많은 책들을 보니, 주로 책 제목만 살폈습니다만, 그래도 현재와 미래의 트렌드가 눈에 띄었습니다. 문화·예술이 중시되는 소프트soft한 사회, 전산화 가속, 여성 경제활동인구 증가, 소비자금융 중시 등 한국에서는 미처 알지 못하던 개념이었습니다."

앞으로는 여성시대

나는 미국이나 유럽의 동향을 알기 위해 번역서를 즐겨 읽는다. 일본에는 해외 문물을 소개하는 번역서가 오래전부터 활발하게 간행되어 왔다. 일본은 '번역의 천국'이란 말까지 나돌 정도다. 나는 미국의 저명한 경제학자 갤브레이스 John K. Galbraith, 프리드먼Milton Freedman의 주요 저서도 훑어보곤 했다.

미국의 기업문화를 파헤치는 책을 보니 '유리천장glass ceiling'이란 단어가 자주 나왔다. 처음엔 무슨 뜻인지 잘 몰랐으나 자세히 음미해 보니 여성 직장인에 대한 차별대우였다. 여성이 간부로 승진하려 하면 유리천장에 가로막힌다는 의미이다. 눈으론 보이지 않는데 실제로는 통과하지 못하도록 하는 유리천장이라! 조직을 활성화하려면 우수한 여성을 중용해야 함을 깨달았다.

미국에서 그러하니 한국과 일본에서는 여성 차별이 훨씬 심할 때였다. 나는 중장기적으로 여성 간부를 많이 양성해야겠다고 결심했다. 소비자의 절반이 여성인데, 직장에서 여성 간부가 극소수여서는 안 된다.

신한은행 창설 때의 일화이다. 나는 세부적인 지시 대신에 큰 줄기의 지침만 내렸는데, 인력 충원 때 '우수한 여행원을 확보하라'는 것도 그 가운데 하나이다. 신문에 경력 및 신입행원 모집광고를 냈는데 이것만으로 될 일이 아니다. 인사담당자는 인재를 찾으러 발품을 팔며 현장을 찾았다.

나는 홍성균 인사과장을 불렀다.

"인사가 만사란 말, 들어보셨소?"

"물론입니다."

"한 가지 조언하자면, 앞으로는 '여성시대'가 올 것이오."

"예?"

"선線, 즉 경계가 없는 보더리스borderless 사회가 도래할 것이오. 남녀 구별도 없고 국경도 없는 그런 사회 말이오. 그러니 신한은행은 여성 인력을 적극 활용하고 경영 체제도 글로벌 스탠더드global standard를 갖추어야 하오."

인사담당자 홍성균 과장의 후일담을 들었다. 그는 우수한 여성 인력을 채용하려고 당시 최고의 명문 여자상업고등학교인 서울여상을 찾아갔다. 취업담당 교사인 문文 선생님을 만났더니 처음엔 문전박대하더란다.

"신한은행? 일본 은행 아니오? 거기에 우리 학생들을 어떻게 보내겠소?"

"재일동포들이 피땀 흘려 모은 돈으로 세운 은행입니다. 비록 지금 출발점이어서 미미하지만 곧 유력한 은행으로 성장할 겁니다."

문 선생은 시큰둥한 표정이었다. 여상의 취업담당 교사는 대체로 은행, 공무원, 기업 생리를 훤히 꿰뚫어 보는 사람이었다. 당시 은행은 급여, 안정도, 사회적 명성 등을 종합하여 서열이 형성돼 있었다. 1위는 중앙은행인 한국은행으로 여기에 들어가려면 여상, 상고에서 수석, 차석으로 졸업해야 했다. 2위는 한국산업은행KDB, 3위는 외환은행KEB. 신설은행인 수출입은행도 인기는 있었으나 워낙 채용인원이 적었다. 이런 최상위급 국책은행 다음엔 '조·상·제·한·서'라 불리는 5대 시중은행이 있었다. 조흥, 상업, 제일, 한일, 서울신탁은행이 그들이었다. 이 그룹 다음엔 국민은행, 주택은행, 농협 등이 자리 잡았다. 1997년 말 외환위기 때 한국 금융계에 대大지각변동이 생겨 '조·상·제·한·서'가 2000년대 들어 모두 간판을 내릴 것을 어느 누가 예상했겠는가.

홍성균 과장은 문 선생에게 비장의 카드를 꺼내 들었다.

"다른 시중은행보다 급여를 30% 더 줍니다. 신한은행은 여성을 승진에서 차별하지 않으며 간부로도 키울 것입니다."

문 선생은 눈을 휘둥그레 크게 뜨며 관심을 기울였다. 당시에 타행보다 연봉이 30% 많다면 파격적인 조건이었다. 1970년대 후반기에 금융권의 급여가 갑자기 삭감돼 수년간 동결된 때였다.

"은행원은 월급도 많은데 대출 커미션까지 챙겨 흥청망청 돈을 쓴다더라"는 소문이 고위층 귀에 들어가 정부 지침으로 급여가 삭감되었다고 한다.

"여기 성적 우수자 명단이 있습니다."

문 선생은 다른 은행으로 가기로 내정된 학생들의 명단을 보여 주었다. 신한은행은 이렇게 하여 우등생 졸업자들을 신입행원으로 채용했다. 당시 다른 은행에서는 신입행원을 여상 졸업생 여행원, 남자 상고 졸업생 초급 행원, 대졸자 중급 행원 등으로 분류했다. 초급 행원은 승진하려면 내부 '전환고시'라는 시험을 통과해야 했다. 신한은행에서는 여행원, 초급 행원도 전환고시 없이 승진하도록 했다. 여행원도 리더십, 실적이 출중하면 간부로 발탁했다.

신한은행 창립 초기에 여직원으로 구성된 '갤 포스Gal Force'라는 조직이 친절 서비스를 정착시키는 데 크게 기여했다. '갤Gal'은 그리스어로 여성을 의미한다.

올림픽과 나

9

1948년 런던올림픽

참가 경비 모금

나는 특정 종목의 스포츠를 연마하지는 않았다. 몸집이 큰 편이어서 내가 누구인지 모르는 사람은 가끔 나를 무도인武道人으로 착각하곤 한다. 나는 무술을 익히지도 않았고 그럴 여유도 없었다. 아침에 일찍 일어나 건강관리차 맨손체조를 하는 게 청년 시절의 유일한 운동이었다. 중년 이후엔 골프, 산책을 병행했다.

운동경기를 관전하는 것은 작은 취미였다. 야구, 스모, 복싱, 레슬링 경기를 TV로 시청했다. 야구는 프로야구보다 고교생 야구, 특히 고시엔甲子園 대회를 즐겨 보았다. 올림픽이나 한국의 전국체전에서는 메인스타디움에서 열리는 육상경기를 보는 재미에 빠졌다.

올림픽과 간접적이나마 처음 인연을 맺은 것은 1948년 런던올림픽 때였다. '대한민국' 선수단으로 참가할 수 있어 재일교포에게도 희소식이었다.

그러나 한국선수단은 경비가 모자라 고생이 막심하다는 소식이 들려 왔다. 한국 정부가 수립되기 전이라 여권 대신 미군정청에서 발

급한 여행증명서를 들고 장도壯途에 올랐다. 한국을 떠나 일본에 들러 영국 런던으로 간다기에 재일교포들은 선수단을 위한 대대적인 모금 운동을 벌였다.

재일조선인체육협회 채수인蔡洙仁 회장, 이희원 상임고문, 기업인 서갑호 회장이 앞장섰다. 오사카에서 성공한 기업인인 서갑호 회장이 5월 어느 날 나를 불러 한국선수단을 돕자고 제의했다.

"태극기를 들고 간다카이 가슴이 벌렁벌렁 뛰네요. 아우님! 십시 일반으로 성금을 모아 봅시다!"

나는 신바람이 나서 오사카 시내를 누비며 교포들에게 취지를 설명하고 큰돈, 푼돈을 모았다.

동메달 2개 따

한국선수단은 6월 23일 일본의 하카타博多에 도착해 열차를 타고 목적지 요코하마橫浜로 향했다. 중간에 오사카역에 정차할 때 내가 동승했고 6월 24일 저녁 8시 요코하마에 도착했다.

1936년 베를린올림픽의 마라톤 영웅 손기정 선수가 마라톤 감독으로 온다기에 살펴봤으나 갑작스런 맹장염 탓에 1진 출국팀에서 빠졌다고 했다.

오사카 교민들은 현금 80만 엔, 내복 140점을 선수단에 기증했다. 홍일점 참가자인 투원반 종목의 이화여중 5학년생 박봉식朴鳳植 선수에게는 숙녀복 한 벌과 핸드백을 선물했다. 도쿄 교민들은 현금 36만 엔, 축구·농구단 유니폼, 넥타이 75개, 영어사전 80권을 기증했다.

런던올림픽 한국선수단을 지원한 재일교포들과 함께 일본 요코하마항에서(1948. 6).

선수단은 일본을 떠나 중국 상하이-홍콩-방콕-인도 뭄바이-이집트 카이로-이탈리아 로마-런던을 잇는 선박, 항공기 편으로 7월 12일에야 선수촌에 입촌했다. 태극마크를 달고 참가한 첫 올림픽에서 한국선수단은 역도 김성집金晟集, 복싱 한수안韓水安 선수가 각각 동메달을 따는 쾌거를 이루었다.

기대를 모았던 마라톤은 서윤복徐潤福, 최윤칠崔侖七, 홍종오洪鍾五 세 선수가 모두 부진했다. 1947년 제51회 보스턴 마라톤 우승자 서윤복 선수는 컨디션 난조로 27위에 그쳤다. 40km 지점까지 선두를 지키던 최윤칠 선수는 갑작스런 다리 통증으로 레이스를 포기했다.

1964년 도쿄올림픽

민관식 한국선수단장

일본은 원래 1940년 제12회 올림픽 개최지로 선정되었으나 제2차 세계대전이 발발하는 바람에 무산되었다. 세월이 흘러 1964년 도쿄 올림픽이 열리게 됐다. 일본의 국제올림픽위원회IOC 위원인 아즈마 료타로東龍太郎는 다음과 같이 도쿄올림픽의 의의를 밝혔다.

"올림픽을 계기로 국가 번영을 이루어 1등 산업국가로 진입하길 바란다. 올림픽이란 마법 없이는 세계적인 무역국가로 일어서기 위한 투자를 하기 어렵다. 일본은 더 이상 패전국이 아님을 세계에 알려야 한다."

나는 신문, 방송을 통해서만 알던 올림픽 경기를 내 눈으로 볼 수 있다는 사실 때문에 마음이 부풀었다. 또 사상 최대 규모로 파견하는 한국선수단을 돕기 위해 동분서주했다. 재일본 대한체육회 정건영鄭建永 부회장이 앞장서서 한국선수단 후원활동에 나섰다. 그는 '긴자銀座의 호랑이'라는 별명을 가진 협객이었다. 신장 185cm의 거구여서 그의 외모만 보고도 대부분 사람들은 위축되었다. 그렇다 해서 그가 교민들을 겁박하지는 않았다. 자신이 거액을 솔선해서 내놓고 모금운동을 이끌었다.

한국선수단은 사상 최대 규모인 224명(임원 59명, 선수 165명). 단장은 대한체육회 민관식閔寬植 회장이었다. 한국선수단은 도쿄 하네다羽田공항에 HL5202 전용기를 타고 도착했다.

이때 만난 민관식 회장과의 인연은 오래 이어진다. 그는 친화력이 좋고 유머 감각이 뛰어났다. 1918년생이니 나보다 한 살 아래인 동년배여서 친근감이 더 들었다. 그는 1964~1971년 사이에 대한체육회장을 지내며 태릉선수촌을 세우는 등 체육발전에 크게 기여했다. 1971~1974년엔 문교부 장관을 지냈다. 그의 아호는 '소강小崗'.

그는 박정희 대통령으로부터 각별한 신임을 받았다. 그래서 나와 박 대통령 사이의 메신저 역할을 자임했다. 테니스 애호가로서 나에게도 테니스 입문을 권하기도 했다. 그러나 나는 끝내 테니스 라켓을 잡을 여유를 갖지 못했다.

소강의 부인 김영호 여사는 개성음식 장인인데 이화여대 후문 앞에서 '마리'라는 한정식 식당을 경영했다. 나는 이곳에서 자주 소강을 만나 담소를 나눴다.

개막식에 임원으로 입장

특이한 점은 한국선수단 임원의 상당수는 재일교포라는 사실이었다. 성금을 많이 낸 사람을 각 종목의 임원으로 배치시켜 개막식 때 당당히 메인스타디움으로 입장하도록 했다.

도쿄올림픽은 1964년 10월 10일 오후 2시, 93개국 5,152명의 선수들이 참가한 가운데 도쿄 국립경기장에서 개막되었다. 일본천황의 개회 선언, 성화대 점화에 이어 체조선수 오노 다카시小野喬가 선수 선서를 하면서 열전에 돌입했다.

한국선수단 임원으로 참여하여 선수들을 후원하고 개막식을 직접 지켜보니 감개무량했다. 다른 재일교포 임원들도 마찬가지 감정이었으리라. 당시에 재일교포의 법적 지위는 모호하고 불안정했다. 그런데 국제올림픽위원회IOC가 공인하는 올림픽 임원증을 가슴에 달았으니 얼마나 가슴이 뿌듯했겠는가.

나는 세계적인 행사에 가족이 참관하도록 해 견문을 넓혀주려 했

1964년 도쿄올림픽 당시 재일한국인 후원회를 만들어 한국선수단을 후원했다.
후원활동 덕분에 한국선수단 임원이 되어 선수촌을 방문하기도 했다. 앞줄 왼쪽에서 3번째가 나.

장남 승재, 차남 경재와 함께 도쿄올림픽 개막식을 참관했다.

다. 마침 도쿄올림픽 개막에 즈음하여 1964년 10월 1일 오사카-도쿄 구간에 신칸센이 개통됐다. 우리 부부와 아들 셋은 시속 200km로 달리는 '탄환彈丸 열차'를 타고 도쿄에 와서 개막식과 몇몇 경기를 관람했다. 장남 승재, 차남 경재는 여러 경기를 보았고 아내와 막내 융재는 선수촌 등을 방문하였다.

도쿄올림픽에서 남·북한 분단의 상처가 불거지는 일도 있었다. 세계기록 보유자인 북한의 육상스타 신금단辛今丹 선수와 서울에 사는 아버지 신문준辛文濬 씨가 도쿄에서 상봉할 예정이었다. 그러나 14년 만의 부녀상봉은 단 7분 만에 끝났다. 북한이 개막식 하루 전 선수단을 철수하는 바람에 신금단은 경기를 뛰어보지도 못했다.

한국 선수 가운데 은메달리스트는 레슬링 장창선張昌宣 선수, 복싱 정신조鄭申朝 선수로 각각 결승에서 일본 선수에게 패배했다. 재일교포 김의태金義泰 선수는 유도에서 동메달을 땄다. 유도는 도쿄에서 처음

채택된 종목이다.

도쿄올림픽에서 가장 주목을 끈 선수는 마라톤 우승자인 에티오피아의 아베베 선수. '맨발의 영웅'인 그는 1960년 로마올림픽에 이어 도쿄에서도 금메달을 따 2연패의 위업을 이루었다. 훗날 프로복싱 헤비급 챔피언으로 활약하는 조 프레이저Joe Frazier도 금메달을 목에 걸어 주목을 끌었다.

도쿄올림픽이 끝나고 1년 후 메달리스트 장창선, 정신조, 김의태 선수를 오사카에 초청해서 축하모임을 열기도 했다. 나는 앞으로 열리는 올림픽에도 참관하겠다고 다짐했다.

1976년 몬트리올올림픽

양정모 선수, 첫 금메달

1976년 7월 17일 캐나다의 몬트리올에서 엘리자베스 영국 여왕의 개회 선언으로 제21회 하계올림픽이 개막되었다. 나는 오사카 지역 상공인을 주축으로 한 120명의 참관단을 이끌고 몬트리올로 갔다. 재일교포 기업인, 오사카흥은 고객 및 주주, 가족 등으로 대규모 참관단이 이루어졌다. 몬트리올 시내에서는 경기장-호텔-관광지 등을 전용버스 4대로 마음껏 다녔다.

한국선수단은 최재구崔載九 단장을 선두로 72명(임원 22명, 선수 50명)의 인원으로 구성되었다.

폐막 하루 전날인 7월 31일 한국 스포츠 역사의 새로운 장章이 열렸다. 레슬링 자유형 페더급에서 양정모梁正模 선수가 꿈에 그리던 금메달을 딴 것이다. 1936년 베를린올림픽에서 손기정 선수가 마라톤에서 금메달을 딴 지 40년 만에, 1948년 런던올림픽에서 처음으로 'KOREA' 명칭으로 참가한 지 28년 만의 쾌거였다.

오사카 재일교포 응원단은 양정모 선수가 출전한 경기를 줄곧 참관했다. 나는 대형 태극기를 흔들며 응원에 앞장섰다.

양정모, 몽골의 제베그 오이도프Zeveg Oidov, 미국의 진 데이비스Gene Davis의 3파전이었다. 양정모는 데이비스를 이겼고, 오이도프는 데이비스에게 졌다. 마지막 결승에서 양정모와 오이도프가 치열한 접전을 벌였는데 양정모가 10 대 8로 석패했다. 금메달이 날아갔나 싶었는데 오이도프가 데이비스에게 벌점을 많이 받았기에 합산 결과 양정모의 우승이 확정되었다. 우리는 목이 터져라 응원했고 금메달 확정 후 감격에 겨워 서로 부둥켜안았다.

체조 요정 코마네치

한국은 여자 배구 3·4위전에서 헝가리를 꺾고 올림픽 사상 처음으로 구기종목에서 메달을 차지했다. 여자 배구는 도쿄올림픽에서 일본팀을 우승으로 이끈 다이마쓰 히로부미大松博文 감독에게 지도 받아 기량이 크게 향상되었다고 한다.

유도의 장은경張銀景 선수는 은메달, 박영철朴英哲 선수와 조재기趙在基 선수는 동메달을 획득했다. 레슬링에서는 양정모 선수의 금메달 이외에 전해섭全海燮 선수가 동메달을 땄다. 한국은 금 1, 은 1, 동 4 모두 6개의 메달을 획득해 사상 최고의 실적을 올렸다.

몬트리올올림픽의 최고스타는 여자 체조의 나디아 코마네치Nadia Comăneci 선수였다. 루마니아 선수로 거의 모든 종목에서 10점 만점을 받으며 금메달 3개(평행봉, 평균대, 개인종합), 은메달 1개(단체), 동메달 1개(마루운동)를 휩쓸었다. 그녀는 '체조 요정'이란 별명을 얻으며 세계인의 이목을 사로잡았다.

소련의 여자 체조선수 넬리 킴Nellie Kim도 금메달 3개(도마, 마루운동, 단체), 은메달 1개(개인 종합)를 획득해 세계적인 스타로 부상했다. 그녀는 한국인 2세인 아버지와 타타르족 어머니 사이에서 태어난 한국인 3세이다.

몬트리올은 프랑스가 개척한 도시였기에 건물도 프랑스 양식이고 언어도 불어를 사용하는 곳이었다. 캐나다 특산물인 메이플시럽을 넓적한 팬케이크에 뿌려 먹으니 별미였다. 대다수 응원단 참가자는 매우 만족했으며 "다음 올림픽에도 또 오자!"고 외쳤다.

나는 스포츠 행사 참가를 통해 넓은 세상을 이해하고 역동성을 느낄 수 있었으며, 이는 차후 경영에도 큰 도움을 얻을 수 있었다.

1984년 로스앤젤레스올림픽

상업주의 팽배한 올림픽

1980년 모스크바올림픽은 서방 세계 대다수 국가가 불참하는 가운데 열린 '반쪽' 대회였다. 1979년 12월 소련이 아프가니스탄을 침공해 친소親蘇정권을 수립하자 미국의 지미 카터 대통령이 소련을 압박하기 위해 모스크바올림픽 불참에 앞장선 것이다. 한국과 일본도 불참에 동조했다.

4년 후 미국 로스앤젤레스LA에서 열린 올림픽은 공산권 14개국이 불참하여 역시 '반쪽' 대회가 되었다.

한국은 21개 종목 284명이란 사상 최대 규모의 선수단을 보냈다. 몬트리올올림픽 때처럼 오사카 상공인들은 응원단 80명을 규합했다. 나는 12세 맏손녀 훈薰과 둘째 손녀 11세 윤潤을 데리고 갔다. 감수성이 예민한 어린 시절에 올림픽 같은 대규모 국제행사를 참관하며 넓은 세상을 보도록 하기 위해서다. 20년 전인 1964년 도쿄올림픽 때는 장남, 차남, 삼남을 데리고 갔는데 세월이 흘러 손녀들을 대동하니 감회가 새로웠다.

공산권이 불참하긴 했으나 한국은 LA 올림픽에서 금메달 6개, 은메달 6개, 동메달 7개를 획득해 스포츠 강국으로 우뚝 섰다. 한국의 경제성장에 힘입어 스포츠 분야에 투자를 늘리고 과학적인 훈련을 계속한 결과인 듯하다.

금메달리스트는 유도의 안병근安柄根, 하형주河亨柱와 레슬링의 김원기金原基, 유인탁柳寅卓, 복싱의 신준섭申俊燮, 양궁의 서향순徐香順 선수였다. 여자 농구팀, 여자 핸드볼팀도 금메달 못잖게 귀한 은메달을 땄다.

LA 올림픽은 여러 면에서 악명을 남겼다. 중계권을 따낸 ABC 방송은 편파적으로 미국만을 부각시켰다. 상업주의가 너무 팽배해 아마추어 스포츠의 뿌리를 흔들었다. 테러에 대비한다고 경비를 강화하는 바람에 선수, 응원단 모두가 경기장 출입에 큰 불편을 겪었다. 대회기간이 7월 말~8월 초여서 무더위도 기승을 부렸다. LA 시내에서는 스모그현상이 심해 맑은 공기를 마시기가 어려웠다.

손녀와 오랜 대화

버스 두 대에 나누어 탄 오사카 재일교포 응원단은 수시로 LA 한인타운에 들러 한식을 먹었다. 이곳의 한식은 한국이나 오사카의 한식보다 덜 맵고 덜 짠 편이었다. 고기와 뼈를 함께 구운 'LA 갈비'의 본고장에서 먹으니 맛이 더 좋았다. LA 근교의 디즈니랜드를 구경하러 간 응원단 멤버도 적잖았다.

LA 올림픽은 1932년에도 열렸다. 당시는 일제강점기여서 한국 선수는 일장기 아래에서 참가했다. 마라톤의 김은배金恩培 선수가 6위를,

권태하權泰夏 선수가 9위를 차지했다. 복싱의 황을수黃乙秀 선수는 1회전에서 독일 선수에게 판정패했다. 이들 세 선수는 한민족으로는 최초로 올림픽에 참가했다.

1984년 LA올림픽에서 최고의 스타는 미국 스프린터 칼 루이스 선수였다. 금메달 4개를 목에 건 4관왕으로 육상 단거리 부문의 지존至尊이었다.

한국선수단 김성집金晟集 단장은 1948년 런던올림픽에 선수로 참가할 때 요코하마에서 만나 구면이었다. 그때는 우리 모두 청년이었는데 이제는 육순이 넘은 시니어가 되었다.

LA올림픽을 참관하면서 내가 얻은 최대의 성과는 손녀 둘과 2주일 내내 함께 보낸 시간이다. 집안 이야기부터 인생사까지 온갖 주제의 대화를 나누었다.

사람의 외모라는 게 참 묘해서 나의 장남은 나를 닮았는데 장남의 맏딸인 훈은 나의 아내를 빼닮았다. 이를 격세유전隔世遺傳이라 한다. 아내가 2년 전인 1982년에 별세했으니 맏손녀를 볼 때마다 아내 얼굴이 떠올랐다. 귀로에는 하와이에서 며칠 묵다가 오사카로 돌아왔다.

서울올림픽 성금 100억 엔

후지산에서 서울까지

재일교포 '호돌이 대행진'은 1988년 7월 1일 일본의 상징인 후지산 정상에서부터 시작됐다. 호돌이 복장과 노란색 유니폼을 입은 30명의 호돌이 선발대는 전날 후지산에 올라 이날 아침 산꼭대기에서 솟아오르는 태양을 바라보며 비손했다.

"서울에서 열리는 88올림픽이 무사히 치러지기를 염원합니다!"

한국식 고사를 지내고 후지산을 내려온 선발대가 시즈오카静岡 시내를 걷는 것을 시작으로 '호돌이 대행진'은 대장정에 올랐다. 홋카이도北海道부터 규슈까지 일본 열도에서 이름 있는 도시의 거리 곳곳을 누볐다. 일본 전국의 축제, 마쓰리祭り가 열리는 지방을 찾아가 서울올림픽을 홍보했다.

나도 도쿄도 지사, 오사카 시장을 만나러 갈 때 참가자들과 함께 호돌이 복장을 한 채였다. 이런 광경은 일본 사회에 이색적으로 비쳐져 일본 매스컴들의 단골 뉴스소재가 됐다. 재일교포 호돌이들이 찾아다닌 일본 속 마쓰리는 14개 도시에 달했다.

일본에서 가장 성대하고 화려한 행진은 오사카에서 펼쳐졌다. 신한은행 창립 6주년을 맞이한 7월 7일, 오사카 시청 앞 광장. 오사카흥은의 '호돌이대행진' 대원들과 오사카 시민 수천 명이 한자리에 모였다.

나는 호돌이 군단의 리더 자격으로 호돌이 머리띠를 하고서 단상에 올라 사자후를 토했다.

"서울올림픽은 재일한국인에게 커다란 자신감과 활력을 심어주는 행사입니다. 우리 모두 힘을 합쳐 서울올림픽을 성공시킵시다!"

참가자들은 호돌이팀이 개발한 에어로빅 스타일 춤을 따라 추면서 〈아침의 나라에서〉라는 노래를 합창했다. 이들의 얼굴에는 '신명나는 큰 잔치', '자랑스러운 민족의 대축제'에 동참한다는 자부심이 그득했다.

이후 기차를 타고 도쿄로 간 호돌이들은 젊음의 거리 하라주쿠를 비롯해 도쿄 시내를 퍼레이드한 뒤, 도쿄돔 광장에서 서울올림픽을 홍보했다. 일본인에게 한국의 축제에 동참하라는 캠페인이었다. 처음에 10만 개를 제작한 호돌이 머리띠는 인기 아이템이 되어 금세 소진됐다. 그 바람에 5만 개를 추가 제작해 일본 시민들에게 나눠 줬다.

일본 순례를 마친 호돌이들은 8월 17일 시모노세키에서 부관페리를 타고 부산으로 건너왔다. 모국에 상륙한 호돌이들은 일본에서 갈고 닦은 실력을 맘껏 뽐내며 가는 곳마다 화제를 불러일으켰다. 8월 18일 부산, 8월 19일 대구와 광주, 8월 20일 대전, 8월 22일 서울 등 전국 주요 도시를 섭렵했다.

나라에서 만난 한국인 교사들

대장정을 하다보면 행복한 인연을 만나는 경우가 있다.

7월 23일 정오. 나라奈良에서 뜻밖의 만남에 내외동포가 모두 감동했다. 나라 시내를 행진하던 호돌이 군단이 '일본 속의 한민족사 탐방'을 위해 온 한국 선생님들과 조우한 것이다. 역사 탐방은 신한은행 지원으로 진행된 행사였다.

'호돌이대행진'은 이색적인 프로젝트였다. 한일 전국을 도보로 누비며 서울올림픽을 붐업boom up 하겠다는 발상은 기상천외한 기획이었다. 그때까지도 서울올림픽은 성공에 의문부호가 붙어 있었다. 큰 장애물은 북한이었다. 북한은 1987년 11월 이라크 바그다드공항을 출발한 대한항공KAL기를 폭파하는 등 방해공작에 혈안이었다. 국내 상황도 어수선했다. 대학가에는 연일 '올림픽 단독개최'를 반대하는 시위가 벌어지고 있었다.

재일한국인 후원회의 프로젝트명처럼 그야말로 '대작전'이었다. '호돌이대행진'은 일본에서는 오사카흥은이 주도했고, 한국으로 건너와서는 신한은행 직원들이 합류하면서 활력이 넘쳤다.

서울에 출현한 호돌이

1988년 8월 22일 월요일 아침. 서울 시내 한복판에 호돌이 군단이 출현했다. 난데없이 호돌이들이 나타나자 광화문 네거리와 서울시청 부근이 떠들썩해졌다. 재일교포 2~3세 청년들이 호돌이, 호순이로 분장하고 거리행진에 나선 것이다. 이들 대부분은 오사카흥은 직원들로

한일 전국을 누비며 서울올림픽을 붐업하겠다는 발상으로 시작한 '호돌이대행진'.
'서울을 향하여 타오르라 호돌이여'라는 구호를 외치며 두 아들도 함께했다.

홍은의 '호돌이대행진ホドリ大行進' 팀 멤버들이다.

'서울올림픽을 향하여, 타오르라 호돌이여!'

이런 플래카드를 들고 행진하는 호돌이 모습은 재미있는 볼거리였다. 100여 마리의 호돌이들은 화려한 퍼포먼스를 선보였다. 올림픽 찬가인 〈아침의 나라에서〉를 한국어로 합창하면서 호돌이 춤을 덩실덩실 추었다. 출근길의 직장인들이 연도로 나와 박수를 보내고 함께 춤추기도 했다.

서울시청 앞 환영행사는 장관이었다. 단상에 오른 나는 마이크 앞에 서서 목이 터져라 외쳤다.

"88 서울올림픽, 성공을 기원합니다!"

풍물놀이에 이어 서울시민과 호돌이들이 한데 어우러져 춤추고

1988년 8월 22일 서울시청 앞 호돌이대행진 환영 행사는 한바탕 대잔치였다.
나는 단상에 올라 올림픽 성공을 기원하고 대장정을 마친 단원들을 치하했다.

합창하는 한바탕 대잔치가 펼쳐졌다. 호돌이들은 오픈카에 올라 서울시청부터 송파구 올림픽회관까지 카퍼레이드를 펼쳤다.

이로써 오사카흥은의 호돌이들은 한국과 일본 전역에서 두 달 동안 펼친 올림픽 홍보캠페인을 마무리했다. 서울 행사는 대장정의 피날레였다.

성금 100억 엔이 만든 기적

서울 송파구와 강동구에 걸친 44만 평 대지에 펼쳐진 올림픽공원은 뉴욕의 센트럴파크에 비견된다. 이 올림픽공원 곳곳에 재일교포의 숨결이 배어 있다. 여러 올림픽경기장, 대한체육회 본부 건물인 올림픽회관, 올림픽유스호스텔(현 서울올림픽파크텔) 등은 88 서울올림픽 때 재일교포 성금으로 세워진 건물이다. 서울올림픽파크텔은 숙박 및 연수시설로 지금도 재일교포 차세대들이 여름방학 때 찾아온다. 경기도 하남의 미사리조정경기장(현 경정장)과 서울 장충체육관도 재일교포의 정성어린 성금으로 개보수한 시설이다.

재일교포들은 성금으로 모국사랑을 표현하고자 했다. 그렇게 모은 돈이 자그마치 100억 엔(당시 한화로 541억 원)이 넘었다. 1980년대 초 서울 요지의 20평짜리 신축 단독주택이 2천만 원 정도였으니, 올림픽 성금은 주택 2,700채를 살 수 있는 막대한 금액이다.

이 성금은 '88 서울올림픽 재일한국인 후원회'가 모금한 524억 5,700만 원, 민단 산하기관인 재일한국부인회에서 따로 마련한 16억 4천만 원을 합한 액수다. 서울올림픽 때 일본을 제외한 미국, 유럽 등

'88 서울올림픽대회 재일동포의 지원을 기리는 비' 제막식(1988. 9. 17).

해외 전 지역에서 모금한 성금총액이 6억 원이었음을 감안하면 재일
교포의 열정이 얼마나 뜨거웠나를 가늠할 수 있다.

　서울올림픽 상징물인 '평화의 문' 왼편에 있는 대한체육회 본관 건
물 뒤편에 가면 커다란 석비가 우뚝 서 있다. '88 서울올림픽대회 재
일교포의 지원을 기리는 비碑'다.

　88 서울올림픽대회는 온 겨레의 정성과 땀으로 이루어진 것이지만, 특
히 이국땅에 나가 살고 있는 동포들의 성원과 지원은 우리들의 가슴에
오래오래 지워지지 않는 기억으로 남을 것이다. 그 가운데서도 70만 재
일교포들은 제24회 올림픽대회의 서울 유치가 결정되자, 올림픽후원
회를 조직해 541억 원 거금을 기탁함으로써, 서울올림픽에 크나큰 기여
를 하였다. 이러한 정성은 올림픽 후원에 그치는 것이 아니고, 평소 그
들이 지닌 투철한 애국심의 발로로서, 그 갸륵한 뜻을 길이 새기어 내외

동포의 민족적 유대를 공고히 하는 지표로 삼고자 이 비를 세운다.

이 석비는 서울올림픽 개막일인 1988년 9월 17일에 세워졌다. 또 이를 둘러싸고 성금기탁자들의 이름을 새긴 석비들도 함께 세워졌다.

나는 '88 서울올림픽 재일한국인 후원회' 회장으로서, 박병헌 단장은 당시 민단 중앙본부의 단장으로서 올림픽 모금운동을 이끌었다. 나와 민단의 의기투합은 1982년 6월 11일 시즈오카현 아타미熱海에 있는 뉴아카오호텔에서의 만남으로 거슬러 올라간다.

"역사적인 세계올림픽의 서울대회 성공을 위하여 민단의 각급 조직은 총력을 기울여 후원하겠습니다."

이날 민단은 전국 지방단장회의를 열고 이렇게 결의했다. 그리고 그 자리에서 '88 서울올림픽 재일한국인 후원회'를 결성한다. 후원회장에는 내가 추대됐다. 나는 취임인사를 위해 단상에 올랐다.

"우리나라가 올림픽을 개최할 줄을 누가 상상이나 했겠습니까. 서울올림픽은 우리 재일동포들에게 일생에 한 번 찾아온 기회입니다. 조국의 영예를 위해, 88 서울올림픽의 성공을 위해, 우리 70만 재일교포들이 조국의 경사를 성공시키는 마중물이 되도록 최선을 다하겠습니다. 다 함께 협력합시다!"

올림픽 후원회장을 맡은 나는 먼저 조직을 만들고, 목표를 구체화하는 작업을 벌였다. 후원회는 1983년 4월까지 일본 전역의 교포 유지 3천 명을 추진위원으로 위촉했다.

후원회는 재일교포 경제인을 비롯해 주로 거액의 모금을, 민단은

88 서울올림픽대회 재일한국인 후원회가 결성된 후 나는 후원회장으로서
다양한 후원 사업을 펼쳐 나갔다(1982.6.11).

일본 전국 48개 지방본부를 축으로 민단 단원들을 대상으로 시민 모
금에 주력하는 협동작전을 펼쳤다.

기부금 면세조치

모금운동이 처음부터 순조롭지는 않았다. 교포들은 본인이 낸 기부금
때문에 과도한 세금을 내야할지 모른다며 걱정했다. 일본 입장에서
재일교포의 모금운동은 올림픽을 평계로 한 외국인들의 외화 반출로
의심할 일이었다.

이런저런 걱정 때문에 주저하는 교포들이 적잖았다. 그때 후원회
에서 번뜩이는 아이디어가 나왔다. 올림픽 성금에 대해 일본 정부로
부터 '기부금 인정 및 면세지정'을 받을 수 있다면 모든 문제가 해결
되지 않겠는가.

박병헌 민단 중앙본부 단장이 앞장서 한일 정계 거물들을 만나 선처를 호소했다. 한일의원연맹의 권익현權翊鉉 회장과 김수한金守漢 의원에게 비공식적으로 나카소네 야스히로 총리, 다케시타 노보루竹下登 자민당 간사장, 아베 신타로 외무대신에게 기부금 면세에 대해 상담해 달라고 부탁했다. 박 단장은 며칠 후에 권익현, 김수한 의원에게서 "일본 정치인들이 법률문제가 있어 매우 어렵다고 말하더라"는 답변을 들었다.

　　이후 후원회와 민단은 한일 양국 정부를 상대로 집요한 설득작업에 들어간다. 나도 만사를 제치고 이 일에 나섰다. '호랑이를 잡으려면 호랑이 굴에 가야 한다'는 속담처럼 나는 주무관청인 대장성을 찾아가 장관부터 실무자까지 만나 설득 작업을 펼쳤다.

　　이런 노력은 마침내 성과를 거두었다. 변화의 시작은 1986년 3월이었다. 이때 일본 중의원 예산위원회에 출석한 대장성의 다케시타 노보루 장관은 "재일한국인들의 서울올림픽 성금을 지정기부로서 면세조치를 고려하고 있다"고 답했다.

　　그해 11월 15일 일본 정부는 대장성 조치 162호 고시告示를 발표, 재일교포의 서울올림픽 후원금에 대해 면세조치를 최종 확정했다.

　　면세 효과는 상당했다. 이때를 기점으로 서울올림픽 기부금이 폭발적으로 증가했다. 후원회와 민단은 24시간 조직을 풀가동하다시피 분주했다. 나는 신바람이 나서 후원회 네트워크를 총동원해 기부금 모금에 나섰다. 민단은 '88 서울올림픽 화보'를 제작해 재일교포 가정에 발송하며 캠페인 동참을 호소했다.

독거노인, 쌈짓돈 내

올림픽성금 기부자들의 사연은 감동의 스토리로 넘쳐 난다. 경제적으로 대성해 단 번에 1천만 엔, 2천만 엔씩 낸 배포 큰 사장도 있지만 한 끼 식사를 걱정하는 가난한 동포들이 낸 눈물의 성금이 많았다.

오사카 쓰루하시 시장의 한복점 여사장이 노후자금으로 모아두었던 1천만 엔을 기꺼이 기부했다. 어떤 신혼부부는 결혼식 축의금을 몽땅 성금으로 내놓았다. 민단 간부가 고베神戶 양로원을 방문했을 때의 이야기를 듣고는 가슴이 뭉클했다.

"70대 중반쯤 되는 노인 한 분이 바지주머니에서 꼬깃꼬깃 접힌 1,000엔짜리 지폐를 꺼내면서 제 손을 붙들고 '귀하게 써주시오'라 말하더군요. 독거노인이었는데 너무 고마워 제가 몸 둘 바를 몰랐습니다."

1986년 여름 어느 날이었다. 나와 박병헌 민단 단장이 명동 로얄호텔에 묵으며 서울올림픽 후원사업을 논의할 때였다. 도쿄의 부동산 재벌 김희수金熙秀 가나이金井그룹 회장이 서울에 체류한다기에 만나자고 연락했다. 김 회장은 도쿄 중심부인 긴자銀座 등지에 30여 개의 빌딩을 가진 대단한 재력가이다.

땀을 뻘뻘 흘리며 로얄호텔에 나타난 김 회장은 서울올림픽 성금이라며 봉투를 내게 건네주었다. 봉투를 열어보니 1만 엔짜리 신권 5장이 들어 있었다. 재일교포 가운데 다섯 손가락에 꼽히는 재력가가 5만 엔밖에 내지 않다니…. 나는 내색은 하지 않았지만 당혹스러웠다.

"서울, 도쿄에서 지하철 타고 다니며 택시비 아껴 모은 돈입니다."

김 회장은 그렇게 말하곤 자리에서 일어섰다. 며칠 후 반전反轉이 일어났다. 도쿄에 돌아온 김 회장이 무려 1억 엔을 낸 것이다. 김 회장은 1987년 재정난에 빠진 중앙대를 인수하기도 했다. 사심 없이 학교 발전을 위해 재산을 바친 거인이다.

민단 부인회는 '1일 10엔 모금' 캠페인을 벌여 16억 4천만 원을 모았다. 그 돈으로 한국 명승지와 올림픽공원 화장실들을 재래식에서 현대식으로 개조하였다. 올림픽성금 캠페인에 호응한 재일교포는 도합 10만 명을 웃돌았다. 재일교포에게 서울올림픽의 의미는 각별했다. 식민지 종주국 일본 땅에서 하대받던 한恨을 날려버리는 이벤트였다.

이런 심정으로 모은 재일교포 올림픽성금 100억 엔(541억 원)은 당시 대한민국 건국 이래 단일이벤트 성금 가운데 최대금액이었다.

해외교포의 88 서울올림픽 성금

단위 : 원

541억
재일교포

6억
여타 재외교포

선물 이야기

골프용품

나는 남에게 주는 선물을 직접 고르는 걸 즐긴다. 일본에서 한국으로 떠나기 직전에 백화점에 들러 여러 매장을 둘러본다. 카디건, 목도리는 고급 캐시미어 제품으로 고른다.

넥타이는 상대방의 스타일에 어울리는 디자인을 선택한다. 지인들은 가끔 나에게 충고한다.

"어떻게 선물까지 일일이 고르십니까? 비서에게 시키시지 않고⋯."

이럴 때는 나는 별로 대꾸하지 않고 마음속으로 허허, 웃으며 나의 선물관觀을 되뇌인다.

'선물이란 모름지기 정성을 담아야 하는 법, 그러려면 내가 성심성의껏 골라야 하지 않겠나?'

신한금융그룹의 임직원에게 줄 선물도 내가 고른다. 코마컨트리클럽의 골프용품 매장에서는 주로 골프용 상의를 산다. 한꺼번에 10~20개 사서 임직원들에게 나누어 준다. 골프양말도 수십 켤레를 산다. 언젠가 라응찬 행장은 이렇게 말했다.

"회장님이 주신 골프채, 골프옷, 양말 덕분에 저는 골프용품을 별도로 사지 않아도 됩니다."

신기철 비서실장이 나를 보좌하느라 오래 고생한 끝에 원효로지점장으로 발령 났기에 골프채를 선사했다. 신품보다는 나의 손때가 묻은 애장품을 주었다. 우드는 혼마 퍼시몬, 아이언은 마루망 블랙샤프트.

"신 지점장! 이 골프채로 라운딩을 하고 나면 이상하게도 행운이 많이 따랐다네. 지점장으로 나가면 고객들과 골프 칠 일이 자주 생길 텐데 자네도 행운을 누리시게!"

양복

언젠가부터 일본의 지인들이 나에게 양복을 선물하기 시작했다. 내 몸집을 눈대중하여 고른 기성복인데 대체로 내 몸에 잘 맞는다. 일본에서는 일찍이 고급 남성복 시장이 발달하여 굳이 맞춤복이 필요 없다. 길이가 조금 길면 수선하면 된다. 좋은 옷감의 양복을 입으면 때깔이 깔끔해 보인다.

양복은 유행 디자인이 그리 변하지 않고 옷감도 질기므로 수명이 길다. 동복 몇 벌, 춘하복 몇 벌만 있으면 된다. 그러기에 내가 받는 여러 벌의 양복은 내가 모두 입을 수도 없다.

그래서 나와 체격이 비슷한 임직원에게 양복을 선사했다. 그들은 이 옷을 즐겨 입었다. 검은 색 또는 감색 싱글은 은행원의 근무복장이어서 평일에 입을 수 있었다. 그러나 색상이 화려한 콤비 상의는 주말에 골프장에나 입고 올 수 있었다. 언젠가 제일컨트리클럽에 임원들과 골프를 치러 갔을 때 참가자들의 옷차림을 보니 대부분 내가 준 콤비를 입고 있었다.

임직원 가운데 나와 체격이 가장 비슷한 사람은 신한은행 이범식 배차실장이었다. 이 실장은 80여 명의 운전기사를 관리하는 책임자인데 내가 한국에 체류하는 기간엔 직접 운전대를 잡고 나를 케어care한다. 이 실장에게 양복을 몇 벌 주었다. 마침 발 크기도 나와 비슷해 구두도 몇 켤레 주었다. 고급 신품 양복을 받기가 부담스러웠는지 어느 날 이 실장이 나에게 말했다.

"회장님! 저에겐 입으시던 옷을 주셔도 됩니다."

그 말을 들으니 이 실장이 더욱 기특하게 보였다. 나는 입던 옷이나 쓰던 골프채를 남에게 주기도 한다. 그러나 마음이 통하는 분에게만 중고품을 준다. 친근감의 표시이다.

이 실장은 1950년생으로 내 둘째아들과 동갑이다. 그의 아버지도 1918년생으로 나와 엇비슷한 연배이다. 이 실장은 언제나 머리끝에서 발끝까지 실오라기 하나 흐트러짐 없이 깔끔한 차림이다. 사시사철 넥타이를 단정하게 매고 안전하게 차를 몬다.

하루는 신한동해오픈 골프대회에 참관하려고 옷을 입는데, 체중이 좀 불었는지 바지 허리가 조였다. 숙소인 로얄호텔에 나를 데리러 온 이범식 실장에게 바지 수선을 부탁했다.

"허리 치수가 40인치인데 반半 인치 늘리도록 해 주게."

"예? 수선하라고요?"

"낡았지만 아직 더 입을 만한 옷이야."

"예! 알겠습니다. 미진美進양복점이라고 제가 잘 아는 곳에 맡기겠습니다."

L장관의 빨간 넥타이

한국의 고위 공직자들은 넥타이를 파란색 위주로 맸다. 너무 천편일률적이었다. 한국 출장 준비를 하면서 오사카 백화점에서 L장관에게 줄 진홍색 넥타이를 골랐다. 과천청사의 장관실에서 예방을 마치고 선물을 건넸더니 L장관은 그 자리에서 포장을 뜯어보았다. 이렇게 공개하는 것이 미국 방식이란다. 뇌물이 아닌 만큼 나로서도 그러니 마음이 편했다. L장관은 넥타이가 마음에 들었는지 활짝 웃었다.

얼마 후 국무회의 광경이 TV에 보도되었는데 공교롭게도 김대중金大中 대통령과 L장관이 나란히 진홍색 넥타이를 매고 있었다. 넥타이를 고른 보람을 느꼈다.

언젠가 한국의 원로 지인을 뵈러 갔을 때 그분은 일본의 종합교양지 〈문예춘추〉를 읽고 있었다. 그분은 그 잡지에 실린 골프채 광고를 보고 감탄사를 내뱉었다.

"이 신제품 드라이버는 아마추어가 쳐도 10야드는 더 나간다고 하네요. 공을 때릴 때 소리도 경쾌하게 들린다 하고!"

오사카지점에 연락해서 그 드라이버를 하나 사서 보내라 했다. 며칠 뒤 드라이버를 갖다 드렸더니 그분이 감격해했다. 그분이 드라이버 하나를 살 돈이 없는 형편이 아니었다. 자기의 혼잣말을 듣고 재빨리 마련해 준 내 성의에 감동했으리라.

위스키

선물 가운데 가장 무난한 품목은 술이다. 물론 술을 마시지 않는 분은 반기지 않겠지만…. 그래도 술은 자기가 마시지 않더라도 남에게 주기에 좋다. 그래서 그런지 나는 한국과 일본의 지인에게서 위스키를 선물로 많이 받는다. 사무실 한 구석의 작은 창고엔 늘 10여 병의 위스키가 있다.

나는 독주보다는 맥주를 즐기기에 위스키는 선물용으로 쓴다. 한국의 지인에겐 일본산 산토리 위스키를 주면 좋아한다. 발렌타인, 시바스 리갈, 로얄 살루트 등 영국산 위스키는 한국에서도 그리 귀하지 않다. 그러나 일본산 위스키는 한국에서 의외로 귀하므로 선물품목으로 적당하다. 일본산 고급 사케는 값이 비싸고 맛도 좋은데 한국인의 입맛에는 그리 맞지 않은 듯하다. 한국인은 다이내믹한 성품답게 음주습관도 폭탄주를 즐기는 등 화끈한 편이다.

내가 받은 위스키 선물 가운데 영국 왕실에서 마시는 우스케보Usquebaugh라는 게 있었다. 게일Gale어로 '생명의 물'이란 뜻이란다. 왕실 용품답게 화려한 크리스털 병이 번쩍이는데 병목에는 순은純銀 목걸이가 걸려 있었다. 이 술은 외부 손님들과의 식사 자리에서 마셨다.

신한은행 본점 신년 시무식 때는 오사카에서 공수한 술을 마시며 새해 만사형통을 기원하는 행사가 열린다. 히노키, 즉 편백으로 만든 나무잔에 술을 따른다. 안주는 로얄호텔에 주문한다. 술을 강권하지 않지만 술에 약한 임직원은 새해 벽두부터 얼굴이 벌게진다. 그래도 이날만큼은 용납된다.

91세 때 받은 선물

내 나이 91세 때인 2008년 6월 29일, 나는 뜻밖의 선물을 받고 감격했다.

소책자인데 표지에 내 얼굴 스케치가 그려져 있고 안에는 역대 신한은행장과 당대 신한금융그룹 CEO들의 생일 축하 편지가 철해져 있었다. 모두 친히 쓴 손글씨에다 얼굴 사진을 곁들여 따스한 정성이 느껴졌다. 돈으로 환산할 수 없는 소중한 선물이어서 나는 두고두고 이를 읽으며 이분들과의 인연을 되새겼다. 수록된 순서대로 존함을 나열하겠다.

김세창 초대 은행장, 이용만 제2대 은행장, 김재윤 제3대 은행장, 라응찬 은행장, 이인호李仁鎬 은행장, 신상훈 은행장, 홍성균 신한카드 대표, 이재우李載宇, 이종호李宗鎬, 이동걸李東杰 굿모닝신한증권 대표, 한동우 신한생명 부회장, 서

진원徐辰源 신한생명 대표, 한도희韓道熙 신한캐피탈 대표, 윤광림 제주은행장, 이판암李判岩 신한신용정보 대표, 이진용李珍鏞, 조병재曺炳在 SH자산운용 대표, 한민기韓敏起 신한데이터시스템 대표, 최상운崔常雲 신한아이타스 대표, 이백순 은행장, 박중헌朴重憲 실장, 임영진林永鎭, 진옥동.

영광 굴비

언젠가 재일교포 신한은행 주주들에게서 "멋진 선물을 받았다"는 감사 전화를 많이 받았다. 알고 보니 한국의 신한은행에서 특송한 '영광굴비'였다. 전말은 이렇다. 장남인 이승재 신한종합연구소장이 점심 때 굴비정식을 먹다가 굴비의 역사적 유래 이야기를 들었던 모양이다.

고려 중신 이자겸李資謙이 1126년 난을 일으켰다가 실패한 후 전라도 법성포로 유배를 갔다. 법성포는 인도 승려 마라난타摩羅難陀가 384년 백제에 처음으로 불교를 들여온 성지이다. 이자겸은 밥상에 반찬으로 자주 올라오는 말린 조기를 먹고 맛이 좋아 수도 개경에 있는 지인들에게 선물로 보냈다. 자칫 구명운동을 위한 뇌물로 여겨질까 봐 자신의 소신은 굽히지 않겠다는 뜻으로 포장지에 '굴비屈非'라고 썼다.

동해안에 서식하는 조기는 산란기에 법성포 앞바다에 몰려온다. 이 조기를 잡아 바닷바람을 맞으며 햇볕에 말려 굴비를 만든다.

이승재 소장의 부탁으로 신한은행 광주지점장은 법성포로 달려가 최상등급 굴비 2천만 원 어치를 샀다. 굴비의 유래를 적은 설명문을 함께 넣어 예쁘게 포장했다. 고향 바다 냄새가 나는 굴비 선물을 받은 동포 주주들이 어찌 감격하지 않으랴.

보약

경산에 있는 친지들은 나의 무병장수를 바라며 보약을 주로 준다. 아주 귀한 공진단을 받기도 했는데 다른 원로에게 선사했다. 녹용, 사향, 당귀, 산수유 등 진귀한 약재로 만든다는 공진단 따위를 먹지 않아도 나는 건강했다. 죽어가는 사람도 살린다는 보약 경옥고도 많이 받았으나 모두 다른 분께 드렸다.

홍삼도 그렇다. 친지들이 갖가지 홍삼 제품을 나에게 선물로 주는데 내가 다 먹을 수 없음은 물론이다. 나는 홍삼 박스를 사무실이나 숙소에 수북이 쌓아 놓았다가 손님에게 드린다.

문화의 힘

10

역사 축제 … 사천왕사 왔소

왕인 박사 릴레이

오사카흥은은 단순히 영리활동을 추구하는 금융사가 아니었다. 재일교포들의 정신적 지주 역할을 담당했다.

흥은이 창립 30주년인 1985년에 전개한 '왕인王仁 박사 릴레이'도 그 활동 중 하나다. 재일교포 2, 3세들이 일본에 한자와 유교를 전수한 왕인 박사가 걸어간 도일渡日 경로를 직접 걷게 한 기획이었다. 그해 9월 왕인 박사의 고향인 전남 영암에서 출발해 부산까지 400km, 부산에서 배를 타고 일본으로 건너가, 다시 시모노세키에서 오사카 히라카타枚方(왕인 묘소)까지 600km를 걷는 대장정이었다.

850명의 동포들이 참여한 대규모 행사였다. 재일교포 차세대 청년들은 부산 도심 퍼레이드, 오사카 제1의 중심거리인 미도스지 퍼레이드까지 장장 2개월간 1,000km가 넘는 길에 동참하면서 자신의 뿌리를 절감했다. 이 행사를 성공적으로 치름으로써 이보다 훨씬 규모가 큰 역사문화 축제를 시도하게 된다.

생의 자부심 민족축제

오사카 한복판에서 울려 퍼지는 우렁찬 우리말 함성. "왔소!", "잘 왔소!"란 한국어를 축제 이름에 반영한 '사천왕사四天王寺 왔소'는 내 필생의 역작이라 감히 말하고 싶다.

'왔소'는 한반도 도래인渡來人들이 일본 왕실의 영빈관 사천왕사로 행차하는 장면을 재현한 세계 최대의 역사한류 축제다.

오사카흥은과 간사이 재일교포들이 함께 만든 이 민족축제는 한일 양국민이 함께 즐기는 오사카의 대표적 마쓰리祭り로 발전했다.

오사카 하늘에 징·피리·나팔·큰북 등의 굵고 높은 음색이 울려 퍼졌다. 일본에서는 들어본 적이 없는 음계音階였다. 오사카의 3대 대로인 다니마치스지谷町筋를 따라 사천왕사로 향하는 거대한 행렬은 오사카 시민들의 눈길을 사로잡았다. 퍼레이드는 우에혼마치上本町에서 사천왕사까지 다니마치스지의 1.6km 구간에서 펼쳐졌다. 행렬 참가자는 3,600명, 연도에 구경나온 관람객은 46만 명이었다.

"왔~소! 왔~소!"

대로를 가득 메우고 나아가는 행렬이 내뿜는 우렁찬 구령 소리다.

구경 나온 일본인들의 눈이 휘둥그레졌다. 바다를 건너온 수십m 크기의 대형 목조선과 철갑 말을 탄 철기병, 오색찬란한 의상과 각양각색의 악기 소리, 긴 소매를 하늘하늘 흩날리는 우아한 춤.

과거 한반도에 존재했던 7개국(백제, 신라, 고구려, 가야, 발해, 탐라, 조선)의 위인들이 오사카 항구에 내려 영빈관인 '사천왕사'로 향해 가는 광경을 재현한 세리모니다.

나는 이 장관壯觀의 민족 축제를 일생의 자랑으로 여긴다. 이 인생작을 만든 프로듀서는 이승재 오사카흥은 부회장이다. 승재는 우연한 기회에 이 축제에 관한 영감을 얻었다. 1987년 3월 뉴욕 출장길이었다.

　"5번가를 가려고 길을 나서는데 경찰들이 갑자기 통행을 금지했습니다. 잠시 후에 대로 한복판에 엄청난 인원의 행렬이 등장하더군요. 녹색 셔츠를 입고 녹색 모자를 쓴 사람들이 백파이프를 연주하며 여러 액션을 하면서 지나갔습니다. 아일랜드계 이민자들의 성패트릭데이St.Patrick's Day, 3월 17일 행렬이었던 겁니다."

　승재는 그 자리에서 '바로 이거다!'라며 무릎을 쳤다. 소수자들의 축제를 위해서 권위적이기로 유명한 미국 경찰이 수 시간 동안 뉴욕 도심 한복판 거리를 내어주고 친절하게 교통통제 서비스까지 해 주었기 때문이다.

　그 2년 전에도 전조는 있었다. 1985년에 오사카흥은이 창립 30주년을 맞아 설정한 새로운 목표, 그 캠페인이 '왔소!'로 구현됐다. 당시 오사카흥은은 두 가지 목표를 내걸었다.

　첫째, 재일교포 사회를 일본 사회와 대등한 수준으로 업그레이드하자.

　둘째, 재일교포들의 의식과 교양을 업그레이드하자.

　오사카흥은에서 오래 근무한 최박문崔博文 이사가 '왔소' 행사에 대해 말했다.

　"88 서울올림픽을 계기로 일본인들의 한국관에 변화의 조짐이 보였습니다. 한국인, 재일교포라 하면 한 수 아래로 얕보던 시선이 서서

히 올라가기 시작했어요. 그래서 '왔소'는 새로운 재일교포 만들기랄까, 일종의 의식고양 운동이었습니다. 밖으로는 오사카의 국제화를 촉진하는 일이었습니다."

'왔소' 팀 실무자 이수명李秀明 씨도 의의를 밝혔다.

"재일교포들이 용기를 갖고 일본 땅에서 살아가도록 하겠다는 것. 자기정체성에 자신감이 없는 동포들에게 자기 뿌리가 무엇인지 각성시키겠다는 것. 한반도에서 건너온 고대 도래인들이 일본이란 나라의 기틀을 만들었잖아요. 현재의 재일동포가 그들과 이어지고 있는 후예란 사실을 깨닫게 해 주고 싶었습니다."

수만 군중 앞 개회 선언

1990년 8월 19일 오사카 사천왕사 경내 '이시부타이石舞臺'.

나는 한 걸음씩 천천히 무대 위로 올라갔다. '왔소' 축제의 개회 선언을 위해서다. 실행위원장이자 총책임자로서 하이라이트의 한 장면을 맡은 것이다.

한일 양국의 수만 관중 앞에서 행한 개회 선언은 이 축제가 왜 만들어졌는지, 앞으로도 왜 계속되어야 하는가를 나타낸다. 연설 요지는 이러했다.

2천 년 이상 오랜 세월의 한일 교류사를 보면 한반도에서 일본으로 건너온 문명, 예술의 흔적이 많습니다. 숱한 사람들이 일본으로 도래 정주하며 끊임없이 일본 열도에 새로운 활력을 불러일으킨 역사가 있습니다.

논어와 한자를 전파한 왕인王仁 박사, 불교를 처음으로 전수한 백제왕 성왕聖王, 고대 일본을 대표하는 지식인 쇼토쿠 태자聖德太子의 불교스승인 고구려승 혜자惠慈, 백제승 혜총惠聰. 이렇게 한일 양국은 고대로부터 두텁게 융합하고, 영향을 주고받으면서, 우아하고 풍부한 역사를 쌓아왔던 것입니다.

이러한 역사적 유산을 이어받은 우리들은 오사카 땅에 선인들의 눈부신 족적을 재현하는 '사천왕사 왔소'라는 새로운 축제를 창설하였습니다. 한일 양국의 풍요로운 교류 역사의 올바른 인식과 21세기를 짊어지고 빛낼 어린이들에게 한없는 꿈과 로망을 전수하고 싶습니다.

나아가 한일 양국에만 머물지 않고 동아시아 전체의 깊은 교류를 상징하는 오사카의 독자적인 축제로 만들어갈 것을 다짐하며 '사천왕사 왔소'의 개회를 선언합니다!

메인스테이지인 이시부타이가 어떤 무대인가? 백제인 음악무용가 미마지味摩之가 일본 왕실의 국악인 무악舞楽을 전수해 주던 그 무대가 아니던가. 나는 한일 2천 년 선린우호의 역사가 서린 유서 깊은 유적, 도래인이 춤추던 그 무대에서 대표자로서 개막 선언을 했으니 실로 감개무량했다.

이원경李源京 주일 한국대사는 감탄사를 토했다.

"이거야말로 정말로 대단한 역작입니다."

삼성전자와 초기에 합작사업을 벌여 한국에 대한 친밀감이 높은 이우에 사토시井植敏 산요三洋 전기 회장도 감탄사를 아끼지 않았다.

고대 한일문화 교류를 재현한 '제1회 사천왕사 왔소' 축제(1990. 8).

수만 관중 앞에서 '사천왕사 왔소' 축제의 개막을 선언했다(1990. 8).

"앞으로 오래 지켜가야 할 귀중한 문화재입니다."

이날 현장에는 일본 역사학자 이노쿠마 가네카쓰猪熊兼勝(오사카 왔소 문화교류협회 이사장)도 있었다. 프로젝트의 역사 고증에 참가한 학자로서 행사 의의를 밝혔다.

"사천왕사 이시부타이에서 목격한 광경을 잊을 수 없습니다. 한복을 곱게 차려입은 재일한국인 노부인이 연신 눈물을 흘렸습니다. 재일한국인들은 여러 면에서 힘든 경험을 하면서 살아왔습니다. 일본어도 한글도 제대로 배우지 못한 채 일본에 건너와서 모국에 대해 충분히 알지 못했을 겁니다.

노부인도 그중 한 사람이었을 겁니다. '왔소'를 보면서 모국에서 불교, 문자가 일본으로 전수됐다는 사실을 알게 됐고, 모국을 떠올렸을 겁니다. 눈물이 날 수밖에 없는 광경이었습니다. 그걸 보면서 저는 이 축제는 의미가 있다, 이 축제야말로 영원히 계속되어야 한다는 생각을 가졌습니다. 그때를 떠올리면 저도 지금 눈물이 납니다."

부자 담판

'왔소'가 개막하기까지는 숱한 난관을 거쳐야만 했다. 나도 처음에 승재로부터 기획서를 받고선 "이건 안 되는 일"이라며 반려했다. 막대한 예산도 문제였지만 일본 대도시의 대로에서 한국 축제를 펼친다는 구상 자체가 무리라고 봤기 때문이다.

서울올림픽 개회식 기획자인 이어령李御寧(후일 문화부 장관) 교수도 이승재의 기획서를 보고는 손사래를 쳤다고 한다.

"일찌감치 포기하시오. 이건 불가능한 일이오."

현실성이 없다는 게 중론이었다. 이승재는 집념을 갖고 주변의 반대를 뚫고 전진했다. 나는 프로젝트 추진 여부를 놓고 승재와 여러 차례 격론을 벌였다. 1987년 가을, 우리 부자父子는 원점에서 다시 논의했다.

"프로젝트의 콘셉트는 무엇이냐?"

"오사카 대로에서 한일관계가 좋았던 역사시대를 현실에서 구현하는 겁니다. 바다를 건너온 한반도 위인들의 행렬을 시민들이 지켜보는 가운데 재현하는 것이죠. 한일 교류사를 퍼레이드로 보여줌으로써 한일 양국인 간의 거리를 좁히고 싶습니다."

"취지는 좋으나 가능한 일인가? 그리고 옛날에 일본 사람들에게 기술문화를 전수한 건 대륙이 아니더냐?"

"한반도 선인들이 일본으로 전수한 고등문물이 훨씬 많습니다. 그건 명백한 역사적 사실이에요."

"내 어릴 적에는 그런 역사를 배운 적도, 어른들로부터 들어본 일이 없어. 근거는 있는 거냐?"

"한국뿐 아니라 일본 역사서에 학술, 문화, 음악, 기술 등이 한국으로부터 왔다는 기록이 있어요. 요즘 들어 일본인들이 중국에서 받은 거라 하고 한국을 멸시하는 풍조가 있습니다만, 역사를 잘 몰라서, 오해에서 비롯된 것입니다."

"소요예산은 어찌 조달할 테야?"

"우선 홍은의 자체 예산을 마련하겠습니다. 필요 물품들은 홍은과

거래하는 고객사로부터 후원받겠습니다."

"이런 큰 문화행사를 우리 홍은이 해야 하는 이유는?"

"홍은은 금융회사이지만 그보다 중요한 역할은 재일교포 사회의 구심체이기도 합니다. 이 프로젝트는 재일교포를 위한 대축제입니다. 자라나는 차세대, 앞으로 일본서 살아갈 후손들에게 정체성, 뿌리에 대한 자신감을 심어주는 일입니다. 일본인에게는 오사카의 마쓰리로서 그들에게도 자부심을 줄 것입니다."

"좋아, 알았어. 그렇다면 해 보거라!"

"감사합니다. 우리 책무입니다. 믿고 맡겨 주십시오. 반드시 성공시키겠습니다."

전문가가 고증한 축제

홍은 직원들은 퍼레이드를 위해 일본 경찰을 끈질기게 설득했고, 오사카 시민을 상대로 한 설명회도 여러 차례 열었다. 승재는 한일 교류사를 알기 위해 홍은 임직원들과 함께 한문으로 쓰인 역사서《일본서기》 등을 통독하기도 했다.

퍼레이드의 전 과정은 일본의 지상파 방송으로 방영되었다. 오사카 마이니치방송MBS은 TV와 라디오 채널을 통해 몇 시간 동안 펼쳐지는 현장의 움직임을 쫓아가며 중계했다. 일본의 주요 신문방송, 해외 매체들이 거의 총출동했다.

역사 고증에는 고고미술학 권위자인 김원룡金元龍 서울대 교수, 한일 관계사 권위자인 우에다 마사아키上田正昭 교토대 교수 등이 참여했다.

홍은의 프로젝트팀은 역사서에 등장하는 그림, 고구려 및 나라현의 다카마쓰총高松塚에서 출토된 벽화, 신라의 토용土俑 등을 참조해서 옛날 한국인이 입던 복식과 장신구를 복원해 냈다.

옛 사람들의 춤과 노래는 한국의 허규許圭 국립극장장의 도움으로 재현해 냈다. 허규 극장장은 1985년 광복 40주년 방북 서울예술단 공연(남북 예술단 상호 교환 방문)과 1988년 서울올림픽 폐회식을 기획한 무대연출가로 한국 전통문화 전문가였다. 허규 팀에서 의상디자인을 담당한 안희재安晞材 사단법인 한민족문화대로 전통의례연구소 소장은 말한다.

"한국에서 무용, 음악, 음향, 미술, 의상, 분장 담당 전문가 약 150명이 오사카행 전세기를 타고 갔습니다. '왔소' 예산이 당시 우리나라 정부의 문화예산을 능가할 정도로 컸어요. 당시 정부에서는 그 정도 문화 프로젝트는 엄두도 못 냈습니다."

홍은이 자체 예산과 고객후원을 받아 마련한 예산은 총 26억 엔. 일본 대도시 요지에 큼직한 빌딩을 지을 수 있는 거액이다. 이 예산으로 악기, 장신구, 의상, 대형 목조선, 일본 왕실에서 쓴 금 장식품 등을 만들고 3,600명 출연진의 훈련비, 한일 전문가 자문료 등으로 사용했다.

악기는 태평소, 북, 장고, 나각, 피리, 꽹과리 등 10여 종이었고 각 악기 연주를 지도하는 전담코치가 배정됐다. 홍은 팀은 서울까지 와서 교육을 받기도 했다.

한국에서 일본에 갖고 간 물품은 의상 2,167벌, 장신구 3,340점, 악기 500점, 문화재와 똑같이 만든 금동미륵상 등이다. 수레, 가마, 우

마차 같은 소형 이동수단은 한국에서 만들어서 갖고 갔다. 다만 길이
가 13m에 달하는 대형 목조선 단지리地車(수레), 일본 왕실에서 쓰는
비단류, 장식품 등은 일본 장인들이 제작했다.

잡화장엄

'왔소'는 해마다 11월 첫째 주 일요일, 오사카 주오구中央區의 나니와궁
터難波宮跡 공원에서 열린다.

2000년 12월 간사이흥은 파산 후 '왔소'는 잠시 동안 휴지기를 가
졌다.

나는 최충원 회장에게 당부했다.

"간곡히 부탁하는데 '왔소'만큼은 계속 진행해 주시오!"

흥은 시절의 '왔소'가 시즌 1(1990~2000년)이라면 최충원 회장이
백방으로 뛰어 2003년 재개한 '왔소'는 시즌 2 버전이다.

이승재는 '왔소'를 이렇게 자평했다.

"흥은 시대의 11년간은 매년 4천 명 가까운 출연자들이 움직였습
니다. 서로 마주한 적도 없는 사람들이 각자의 업무를 수행하였습니
다. 행사 의상을 세탁하는 사람, 청소하는 사람, 고장 난 물품을 고치
는 사람, 춤추고 노래하는 사람, 운전하는 사람, 식사 준비를 하는 사
람, 대형 목조선에 올라간 사람…. 각자가 맡은 요소들이 합쳐지면서
'왔소'는 이루어진 것입니다.

잡화장엄雜華莊嚴이란 말은 개개의 작은 것들이 모여서 위대하고 장
엄한 '하나'를 이룬다는 뜻입니다. 불교 경전인《화엄경》의 다른 이름

이기도 하지요. '왔소'가 바로 그러합니다."

'왔소'를 기획하고 실행한 이승재는 이 행사의 미래에 대해서도 견해를 밝혔다.

"어두운 곳도 밝은 빛을 비추면 환해지는 법입니다. 한일관계의 어두운 면을 '왔소'라는 빛으로 비춰가기를 바랍니다. 두 나라 사람들이 일제식민지 시대라는 어두운 과거사에 초점을 맞추기보다는 아주 오래전부터 줄곧 우호친선의 관계였다는 사실을 깨달았으면 합니다."

'왔소' 부활 도운 산요전기

간사이홍은이 문을 닫으면서 후원자를 잃은 탓에 '왔소' 행사도 중단되었다. 이 행사의 창설자인 나로서는 공허감을 견디기 어려웠다.

그 무렵인 2002년 어느 봄날, 이우에 사토시 산요전기 회장이 나를 찾아왔다. 배구 선수 출신으로 기골이 장대한 노老신사가 비서를 데리고 나타났는데 직감적으로 뭔가 좋은 일이 생길 것 같았다. 이우에 회장은 '왔소' 행사가 열릴 때마다 열성적으로 참여한 분이었다.

"낙심하지 마세요. 제가 '왔소' 문화축제를 되살리겠습니다."

"이렇게 고마울 수가!"

"산요전기가 경남 마산 수출자유지역에 공장을 짓기로 하고 진출할 때 회장님께서 크게 도와주셨잖습니까. 그리고 저희는 한국에서 사업을 오래 해왔습니다. 한국과 일본의 우호를 위한 '왔소' 행사는 계속 이어가야 합니다. 이제 저희가 보은報恩할 차례입니다."

"한 가지 궁금한 사안을 여쭙겠습니다. '왔소' 행사 기금 가운데 삼성전자의 5천만 엔 기부금 명세를 발견했어요. 혹시 산요전기가 권유한 것입니까?"

"그렇습니다. 산요전기와 삼성전자는 오래전에 인연을 맺은 사이입니다."

이우에 회장에게 들은 삼성전자와의 인연은 이렇다. 그는 1967년 장충체육관에서 열린 한일 배구대회에 코치로 방한했다. 일본팀의 주전 선수들이 산요전기 배구단 소속이었다. 경기를 마치고 숙소로 돌아오니 이병철 삼성 회장이 그를 기다리고 있었다.

이 회장은 삼성이 가전회사를 만들려 하는데 산요 측에서 기술을 지원해 달라고 요청했다. 이우에 코치는 이우에 도시오井植歲男 산요전기 창업주 회장의 장남으로 마쓰시타松下 그룹과 혈족이었다. 이우에 코치는 귀국 후 아버지에게 이 내용을 보고했고 산요전기와 삼성은 50 대 50 지분의 합작법인을 설립해 흑백 TV와 트랜지스터라디오를 생산했다. 나중에 삼성전자가 1969년 창업한 후 양사는 결별했지만 우호 관계는 지속되었다.

"'왔소' 행사용품을 보관할 장소가 없어 곤욕을 치른다면서요? 저희 산요전기 오사카 창고가 마침 비어 있으니 거기에 맡기면 됩니다. 그리고 내년부터 행사 진행비를 저희가 후원하겠습니다."

이우에 회장의 후의厚誼로 '왔소'를 이어 갈 수 있었고, 그에 보답하고자 한국 정부에 그의 공적조서를 보내 2010년 수교훈장 숭례장崇禮章을 받도록 했다.

이희건 한일교류재단 설립

신한은행 보유 주식 기증

나는 80세가 넘어서도 다리가 조금 불편한 것 말고는 매우 건강한 편이었다. 음식도 가리지 않고 많이 먹고 여러 사람을 만나 대화를 즐겼다. 눈이 약간 침침하긴 했으나 책과 신문을 읽는 데 큰 지장은 없었다. 그렇더라도 언젠가 다가올 '인생 마감'을 위해 미리 준비해야 할 때가 왔다고 판단했다. 그래서 나는 이런저런 단체장 자리에서 스스로 물러났다.

신한은행 보유 주식과 예금을 어디에 쓸까 고민하다가 아이디어가 떠올랐다. 이를 출연해 공익재단을 설립하기로 결심했다. 자식들에겐 오래전부터 유산을 상속하지 않을 것이니 욕심 내지 말라고 밝혔다. 다행히 자식들도 불만 없이 받아들였다.

"너희는 대학 공부를 부모 돈으로 한 것으로 만족해야 한다."

자식들에게 내가 늘 강조하던 말이다. 남들은 내 자식들이 부모 재산을 물려받아 별 하는 일도 없이 떵떵거리며 살 것이라 짐작하겠지만, 자식들은 각자의 생업을 충실히 이행하며 살고 있다.

한일 양국 우호를 기원하며

자식들을 포함한 많은 이들의 지지로 2008년 10월 '재단법인 이희건 한일교류재단'이 출범했다. 나는 나를 낳아준 한국과 길러준 일본에서 살았던 재일교포의 한 사람으로서 두 나라가 더불어 돕고 서로 이해하기를 바라는 소망에서 이 재단을 세웠다.

　

'우리는 한일관계의 밝은 미래를 열어가는 재단입니다.'

'세계의 공영에 이바지할 수 있는 디딤돌이 되겠습니다.'

　

'재단법인 이희건 한일교류재단 Lee Heui Keon Korea-Japan Exchange Foundation'
의 캐치프레이즈다.

　　외교부에 설립인가 신청서를 제출할 때 내가 정리한 재단의 설립
취지는 다음과 같다.

한국과 일본은 가까운 지리적 위치의 영향으로 고대 때부터 지금까지 서로 많은 영향을 주고받아 왔으며 앞으로도 그러할 것입니다. 그러나 지금까지의 양국 관계를 살펴보면 밝은 면만 있어 왔던 것은 아닙니다. 일본에 불교와 천자문 등 많은 문화를 전해 주고 조선통신사가 건너갔던 교류의 시대도 있었지만, 임진왜란(1592년)과 경술국치(1910년)의 가슴 아픈 역사도 있습니다.

현재 두 나라가 경제뿐만 아니라 학술, 문화 등 다양한 영역에서 교류하면서 서로에 대한 이해증진을 위해 노력하고 있지만, 아직도 다수의 사람들은 자신의 의견만이 옳다는 아집에 사로잡혀 있습니다. 이는 양국의 윗세대가 아랫세대에게 서로에 대한 잘못된 선입관을 심어주었던 점에서 기인하는 바가 크다고 할 수 있겠습니다.

이러한 선입관을 해소하고 양국의 발전된 미래관계 형성을 위해서는 국가 차원의 정책이나 행사도 중요하지만 민간 차원의 교류가 한층 더 필요하다고 할 수 있겠습니다.

이에 저는 재일교포의 한 사람으로서 양국민 모두가 서로에 대해 마음을 터놓고 이야기를 나눌 수 있는 기회를 갖는 것이 중요하다고 생각하였으며, 이를 위해 한일 양국 간 학술 문화 경제교류 지원사업, 장학사업 및 양국 교류에 공헌한 자에 대한 시상 등을 목적으로 본 재단을 설립하고자 합니다.

부디 저희 재단이 양국민의 서로에 대한 진심 어린 이해, 그리고 더 나아가 세계의 공영에 이바지할 수 있는 디딤돌이 되었으면 합니다.

이희건 한일교류재단의 기본정신은 '뿌리내리자·전수하자·연결하자·육성하자'다. 해마다 오사카에서 열리는 세계 최대 역사 한류축제인 '사천왕사 왔소'를 비롯해 한일문화교류 역사탐방 프로그램, 한국 내 일본유학생 문화체험 프로그램, 한일 대학생 토론회, 재일한국계 민족학교 교육시설 지원 등 다양한 양국의 교류증진 사업들을 전개하고 있다.

현칠고삼

신칸센 열차 안 독서

'한국의 국보國寶 학자'라는 양주동梁柱東 박사의 글을 읽다가 '고칠현삼古七現三'이란 말을 발견했는데, 특이해서 오래 기억에 남는다. 독서할 때 고전古典을 70%, 현대물을 30% 읽는다는 것이다. 나는 반대로 현칠고삼現七古三, 현대물을 70%, 고전은 30% 정도 고른다.

현대물은 신간 가운데 경제·경영 전략서를 주로 탐독한다. 돌이켜 보면 청소년 시절엔 점원, 직공, 경리 사원 등으로 말단에서 일했고, 머리가 굵어지며 자전거 가게, 파친코 점포 등을 경영했다. 1955년에 오카사홍은을 설립하면서 금융업에 투신했다.

이런 일련의 과정에서 언제나 크고 작은 의사결정을 해야 했다. 합리적 결정을 내리려면 냉철한 이성과 미래를 꿰뚫어 보는 통찰력을 겸비해야 한다. 경영인이 이런 능력을 갖추려면 현장에서 익힌 체험과 독서, 토론, 대화 등이 필요하다.

일본 신문의 특징이자 장점은 1면 하단에 책 광고가 자주 실리는 점이다. 특히 주초週初에는 책 광고가 더욱 많다. 나는 신문광고에서 본

홍미 있는 책들을 사려고 서점에 들른다.

평소 사무실에서는 독서 시간을 확보하기가 쉽지 않다. 임원들과 회의도 해야 하고 끊임없이 찾아오는 내방객들을 맞아야 하기 때문이다. 결재 서류를 검토하는 데도 시간이 꽤 걸린다.

그래서 일본에서는 아침 출근길, 저녁 퇴근길에 전철 안에서 책을 읽는다. 또 오사카-도쿄를 오갈 때 신칸센 열차 안에서도 독서시간을 확보한다.

한국에 오면 나의 숙소인 명동 로얄호텔 1418호에서 새벽에 일어나 맑은 정신으로 독서 삼매경에 빠진다. 독서 애호가인 이동욱李東旭 전 〈동아일보〉 주필은 자신이 읽은 양서良書를 나에게 자주 추천해 주었다. 한 시대를 풍미한 언론인이었던 이 주필은 천재적인 기억력의 소유자였다. 한국과 일본의 몇 년도 경제성장률, 무역수지, 외환보유고 등 여러 수치를 정확하게 기억했다. 나도 수치 기억력은 상당히 높다고 자부하는 편인데 이 주필 앞에서는 콧대가 낮아졌다.

나와 1917년생 동갑내기인 이 주필은 체구는 자그마한데 배포가 크고 시야가 넓었다. 최고 권력자에 대한 비판 발언도 서슴지 않았다. 서울에 살면서도 미국, 일본, 중국, 소련, 유럽 동향에 대해서도 훤했다. 이 주필이 독서 분야에서 나의 사부師傅여서 고급 식당에서 식사를 모시려 해도 그는 줄기차게 로얄호텔 뷔페 레스토랑을 선호했다. 단둘이서 자주 식사했는데 나는 고기, 생선 등 단백질류를 즐기는 데 반해, 이 주필은 채소를 산더미처럼 쌓아 서너 접시를 비우는 채식주의자였다.

황해도 봉산 출신인 이 주필은 일본 와세다早稻田대학 정치경제학

부를 졸업하고 언론계에 투신해 〈동아일보〉 회장으로 퇴임했다. 그는
1997년 말의 한국 외환위기를 그 몇 달 전에 신문 칼럼에서 경고해 통
찰력을 보이기도 했다.

양명학에 심취

내가 양명학 관련 서적에 심취해 있을 때, 이동욱 주필도 비슷한 시기
에 한국의 양명학 계보인 강화학파江華學派의 저술을 읽는다기에 의기
투합한 적이 있다.

양명학은 중국 명나라의 철학자 양명陽明 왕수인王守仁이 이룩한 신
유가新儒家 철학으로 지행합일知行合一이 핵심사상이다. 지식이란 머릿
속에 들어있기만 해서는 소용없고 행동으로 옮겨야 가치를 발휘한다
는 것이다. 빈손으로 시작해서 사업체를 일구어낸 나로서는 귀감으로
삼아야 할 이론이다.

조선에서는 하곡霞谷 정제두鄭齊斗가 양명학 대가이고, 일본에서는
나카에 도주中江藤樹가 그렇다. 양명학은 맹자孟子가 강조한 도덕심을 바
탕으로 타인을 존중하고 나아가 인간세계를 바르게 만들자고 주장했
다. 마음 수련을 강조한 선가적 분위기 때문에 청대에 비판받았고 조
선에서도 금기학문이었다. 조선 후기에 양명학 연구자들은 강화도에
칩거했다.

나는 양명학 서적을 여러 권 구입하여 주위 지인들에게 일독을 권
유했다. 그러나 그들이 책을 제대로 읽었는지는 모르겠다. 차남 경재
에게도 양명학을 공부하라고 말한 적이 있다. 그래도 강권하지는 않

왔다.

　내가 즐겨 읽은 고전 가운데 사마천司馬遷이 쓴 불후의 명저《사기》를 언급하지 않을 수 없다. 중국의 전설 시대부터 가장 격동기였던 춘추전국 시대를 거쳐 한무제에 이르는 시기를 기술한 이 책은 역사지식뿐 아니라 깊은 감동, 커다란 교훈을 안겨주는 보고寶庫이다.

　억울한 일로 사형을 당하게 된 사마천은 진실을 기록으로 남기기 위해 죽음보다 더 고통스럽고 치욕스런 궁형宮刑을 선택했다. 남은 생애 동안 의분을 삭이며 피를 토하는 심경으로 당대의 옳고 그름을 논하고 사실을 기술했다.《사기》에는 여러 인물의 생애를 그린〈열전〉이 나오는데 나는 거기서 한비자韓非子에 관심이 갔다.

이시다 바이간의
석문심학

경제사상 무료 강의

한국인에게 생소하겠지만 일본에서 저명한 경제사상가 이시다 바이
간石田梅岩이란 인물이 있다. 나는 그의 학문적 업적인 석문심학石門心學
에 크게 감명을 받아 실천하려고 노력했다.

이시다 바이간은 1685년 교토의 교외 지역인 도게東懸마을에서 태
어났다. 비교적 부유한 농가農家의 차남인 그는 11세 때 교토의 상가로
고용살이를 하러 갔다. 당시 농가에서는 장남은 가업을 잇고 차남 이
하는 남의 집에서 일자리를 구해야 했다. 아버지 곤에몬權右衛門은 집을
떠나는 바이간에게 당부했다.

"상가 주인을 친부모처럼 섬겨야 한다."

그는 아버지 말씀을 명심하고 부지런히 일했으나 그 상가의 사업
은 점점 어려워졌다. 이런 상황을 알아차린 아버지가 본가로 돌아오
라 했다. 그가 15세 때였다.

바이간은 8년간 농사일을 돕다가 23세 때 새 일터를 소개받았다.
교토의 가미교上京에 있는 포목상 구로야나기黑柳 가문이었다.

이 가게에서 바이간은 성실하게 일하며 틈틈이 학문을 닦았다. 직장 업무가 바빠 학자의 문하생으로 들어가 공부할 시간이 없었기에 혼자 책을 읽으며 독학했다. 이곳에서 20년간 일한 바이간은 가게를 떠나 44세 때인 1729년 자택에 무료강습소를 열었다.

무명의 전직 상인이 강의한다 하니 초기엔 수강생이 거의 없었다. 그러나 명강의로 소문이 나면서 제자들이 구름같이 모여들었다. 강의 내용을 정리해 출간한 《도비문답都鄙問答》과 《제가론齊家論》도 호평을 받았다. 그러다 1744년 홀연히 별세했다. 그는 평생 독신이었고 남긴 재산도 가재도구 몇 개가 전부였다. 60년 가까운 생애를 절제하며 살아온 그는 훗날 수많은 사람에게 영향을 미친다.

바이간의 사상은 수제자 데지마 도안手島堵庵이 곳곳에 세운 심학강사心學講舍에 수강생이 몰려오면서 확산되었다. 데지마 도안은 스승의 사상을 석문심학石門心學이라 명명하고 이해하기 쉽게 강의했다.

일본 자본주의 원조

'일본 자본주의의 원조'로 불리는 이시다 바이간은 근면, 검약, 정직을 강조했다.

"상업이 무엇인지 제대로 모르는 상인은 자기 이익을 한없이 추구하다가 마침내 가게를 망친다."

그는 고객, 거래처와의 상생을 추구하면서 이타주의 상도商道를 확립했다. 바이간의 사상은 다음과 같이 요약할 수 있다.

1. 고객은 부정직한 상인에게 공감하지 않는다.

2. 인생관과 일의 가치를 일치시켜라.

3. 기업의 사회적 책임은 의무이자 본성이다.

4. 자본 논리와 조화를 이루는 도덕관을 확립하라.

5. 부의 원천은 노동이며 부의 주인은 천하 만민이다.

그가 활동하던 17~18세기엔 상인이 멸시받았다. 그는 신념을 갖고 외쳤다.

"세상의 재산을 유통하고 소비자들을 만족시키는 상업은 자연섭리이며, 올바른 상행위 덕분에 재산이 산처럼 불어나는 것은 문제가 되지 않는다."

"내가 타인의 성실, 불성실을 살피듯이 타인도 나를 살핀다. 그러므로 내가 정직하면 타인도 이를 안다."

"상인의 업은 고객이 있어야 성립된다. 그러므로 고객에게도 이롭고 자신에게도 이로운 일을 생각하라."

유학뿐만 아니라 불교와 신도를 포용한 이시다 바이간의 이러한 가르침대로 근면하고 정직한 상인, 노동자들이 늘어남에 따라 에도시대의 일본은 근대적 성장의 기틀을 다졌다.

고대 한일 교류사에 밝은 사람이라면 바이간 사상의 뿌리 중 하나가 백제에서 전래된 유학儒學임을 쉽게 짐작하리라. 오경박사五經博士들이 일본 정치가에게 유학을 가르친 6세기 때 이야기다.

나는 일본에서 근무하는 신한은행 임직원에게도 석문심학의 요체를 강조하곤 했다. 문답형식으로 정리한 바이간의 저서《도비문답》을 펼쳐놓고 한 대목을 읽었다.

"물건 매매가 본업인데도 무엇이 상도에 부합하는지 모르는 이가 많다. 어떤 가치를 중시하며 매매해야 할까?"

"상인의 기원을 살펴보면 나에겐 남는 물건을 다른 사람에게 주고 그에게서는 내가 부족한 물건을 받는 물물교환이 시초였다. 상인은 정확한 계산이 생명이므로 한 푼도 허투루 여겨서는 안 된다. 이를 명심하며 재산을 쌓는 것이 상도이다."

은행원이 교훈으로 삼을 덕목이 적지 않다.

이인호, 이백순 같은 학구파는 석문심학을 열심히 공부했다. 이들은 모두 신한은행의 미래를 이끌어갈 중추적인 인물이 되었다. 장남 승재는 내가 준《이시다 선생 어록》을 탐독하고 실천하려 애썼다.

나는 현장 경험, 독서, 사색, 대화 등을 바탕으로 경영철학 50개를 간추려 '50훈訓'으로 정리했다. 가까운 지인에게 주었더니 매우 유익하다는 반응 일색이었다. 그래서 더욱 정교하게 다듬어 소책자로 만들어 신한은행 임원들에게 배포했다.

조용병趙鏞炳 후배는 난제가 생길 때마다 이를 들추어 보며 해결책을 찾는다 하니 나로서는 가치 있는 문건을 남겼다는 점에서 큰 보람을 느낀다.

신변잡기

정리 정돈

나는 집, 사무실, 호텔 등에서 정리정돈을 내 손으로 직접 한다. 허드렛일은 가족이나 종업원에게 시키기가 미안하기도 하고 내가 해야 제대로 된다는 기분 때문이기도 하다.

TV 리모컨도 스스로 정리해야 제자리에 위치해 쉽게 찾을 수 있다. 바지 다리미를 마련해 양복 하의도 직접 다린다. 길쭉한 네모판을 펼쳐 바지를 끼우고 접어 누르기만 하면 되므로 손 다리미보다 훨씬 편하다. 가습기도 내가 조절해야 나에게 맞는 습도가 유지된다. 옷장 정리도 당연히 직접 한다. 그래야 입을 옷을 얼른 찾아 시간낭비를 줄일 수 있다. 셔츠, 스웨터, 양말 등은 색깔별로 분류하여 차곡차곡 쌓아둔다. 여행이나 출장을 떠날 때 짐을 싸고 귀가 후 짐을 푸는 것도 내가 한다.

나는 가전제품 취급설명서를 버리지 않고 모아 놓았다. 깨알 같이 작은 글씨이지만 꼼꼼히 읽고 사용법을 익힌다. 요즘 전자제품은 기능이 워낙 다양해 내가 쓰는 기능은 극히 일부분이다. 그래도 가급적 그 제품이 가진 기능을 다양하게 쓰도록 노력한다. 그것이 제품을 만든 기술자, 기능인에 대한 예의라고 여기기 때문이다.

약속 시간 지키기

예금주는 피땀 어린 돈을 은행에 맡길 때 '은행이 잘 보관하고 이자도 붙여줄 것'이라 믿는다. 은행의 신용을 믿는 것이다. 금융인의 신용을 나타내는 여러 징표 가운데 나는 약속시간 준수를 으뜸으로 꼽는다. 개인적인 약속에 나는 시간을 엄수하기 위해 미리 준비하고 여유 있게 출발한다. 최소한 20~30분 전에 도착하도록 노력한다. 이러기 위해선 오사카에서는 가급적 전철을 이용한다.

한국에 오면 지리도 모르고 이동거리가 멀어 부득이 승용차를 타는데 교통체증을 염려하여 언제나 미리 출발한다. 가끔 서울 시내에서 시위가 벌어져 내가 탄 승용차가 꼼짝하지 못하면 안달이 난다. 그럴 때면 드물긴 하지만 지하철로 옮겨 타기도 한다.

서울에서 회의를 마치고 일본으로 가기 위해 승용차를 타는 시간도 정확하게 지키는 편이다. 다른 사람은 흔히 늦게 승용차를 타고서 비행기 출발시간까지 김포공항에 도착하라고 운전기사를 윽박지른다고 한다. 무리하게 과속하다 사고라도 나면 어쩔 셈인가.

그러나 나도 신神이 아닌 이상 실수할 때도 있다. 언젠가 김포공항을 떠나 일본 하네다공항에 도착하는 즉시 이동해 전직 일본 총리를 만나기로 한 약속이 있었다. 그날따라 회의가 늦게 끝나 출발시각이 늦었다. 김포공항으로 가는 한강변 올림픽대로에 접어드니 마침 교통량이 많지는 않았다.

"빨리 채자!"

나도 모르게 입에서 경산 지역의 방언 '채자(얼른 가자)'가 튀어나왔다. 운전대를 잡은 이범식李範植 실장도 고향이 대구여서 그 말을 알아들었다.

"예! 알았습니다."

이 실장은 대답과 함께 액셀러레이터를 깊숙이 밟았다. 부우웅, 가속음이 들리더니 차가 총알처럼 빨리 달렸다. 한동안 그렇게 가니 공항은 금세 가까워졌지만 사고가 날까 걱정됐다.

"지금 속도가 시속 몇 킬로인가?"

"220킬로입니다."

"아이쿠! 좀 줄이게. 사고가 나면 아무 소용없다네."

그날 가까스로 공항에 닿아 출국할 수 있었다. 그 후엔 더욱 여유있게 공항에 도착하도록 노력했다.

단골 식당

나는 한국에 오면 로얄호텔 전용 룸에서 머문다. 아침 식사는 주로 룸서비스를 시켜 조간신문을 보며 먹는다. 메뉴는 오트밀 한 사발, 토스트 2조각, 달걀 반숙 1개, 우유 1잔으로 정해져 있다. 점심, 저녁 식사는 거의 공식 일정에 따라 외부 식당에서 먹는다. 로얄호텔이 명동에 있는데도 정작 유명한 명동칼국수를 먹으러 갈 기회가 별로 없었다.

한식은 인사동에 밀집한 전통 한정식집을 애용한다. 과거엔 한정식 식당에서 가야금, 판소리, 대금 공연을 보기도 했으나 세월이 흐르면서 이런 공연은 사라졌다. 언젠가 무형문화재 명인이 부는 대금 소리를 들었는데 심금을 울리는 명연주였다.

용산 삼각지 부근에도 단골 한식당이 몇 개 있다. 국방부가 가까이 있어서인지 저녁 자리에 가면 옆방에 장성들이 수두룩하다.

일본으로 출국할 때 김포공항에 가다가 시간이 조금 남으면 공항 인근의 '궁중식당'이란 대중음식점에서 칼국수를 즐겨 먹었다.

한국에서 일식당에 갈 때면 롯데호텔을 애용하는데 신격호 롯데 회장을 의식해서 그렇다. 신 회장과는 교유한 지 수십 년이 되었고 사업상으로도 자주 만나기에 식사를 함께할 때면 언제나 즐겁다. 롯데 호텔에서 신 회장과 밥을 먹으면 좋지 않은 점이 딱 하나 있는데, 내가 밥값을 내지 못하기 때문이다. 신 회장이 자기 '나와바리'라면서 계산한다. 오사카에서는 '길조吉兆'라는 일식당에 가끔 간다. 귀빈에게 식사를 대접할 때 주로 모시는 곳이다.

음 식

나는 한식, 일식, 중식, 양식 가리지 않고 잘 먹는다. 한식 가운데 설렁탕, 추어탕, 도토리묵, 닭백숙, 마늘 양념을 넣은 불고기를 특히 좋아한다.

오사카 쓰루하시 시장 안에는 토속 한국음식점이 즐비하다. 대부분은 그 식당에 숟가락이 몇 개 있는지도 알 만큼 오랜 단골이다. 젊은 식당 주인이라면 그의 부모, 조부모도 내가 아는 분들이다.

사람 입맛이라는 게 묘해서 어린 시절에 맛본 음식에 대한 기억은 세월이 흘러도 오래 혀에 남아 있는 모양이다. 어린 시절에 어머니는 논에서 잡은 미꾸라지로 추어탕을 끓여 주시곤 했는데, 나는 평생 이 맛을 잊지 못했다.

쓰루하시 시장 안에 추어탕을 잘 끓이는 식당이 몇 군데 있다. 나는 그곳에 자주 들러 뜨끈한 국물에 밥 한 그릇을 풍덩 넣어 말아 먹는다. 추어탕을 포장해 달라고 해서 집에 갖고 가서 냉동고에 넣어 둔다. 입 안이 까끌까끌할 때는 냉동 추어탕을 꺼내 끓여 먹는다.

닭고기도 백숙으로 먹어야 제맛이다. 푹 삶은 닭고기를 소금에 찍어 먹으면 임금이 부럽지 않다. 어린 시절엔 닭다리 하나를 온전하게 먹는 게 소원이지 않았나. 닭백숙은 적어도 2주일에 한 번은 먹었다.

나의 아내는 일본인인데도 한국 음식을 잘 만들었다. 친화력이 좋아 한식집 주인에게 가서 조리법을 배워 와 집에서 그대로 만들곤 했다. 아내는 명절 때 집에 손님들을 초대해서 한국 음식을 대접하곤 했는데 맛있다는 칭찬을 들으면 그렇게 기뻐할 수 없었다.

아내의 요리 재능은 3남 융재에게 유전되었나 보다. 아내는 융재와 함께 오사카에서 식당을 경영하기도 했다. 융재는 한국에서도 오코노미야키를 전문으로 하는 '후게츠風月'라는 프랜차이즈 식당 사업을 벌였다. 융재가 홍대입구에서 식당을 개업할 때 나도 가서 축하해 주었다.

당구풍월堂狗風月이란 말처럼 나도 아내의 어깨너머로 요리를 배워 30대 나이엔 등산을 가서 먹을 음식 준비를 도맡았다.

일본 음식 가운데는 복어 지리와 볶음우동을 즐겨 먹는다. 바다와 멀리 떨어진 산골짜기 출신이어서 생선회를 어릴 때는 먹어 보지 못했다. 그래서인지 어른이 되어서도 생선회 맛을 제대로 몰랐다. 중국 음식으로는 화려한 요리보다는 '한국식 짜장면'을 가장 좋아한다. 중국집에 손주들을 데리고 가서 짜장면을 한 그릇 먹고 나면 심신에 에너지가 충만해진다.

내 나이 또래 세대는 양식을 그리 즐기지 않는 편인데 나는 스테이크, 샐러드, 각종 디저트를 가리지 않고 먹는다. 손주들이 사 오는 햄버거, 치킨, 피자도 마다않고 맛본다.

반주로는 맥주를 즐겨 마신다. 노년에 들어서 이런 일이 있었다. 하루는 맥주를 마시는데 밍밍한 게 맛이 이상했다. 손녀를 다그쳤다.

"무슨 술맛이 이렇냐? 뭔가 알맹이가 빠진 것 같네."

"할아버지! 미각이 여전히 예민하시네요. 건강하다는 증거예요."

"무슨 소리냐?"

"사실은 할아버지 몸에 나쁠까 봐 알코올 없는 맥주를 샀어요."

"예끼! 멍텅구리!"

용돈

나는 다른 사람에게 용돈을 즐겨 준다. 거액이면 받는 분이 부담을 느끼겠기에 소액을 정성스럽게 건넨다.

나는 15세 소년 때 고향 경산을 떠나는 바람에 어머니를 잘 모시지 못했다. 어머니를 오래 모신 형수님이 고마워서 매월 50만 원씩 챙겨

드렸다. 또 고향을 지키는 막내 남동생 희란熙蘭에게는 100만 원씩 생활비를 보냈다.

온라인으로 송금하면 결례라는 생각이 들었다. 나는 손자뻘 친척인 이석달李錫達 군에게 심부름을 시켰다. 이 군은 매월 주말에 시간을 내어 서울을 떠나 경산에 갔다. 현금 50만 원, 100만 원이 든 봉투를 갖고 가 형수님과 남동생에게 전달했다.

내가 직접 고향을 방문할 때면 친척 수십 명을 만난다. 부모님 묘소에 참배하고 나서 친척들과 식당에서 함께 밥을 먹는다. 나는 미리 돈 봉투 50여 개를 준비해 간다. 상대방 형편을 짐작하여 용돈을 준다. 학교 신입생이라면 책 사 보라고 조금 두툼한 봉투를 건넨다.

신한은행 오사카지점장은 으레 신년 초에 우리 집에 와서 세배하고 떡국을 먹는다. 한번은 지점장이 자녀들을 데리고 왔기에 세뱃돈을 넉넉하게 주었다. 그 지점장은 부담스러웠는지 그 돈으로 선물을 사서 나에게 주는 것 아닌가.

"이 사람아! 그러지 마시게!"

나는 그 지점장이 오사카를 떠날 때 전별금을 더 챙겨 주었다.

남이 요긴하게 쓸 용돈을 주면 내 마음이 부자가 되는 기분이 들어서 지인에게 이렇게 말하곤 한다. 돈의 유용성을 강조하는 말이다.

"돈은 자기 지갑 속에 있을 때는 자기 것이 아니다. 지갑에서 나왔을 때 비로소 자기 것이 된다."

나는 검이불인儉而不吝, 즉 '검소하되 인색하지는 않다'는 말을 좋아하며 실천하려 노력한다.

내가 준 용돈 최다액수는 100만 엔이다. 신한종합연구소는 의욕적으로 여러 활동을 펼쳤는데 젊은 경영인들을 위한 YP Young President 클럽 운용이 대표적인 사례이다. 전문가들을 초청해서 클럽 회원을 위한 맞춤형 강연을 실시했다. 회원을 오사카에 초청하는 행사를 벌였는데 50명 회원 가운데 30명이 참석하는 성황을 이루었다. 이들에게 일본 경제의 현장을 둘러보게 하고 문화체험도 하게 했다.

이 귀빈들이 움직이려면 공식 행사비 외에 이런저런 돈 쓸 일이 생기리라 짐작했다. 이들을 안내하는 홍성균 부소장에게 현금 100만 엔이 든 봉투를 건넸다.

"손님들이 불편하지 않도록 이 돈을 적절히 쓰시오."

행사 이후에 홍 부소장은 절반을 썼다면서 나머지는 이승재 소장에게 반납했다.

고향 사랑

고향인 가일리 마을을 떠난 후 세월이 흘러 돌아와 보니 1960년대인데도 전기가 들어오지 않아 여전히 호롱불 신세였다. 나는 고향 마을의 전력화 사업이 이루어지도록 관계 요로에 호소했다. 나의 노력이 주효한지는 모르겠으나 가일리의 밤에는 전기불이 훤히 켜졌다.

농촌에는 농사 이외엔 일자리가 없어 주민들이 빈곤에서 못 벗어나고 있었다. 나는 고향 마을 인근에 '한국야시로'라는 가방 공장을 설립해 일자리를 제공했다. 압량면 일대의 주민들은 공장에 취직해 안정된 소득을 올렸다. 집에서 처리할 수 있는 일감도 있기에 가내 부업도 활성화되었다.

훗날 한국야시로를 처분했을 때 매각대금 전액을 주민과 지역사회에 나누어 주었다. 친척에게 줄 때는 내가 증여세를 물었다.

영남대가 새 캠퍼스 부지를 물색할 때 경산으로 유치하는 데 앞장섰다. 영남대 전철역까지 생겼으니 문자 그대로 상전벽해가 되었다.

나는 영남대 경산캠퍼스를 볼 때마다 흐뭇했다. 개구쟁이 시절에 뛰어놀던 곳에 이런 학문의 전당이 생기다니! 나는 1992년에 영남대에 학교발전기금으로 5억 원을 기부했다. 학교 측은 이 기부금으로 체육관을 지었다.

영남대는 그해 8월 21일 나에게 명예 경제학 박사학위를 수여했다. 학위 수여식 때 문득 논두렁을 걷는 선친의 모습이 떠올랐다. 흔히 졸업식 때 자식이 부모 머리에 학사모, 박사모를 씌워 주지 않는가. 나는 마음속으로 내가 쓴 박사모를 아버지 머리에 씌워 드렸다.

나는 1998년 12월 16일 동국대에서도 명예 경제학 박사학위를 받았다. 송석구宋錫球 총장의 환대가 기억에 오래 남는다. 박사모를 쓸 때에 이번에는 어머니 얼굴이 떠올랐다. 나는 어머니 머리에 이 모자를 씌워 드리는 장면을 마음속에 그렸다. 불교 재단이 세운 동국대에 와서 그런지 어머니와 함께 동화사에 가던 광경이 뚜렷이 떠올랐다.

자녀 교육

나는 아들 셋을 키우면서 교육에는 무관심한 편이었다. 아버지가 지나치게 관심을 기울이면 아이들이 스트레스를 받을까 걱정한 나머지 그랬다. 전공 선택이나 진로 결정 때도 스스로 알아서 하라고 했다. 세월이 흐르니 너무 무심했던 것 같아 후회했다.

나는 아이들의 학교 성적에 대해 칭찬이나 꾸중을 하지 않았다. 성적표를 보고 우수하면 혼자서 빙그레 웃을 뿐이었다. 역시 세월이 흐른 후 칭찬에 인색했던 과거를 반성했다.

심지어 장남 승재가 도쿄대학에 합격했을 때도 겉으로는 무심한 척했다. 주변 지인들의 축하인사를 받으며 몹시 뿌듯했으나 정작 당사자인 승재에게는 무덤덤하게 대했다. 아들이 교만해지지 않도록 내 딴에는 냉철한 태도를 지키다 보니 냉혹한 수준에 이르지 않았나 싶다.

차남 경재가 오사카대학 법학부에, 3남 융재가 간세이가쿠인대학 경제학부에 합격했을 때도 지인들은 명문대 진학을 축하했으나, 나는 돌부처처럼 묵언黙言이었다. 파티는 못 열어 주더라도 칭찬이라도 제대로 해 주었어야 했는데 ….

차남 경재가 초등학생 때 교과서 표지에 붓글씨로 이름을 써준 적이 있다. 서예가였던 아내가 아이들의 교과서 표지에 이름을 써주곤 했다. 경재의 책에 내가 쓴 글씨는 멋을 내 흘려 쓴 초서草書였다. 아내가 내 글씨를 보더니 이렇게 말했다.

"당신 글씨가 예술이에요. 참 잘 썼는데 초서여서 읽기 어렵겠어요. 경재 친구들이 누구 책인지 알아볼 수 있을까요?"

그러고 보니 아이 입장에서 쓴 게 아니라 내 기분에 도취해 쓴 글씨였다. 얼굴이 화끈했다. 세월이 흘러 내가 병상에 누워 있으니 교과서 표지에 글을 쓰던 오래전 장면도 기억에서 되살아났다.

명예 박사학위를 받은 기념으로 가족들과 함께(1992). 나(앞줄 가운데)의 왼편에 장남 승재, 오른편에 차남 경재, 3남 융재가 앉았고, 며느리와 손주들도 함께했다.

언젠가 경재, 융재 때문에 신한은행 비서실장에게 호통을 친 적도 있다. 이들이 한국에 들어올 때 비서실에서 김포공항에 차량을 보내 준다는 사실을 알고 불호령을 내린 것이다.

"승재는 내 장남이지만 신한은행 발전에 크게 기여했기에 예우하는 게 당연하다고 보오. 그러나 경재, 융재가 신한은행에 도움을 준 게 뭐요? 내 아들이지만 주주일 뿐 경영에 참여하지는 않으니 공항 영접을 받을 자격은 없소. 앞으로는 그러지 마시오! 공公과 사私를 구분하지 못하면 조직은 망한다오!"

딸이 없고 아들만 셋이 있다 보니 사내 녀석 앞에서는 강한 아버지로 보이고 싶은 잠재의식이 있었나 보다. 나는 힘들어도 강인한 척, 슬퍼도 담담한 척, 괴로워도 의연한 척했다. 그런 나도 자식들 앞에서 딱한 번 눈물을 보인 적이 있다. 1982년 10월 아내가 쓰러져 생사의 갈림길에 있을 때는 흐르는 눈물을 주체할 수 없었다.

증손녀 미노리

한국에서는 '다른 사람에게 손주를 자랑하려면 5만 원짜리 지폐 1장을 꺼내야 한다'는 우스갯소리가 있다. 나는 10장 아니라 100장을 꺼내더라도 증손녀를 자랑하고 싶으니 양해하시라!

손녀 훈은 연세대 어학당에서 한국어를 배운 후 서울에 체류했는데 이때 폴란드 청년 야쿱 테일러Jakub Taylor를 사귀어 결혼했다. 손녀사위 야쿱은 한국에 대한 관심을 가져 한국어를 배웠고 삼국시대 역사를 전공한 학자로 활동한다. 고구려, 백제, 신라에 대해서는 웬만한 한국인보다 훨씬 잘 안다.

손녀 부부 사이에 2008년 미노리實祈라는 딸이 태어났다. 얼굴은

증손녀 미노리의 그림(2022).

아빠, 엄마를 반반씩 닮았다. 이 증손녀는 나를 볼 때마다 내 곁에 찰싹 붙어 재롱을 부렸다. 나는 이 아이를 보면서 세상 근심을 모두 잊었다.

2010년 6월 29일 나의 93세 생일을 맞아 자식들이 오사카 호텔에서 축하연을 열었다. 한국에서 이용만, 라응찬, 신상훈, 이백순 은행장 등 역대 신한은행 행장 네 분이 일부러 불원천리^{不遠千里} 마다않고 찾아와 주었다. 축하연이 진행되고 기념사진을 촬영하는 내내 증손녀 미노리는 내 곁을 떠나지 않았다.

《조직론》이란 책

2007년 여름, 나는 모든 직책에서 은퇴하여 3남 융재의 오사카 집에서 기거했다. 다행히 건강은 좋은 편이어서 불고기도 즐겨 먹고 반주飯酒도 맥주 한 잔을 마시곤 했다. 내 입맛에는 하이네켄 맥주가 가장 맛있다. 예전에 나라奈良에 살 때엔 인구가 적어서인지 가게에서 하이네켄을 구하기가 어려웠다. 대도시인 오사카에서는 얼마든지 하이네켄을 살 수 있었다.

어느 날 장남 승재가 《조직론》과 《조직론Ⅱ》, 책 두 권을 들고 왔다. 저자 이름을 보니 이승재李勝載였다.

"아버님! 졸저를 바칩니다."

책을 펼쳐보니 맨 앞부분 헌사獻詞가 이랬다.

'이 책을 위대한 조직의 실천자이신 존경하는 아버님께 바칩니다.'

후쿠다 다케오 전 일본 총리가 승재에게 써 준 휘호도 있었다.

아들이 쓴 책을 받으니 기쁘기도 하지만 더욱 의미 있는 것은 내용이 신한은행의 조직문화를 구축하는 사례이기 때문이다. 승재는 오사카학예대학(현재 오사카교육대학) 부속 초등학교, 중학교, 고등학교를 다니면서 줄곧 학생회장을 맡았다. 그러면서 자연스레 조직, 리더십에 관심을 가졌다고 한다.

내가 쓰루하시 상가 번영회 회장으로서 1천여 명의 회원으로 구성된 조직을 이끄는 모습을 곁에서 보며 자극을 받기도 한 모양이다. 승재는 대학에 진학할 때 도쿄대학 경제학부에 '조직론' 과목이 있음을 알고 주저하지 않고 그 학교를 지망했다고 한다.

고마바駒場캠퍼스에서 공부하던 2학년 때 오카모토 야스오岡本康雄 교수가 개설한 소규모의 '조직론' 세미나에 참여했다고 한다. 혼고本鄕캠퍼스 시절인 3학년 때도 오카모토 교수의 지도를 받았고, 이 교수의 추천을 받아 미국 컬럼비아Columbia 경영대학원에 교환유학생으로 갔다. 학부생이 이렇게 유학하는 것은 매우 이례적인 경우였다. 승재는 경영학자 체스터 바너드의 조직이론에 심취하여 집중 연구했고 훗날 신한은행에도 이를 실천했다.

나는 이 책을 훑어보곤 적잖이 놀랐다. 내용을 모두 이해할 수는 없었지만 저자의 치열한 고민이 배어 있음을 간파했다. 책 말미에 붙은 참고문헌 목록을 보니 동서고금의 명저들이 숱하게 나열돼 있다. 내가 읽으라고 준 《이시다 선생 어록》도 있어 흐뭇했다.

에필로그

이경재(李慶載 · 차남)

먼저 이 책을 기획·제작해 주신 여러분 및 인터뷰에 흔쾌히 응해 준 분들께 진심으로 감사의 말씀을 올립니다.

아버지 이희건의 도일渡日 전 한국에서의 일, 처음 일본 땅을 밟은 직후의 행적에 관해 아는 분들은 유감스럽게도 대부분 타계하셨습니다. 손녀와 어떤 대화를 나누었는지는 제가 알기 어렵습니다만, 아버지는 자식들에게는 본인의 과거 인생이나 현재진행중인 여러 사정에 대해 말씀한 적이 거의 없습니다. 저 자신이 이 책을 읽고, 사실관계 자료를 기초로 한 이야기라지만, 저도 몰랐던 스토리에 여러 번 깜짝 놀랐습니다.

에필로그에서는 이 책 안에 별로 언급되지 않은 '이희건 가족'에 대하여 적고자 합니다.

어머니 이쓰카게 미수

어머니 이쓰카게 미수五影美壽는 6남매 중 막내로 1926년 7월 9일 오사카에서 태어났습니다. 청춘 시절을 제2차 세계대전의 포화 속에서 보내고, 전쟁이 끝난 직후 아버지를 만나 결혼했습니다. 신접살림은 외갓집에 차렸는데 당시 거기에는 전쟁미망인이던 이모, 여러 친척 그리고 그 자녀들이 함께 살았습니다. 언제나 북적대는 대가족이었습니다.

그런 와중에도 어머니는 내조에 열심이셨습니다. 집안 살림살이뿐 아니라 아버지가 세운 다양한 사업체(택시회사, 자전거 도매상, 비누가게, 파친코 등) 관리까지 하셨습니다. 특히 오사카흥은 설립 후 아버지가 금융 방면으로 분주한 나날을 보내면서부터는 이들 사업체의 실질적인 관리 운영은 어머니가 도맡아 하셨습니다.

아버지로서는 고생하는 어머니를 위로하고 싶었겠지요. 그러나 그것도 마음뿐 집에 초대하는 손님을 접대하느라 어머니는 쉴 틈이 없었습니다. 매년 1월 1일, 설날 오전에는 가족과 함께 시간을 보내고 오후에는 사업체 임직원들을 집으로 초대하는 것이 우리 집안의 관례였습니다. 그 외의 손님은 아무리 지위가 높더라도 1월 2일 이후에야 새해 인사를 받았으니 아버지가 얼마나 임직원들을 각별하게 챙기셨는지 알 수 있습니다. 그분들은 우리 형제에게도 정말 가족 같았습니다.

그리고 어머니는 오사카흥은 거래처 관계자의 부인이나 가족, 오사카 쓰루하시 시장을 실질적으로 관리하는 이시카와石川 가문 식구들을 즐겨 집으로 초대했습니다. 이분들에게 다도, 꽃꽂이, 자수, 인형 만들기, 수묵화 그리기 등을 가르쳤습니다.

주변 인간관계까지 살뜰히 챙기시던 어머니는 1982년 10월 29일, 56세라는 젊은 나이로 타계하셨습니다. 아버지와 '제로'에서 출발해 아버지 소원인 신한은행 탄생을 서울에서 두 눈으로 보고 떠나신 건,

짧지만 알찬 인생이 아니었나 생각합니다.

형 승재

형 승재勝載는 1947년 5월 9일 장남으로 오사카에서 태어났습니다. 초중고교 때 학생회장으로 뽑혔고 야구, 농구 등 스포츠에서도 두각을 나타냈습니다. 거기다 도쿄대학에 입학해서는 미식축구에 몰두하는 등 확실히 문무양도文武兩道를 겸비한 사람이었습니다.

일본 다이와은행을 거쳐 오사카흥은에 입사했습니다. 이때부터는 대학시절 전문분야인 조직론을 바탕으로 창의적인 발상과 열정적인 실행력을 발휘했습니다. 오사카흥은의 수많은 이벤트는 물론 신한은행 출범과 인재 육성에 크게 공헌한 사실은 많은 분들이 아시는 바와 같습니다.

아버지가 "그 녀석은 잘했다"고 저에게 말씀하셨다고 나중에 형에게 전하니까, "정말 그렇게 말씀하셨어?"라고 감격에 젖어 눈물을 글썽이던 얼굴이 지금도 선명하게 떠오릅니다. 아버지는 가족을 대놓고 칭찬하는 일이 거의 없다시피 하셨거든요.

2020년 4월, 72세를 일기로 세상을 떠났습니다만, 형은 저에게 선망의 대상이자 목표 그 자체였습니다. 아버지와 마찬가지로 사근사근 말을 걸어 주는 스타일은 아니었지만, 해마다 제 생일이면 "경재야, 생일 축하해!" 하고 꼭 전화해 주던, 마음이 따뜻한 사람이었습니다.

동생 융재

동생 융재隆載는 1955년 2월 7일 오사카에서 태어났습니다. 대학 졸업 후 속으로는 두 형들처럼 다른 회사에서 경험을 쌓은 다음에, 본인이 원하는 사업을 하고 싶다고 생각했는지 모릅니다. 그럴 만한 능력도 충분히 있었다고 봅니다. 하지만 어머니 건강이 좋지 않은 시기와 겹쳐 집안 사업을 도맡으면서 현재에 이르고 있습니다.

특필特筆할 점은 융재가 아버지의 마지막 10년 동안을 끝까지 함께 지냈다는 점입니다. 아버지가 동생과 지내기를 희망했다고 하지만 동생은 아버지와 함께 지내는 것에 대해 보상을 바라는 마음이 눈곱만큼도 없었습니다. 거듭되는 응급 입원, 90세를 넘기며 점점 위중해지는 병세의 아버지를 언제나 정성껏 보살펴 주었습니다. 이 점에 대해 저는 동생에게 고개를 들 수가 없습니다.

아버지와 나 경재

마지막으로 제가 알고 있는 아버지와 아버지상像에 대해 적겠습니다. 저는 1950년 7월 23일 오사카에서 태어나 유소년기와 청년기를 평탄하게 살았습니다.

1975년 9월 도쿄 히가시니혼바시東日本橋에 지사를 둔 회사에 근무할 때였습니다. 아버지가 전화로 "오후 7시에 데이코쿠帝国호텔 로비로 오거라. 밥이라도 같이 먹자"고 연락하셨습니다. 혹시나 해서 10분 전에 호텔에 도착하니 아버지는 이미 로비에서 기다리고 계셨습니다.

"스시 할까, 불고기 할까?"

"저는 불고기를 고르겠습니다."

히가시긴자東銀座에 있는 고급 불고기 식당에서 평소 먹을 수 없는 고급진 음식들을 실컷 먹었습니다.

그때까지 아버지와 단둘이서 외식한 적이 한 번도 없었던 것 같습니다. 그때 무슨 대화를 나누었는지는 거의 기억나지 않습니다. 식사를 마친 뒤 함께 데이코쿠호텔 최상층 라운지바로 올라갔습니다.

"마시고 싶은 만큼 양껏 마시려무나."

아버지 말씀에 당시 박봉 샐러리맨이던 저에게 고급 양주는 더없는 기쁨이었습니다. '온더록스'로 흐느적거릴 때까지 마신 다음에 아버지를 호텔방에 모셔다 드렸습니다. 언제나 스탠더드 더블베드룸에 묵으시는 아버지는 그날따라 스탠더드 트윈베드룸을 잡아 두었습니다.

옆 침대를 가리키면서 "늦었으니 자고 가거라"고 말씀하셨습니다. 저는 정중하게 사양하고 고토구江東區 집으로 돌아가겠다고 하자, 아버지는 "3년 뒤에 다시 오마"라고 약속하셨습니다.

아버지는 이 약속을 잊지 않으셨습니다. 꼭 3년 후인 1978년 9월, 지난번처럼 회사로 전화가 왔습니다. 이번에는 지난번보다 더 이른 시각인 약속시간 20분 전에 데이코쿠호텔에 도착했습니다. 그런데 이번에도 아버지는 이미 로비에 서 계셨습니다. 불고기, 라운지바…. 모든 게 3년 전과 똑같았습니다. 다만 3년 후의 약속이란 점만 다를 뿐이었습니다.

앞서 말한 바와 같이 아버지는 아들에게 설명이나 이유를 장황하게 늘어놓지 않고, 거의 당신의 행동으로서 지도해 주셨습니다. 참으로 '지행합일知行合一' 그 자체를 몸소 보여 주셨습니다. 이제 생각해 보면 '아버지가 그랬었구나'라고 반성할 일들이 무수하게 떠오릅니다.

이미 끝난 일이고 사람 배웅과 관계됩니다만, 자신이 배웅받는 걸 별로 좋아하지 않던 아버지의 간곡한 당부로 장례식은 지극히 적은 인원으로 치렀습니다. 아버지와 교우관계가 있던 수많은 분들과 함께하지 못한 불의리不義理에 대하여 이 자리를 빌려 깊은 사과의 말씀을 드립니다.

"그저 코마胡馬(고구려의 말, 한민족의 후예)는 풀밭을 씩씩하게 달리고 떠나갔습니다."

　아버지는 마지막 순간까지 아버지였습니다.

내가 본
이희건 회장

할아버지와 손녀

이 훈(李薰 · 맏손녀)

할아버지가 생애 마지막으로 남긴 말씀은 "부탁한다!"는 한 마디였다. 무엇을 '부탁한다'는 말인지는 지금도 수수께끼다. 하지만 한 가지 확실히 말할 수 있는 것은 내가 할아버지로부터 많은 애정을 받았다는 사실이다. 받은 것에 비해 너무나 미미하지만 이희건 할아버지에 대한 보답은 이제 시작이다.

할아버지의 아침

할아버지의 아침은 지극히 규칙적이었다. 오전 6시에 일어나 라디오에서 흘러나오는 음악에 맞추어 체조를 한다. 고개를 빙빙 돌리고, 등을 펴고, 그 자리에서 '탁 탁 탁 탁' 제자리걸음을 한다. 관절염으로 다리가 편찮으시기 전까지 할아버지는 아침을 라디오 체조로 시작했다.

그다음에 깔끔하게 면도하고 머리를 손질한 뒤 다이닝룸으로 나온다. 할머니가 건강하셨을 때는 길 건너 공터에서 따온 쑥을 잔뜩 갈아 넣은 주스로 아침 식사를 했다. 하지만 공터도 완전히 모습이 바뀌면서 사과와 샐러리 위주의 건강주스로 아침 메뉴도 바뀌었다. 메뉴는 구운 채소, 옥수수스프, 찐빵 또는 조개된장국과 쌀밥.

북유럽 어느 나라에서 들여왔다는 커다란 나무식탁은 할아버지의 '살아 있는 현대사' 교실이었다. 나는 꽤나 훌륭한 학생이라는 자부심이 있었는데도 '멍텅구리'라 불렸다. 물론 애정의 표현임은 안다. 나는 그런 핀잔을 들으면서도 언제나 할아버지의 웅장한 역사 강의에 열심히 귀를 기울였다. 수십 년간 우리 가족모임을 주최한 할아버지 말씀을 가장 잘 들어주었던 식탁은 지금도 건재하다.

할아버지의 케네디 참배기

나라奈良 집에서 가장 번듯한 공간인 다이닝룸. 할아버지는 다이닝룸의 커다란 창밖으로 보이는 안뜰과 그 너머 풍경을 즐겨 바라보셨다. 푹푹 찌는 여름. 그래도 저녁때면 커다란 창문으로 시원한 바람이 불어온다. 그러면 할아버지의 입담은 더욱 유려해진다.

내친김에 저녁 식사를 마친 뒤 디저트도 다이닝룸에서 드셨다. 유독 좋아하는 멜론이 나온 날에는 특히 기분이 좋아져서 입담은 날개를 단다. 언제 들어도 조마조마 두근두근하는 '이희건 모험기'였다. 그중에서도 자주 말씀하신 챕터가 '존경하는 존 F. 케네디 묘소참배' 편이다.

존 F. 케네디는 할아버지와 1917년생 동갑내기, 아일랜드계 최초의 가톨릭교도 미국 대통령. 같은 마이너리티로서 젊은 리더 케네디에게 할아버지는 동경憧憬과 희망을 품고 있었다.

그가 1963년 댈러스에서 암살당했을 때 할아버지는 큰 충격을 받으신 모양이다. 할아버지는 영어를 전혀 할 줄 몰랐지만 몇 년 후에 혼자서 케네디를 참배하러 미국 알링턴국립묘지를 찾아갔다. 이 모험기의 클라이맥스는 그때 타고 간 택시 기사와 나눈 대화였다.

"링컨호텔까지 가 달라고 했는데 전혀 통하지 않지 뭐야. '링컨, 링컨, 링컨'이라 말했는데 링컨 발음이 너무 어렵더라고. 오죽 답답했던지 택시기사가 화를 내면서 여행 가방을 길바닥에 내팽개쳐 버리는 거야. 그때였어. 떨어진 여행 가방에 전에 묵을 때 붙였던 링컨호텔 스티커가 있는 거야! 그래서 택시기사에게 외쳤지. '헤이, 드라이버! 링컨, 링컨 맞잖아!'"

식탁을 툭툭 치면서 뿌듯한 표정으로 말했다.

"그랬더니 택시 기사가 'OK!' 하면서 내팽개쳤던 여행 가방을 도로 트렁

크에 넣고 호텔로 데려다 줬지 뭐야. 하하하!"

할아버지는 케네디 대통령 묘소에 다녀와서 도쿄대학 미식축구부원인 아버지에게 선물로 줄 축구헬멧을 사느라 고생했다는 이야기도 들려주었다. 할아버지의 가족사랑은 누구도 못 말릴 정도였다.

할아버지의 가족사랑

할아버지의 가족사랑은 세상에 둘도 없이 각별했다. 주말이면 오사카 백화점이나 나라공원에 나를 데리고 갔다. 난생처음 경험한 신칸센 및 비행기 탑승, 도쿄 구경과 해외여행도 모두 할아버지와 함께였다.

가족 누군가 아파서 대학병원에 진찰받으러 갈 때면 어김없이 할아버지가 붙어 있었다. 할아버지는 염치 불구하고 의사와 간호사에게 머리를 조아리며 간절하게 말씀하셨다.

"의사 선생님, 잘 부탁합니다!"

"간호사 선생님, 잘 부탁드립니다!"

내가 입원했을 땐 거의 매일 병문안을 오셨다. 일반식을 허락받은 저녁 식사 시간, 호화로운 도시락이 배달되자 간호사들로부터 부러움을 샀다.

'할아버지의 가족사랑'에서 가장 기억에 남는 일화는 '양털 속옷' 배달 사건이다.

대구 본가 결혼식에 내가 할아버지를 대신해 가게 됐을 때다. 떠날 채비를 하고 있는데 할아버지가 "이걸 큰할머니께 갖다 드리럼!" 하며 종이가방을 건넸다. 내용물은 양털 셔츠와 속바지였다.

"이건 최고급 양털 속옷이야. 큰할머니께 드리면 돼. 거긴 겨울이 추우니까 기뻐하실 거야."

근데 남성용 속옷이었다. 할아버지에게 "이건 남자 옷인데…"라 말하니까, 큰 목소리가 돌아왔다.

"뭐야, 멍텅구리! 이거 최고급품이고 아주 따뜻해. 됐으니까 아무 말 말고 갖다 드려."

결혼식 전날, 대구 본가에 가서 시키는 대로 본가 큰할머니에게 양털 속옷을 주뼛주뼛 건넸다. 그러자 큰할머니는 속옷을 끌어안고서 눈물을 흘리며 기뻐하셨다.

본가 큰할머니는 할아버지의 형수님이다. 젊은 나이에 돌아가신 형님의 부인이다. 집안이 힘든 시기에도 열심히 집을 지켜줬다며 할아버지는 형수님에게 고마워하고 극진히 아꼈다. 할아버지의 그 마음은 본가 큰할머니와 딱 들어맞고 있었다. 본가 거실 벽에는 커다란 할아버지 사진이 걸려 있었다.

올림픽과 할아버지

할아버지의 올림픽 사랑은 유별났다.

어릴 적 할아버지 댁에 놀러갔을 때다.

"올림픽 잘 다녀왔어!"

할아버지는 곰 마스코트 인형과 배지 등 올림픽 기념품을 잔뜩 안겨 주셨다. 선물을 주시며 신이 나서 올림픽 이야기를 들려주었다.

할아버지는 '혼자서' 올림픽을 보러 다녔다. 나중에 84 LA 올림픽과 할아버지의 꿈이 실현된 88 서울올림픽은 나도 동행했다. 그러나 나머지는 거의 혼자셨다. '이희건 홀로 올림픽'에서 할아버지가 생각한 건 무엇일까.

이희건과 올림픽. 웅장한 올림픽스타디움에서 할아버지가 크게 감명받은 것, 5대양 6대주의 망망대해를 혼자서 둘러보면서 얻은 것. 타고난 커뮤니케이션 기술, 탁월한 유머감각은 국경을 초월해서도 통하는 보편성이 있었다. 그래서 할아버지를 단순하게 '재일한국인'으로 분류하면 왠지 편협한 시각이라는 기분이 든다. 할아버지는 뼛속부터 '슈퍼 국제인'이었다.

지금도 생생하게 떠오르는 88 서울올림픽 개막식. 성화가 점화됐을 때 만면에 가득 찬 자랑스러운 표정. 쩌렁쩌렁 함성소리가 솟구치는 스타디움, 그 안의 사람들을 응시하는 할아버지. 나처럼 경험 없는 사람은 상상조차 할 수 없는 수많은 사건, 속 깊은 사유思惟가 주마등처럼 할아버지의 뇌리를 스치고 있었으리라. 그건 할아버지와 함께 이날을 학수고대한, 성화에 불이 붙는 장면을 자랑스럽게 바라보던 다른 동포 1 세 분들도 마찬가지였을 것이다.

할아버지와 산책

말년에 할아버지는 30년 이상 살던 정든 나라奈良를 떠나 오사카 한복판 오가와大川 둔치로 이사했다.

오가와는 오사카 3대 축제인 덴진마쓰리天神祭り가 열리는 뱃길이다. 배들이 무수히 오가고, 화려한 불꽃놀이를 즐길 수 있는 강이다. 할아버지는 오사카로 이사하고 나서 강변길을 즐겨 걷기 시작했다. 천천히 지팡이를 짚으면서 말이다.

그때 일본에서 대학을 졸업한 나는 연세대 한국어학당에서 우리말 코스를 마치고 나서 연세대 국문학과에 편입해 고군분투하고 있었다. 한국인 동기생들은 나보다 나이가 한참 어렸다. 그들 사이에서 사방에 칸막이를 세우고서 그 안에 콕 틀어박혀 지냈다. 기말시험이 끝나 여름방학, 겨울방학이 되면 오사카로 도망치듯이 돌아왔다. 그때는 지친 나머지 헤매고 있었다.

할아버지의 산책시간은 오후 3~4시쯤.

산책 나갈 때도 할아버지는 멋쟁이였다. 산책객 차림에 어울리게 코디를 맞추고, 모자까지 멋들어진 걸 골랐다. 할아버지는 언제나 자세가 반듯했다. 그 꼿꼿한 등 뒤를 천천히 따라가는 것만으로도 한국 생활에 치이고 지친 내 마음을 위로받는 기분이었다. 이따금 벤치에 앉아서 나눈 시시콜콜한 이야기도 메마른 마음에 자양분이 되었다. 원래는 내가 곁에서 할아버지를 도와드

리는 입장이었는데 산책이 계속될수록 거꾸로 내 영혼의 '재활再活 타임'이
되어 갔다.

방학이 끝나갈 무렵, 한국으로 가야 한다는 강박감에 시달렸다. 벤치에서
잠시 쉬다가 문득 할아버지에게 물었다.

"할아버지. 제가 오사카로 돌아오면 안 될까요?"

순간의 정적…. 할아버지는 눈을 마주치지 않고 어딘가 먼 곳을 응시하며
말했다.

"너 스스로 결정한 거지? 그럼 할 수 없겠구나. 도중에 그만두고 돌아오
면, 응석받이로 자라서 근성이 없어서라고 주위에서 생각하겠지만."

나는 순간적으로 감정이 고조되었다. 약간 울먹이며 대답했다.

"알겠습니다."

할아버지는 천천히 벤치에서 일어나 다시 걷기 시작했다. 몇 걸음 걷다가
멈춰 서더니 뒤도 돌아보지 않고 앞을 보면서 속삭이듯 말했다.

"역시 안 된다 싶으면 돌아오렴. 무리할 필요는 없어."

할아버지의 다정한 마음에 눈물이 볼을 타고 흘러내렸다. 그때 나는 나약
한 나 자신이 부끄러웠고 안일한 태도를 반성했다.

"아니에요. 할아버지. 한번 열심히 해볼게요!"

그렇게 강한 척했다. 결국 나는 그때부터 강한 척하면서 지금도 한국에 살
고 있다.

할아버지는 관절염으로 다리가 불편해진 다음에도 휠체어를 타고 산책을
계속했다. 오가와 강변 벚꽃들이 분홍빛깔로 활짝 핀 모습을 좋아하셨다. 바
람을 타고 가는 데마다 핑크빛 플라워샤워flower shower가 춤추는 계절을 좋아
하셨다.

할아버지는 봄에는 일본에서의 산책을, 가을에는 한국에서 한강변을 따라
걷는 산책을 좋아하셨다.

"봐 봐. 한국의 하늘은 높고 푸르단다. 역시 최고라니까!"

할아버지는 우리나라의 가을하늘을 무척이나 좋아하셨다.

할아버지와 이별, 2011년 3월 21일

할아버지와의 추억이 가득한 로얄호텔 건너편에 있는 명동성당을 방문했을 때였다. 진옥동 SBJ은행 오사카지점장(현 신한은행 은행장)으로부터 전화가 왔다.

"훈薰 씨, 오늘 오사카로 돌아올 수 있습니까?"

갑작스러운 질문에 나는 주춤거리며 말했다.

"내일은 안 되나요?"

"내일은 늦을지도 모릅니다. 비행기 티켓 준비하겠습니다."

진 지점장의 강한 어조에서 급박함이 느껴졌다.

'늦을지도 모른다.'

할아버지와의 이별의 시간이 결국 오고야 만 것이다.

나에게 할아버지는 불사신의 '히어로'이셨다. 항상 건강하고, 호쾌하게 웃는 것이 당연한 일이었다. 그 당연한 것들이 마침표를 찍게 되는 순간이 현실이 되고 있었다.

두 살 반이 된 딸을 데리고 비행기를 타고 오사카로 향했다. 병실에 들어서자 할아버지는 규칙적인 호흡을 반복하며, 평온한 모습이었지만 눈은 감은 채로 계셨다.

일전에 딸과 함께 병문안을 왔을 때의 일이었다.

"할아버지, 미노리実祈랑 같이 왔어요."

작게 코를 골던 할아버지가 천천히 눈을 뜨고 빙그레 웃으면서, 쑥 손을 뻗어 미노리의 볼을 부드럽게 쓰다듬어 주셨다. 그리고 나에게 눈을 돌리며 쉰 목소리로 말씀하셨다.

"부탁한다."

그것이 할아버지의 마지막 말씀이셨다. 미노리의 볼을 쓰다듬었던 할아버지의 손가락은 여전히 길고 고왔다.

내가 오사카로 돌아온 다음 날 2011년 3월 21일, 할아버지는 가족들이 지켜보는 가운데 평안히 하늘로 떠나셨다. 아마도 용재 삼촌이 말씀하셨던 것으로 기억한다.

"3, 2, 1에 맞추어 저 세상으로 떠나시다니, 아버지다우시군."

평안히 '3, 2, 1'에 떠나신 할아버지의 '위대한 마지막 쇼'의 시작은 이때부터였다.

이틀 후, 신한금융지주회사의 주주총회가 열렸다. 할아버지가 돌아가신 것은 주주총회 현장에서 공표되었다. 할아버지는 자신의 혼을 재일동포 주주분들에게 바치면서 "친애하는 여러분, 부디 부디 앞으로도 신한은행을 지켜주십시오"라고 신한은행의 미래를 맡긴 것이었다.

주주총회장에서 할아버지께서 재일동포 주주분들께 드리는 유언이 울려 퍼졌다.

"신한은행은 저 혼자서 만든 것이 아닙니다.

여러분 한 사람 한 사람이 창립자입니다.

부디 창립자로서 신한은행을 지켜 주십시오."

도저히 미워할 수 없는 사람

공로명(孔魯明 · 전 외무부 장관)

100억 엔 면세 끌어낸 교섭력

이희건 회장과는 1965년 주일대사관 근무 때 처음 만났다. 대단히 유쾌한 사람이다. 만나고 있으면 주변 사람들이 행복해진다. 어려운 이야기를 꺼내야 할 때면 문을 박차고 들어오면서 큰 소리로 외친다.

"기합 받으러 왔습니다!"

도저히 미워할 수가 없다.

재일교포 신용조합 가운데 오사카흥은이 비약적으로 발전한 이유도 그의 정치력에 있다. 단적인 예가 일본 정부로부터 서울올림픽 재일한국인 후원금(100억 엔)에 대한 세금 면제조치를 받아낸 일이다. 대단한 교섭력이다. 일본이 한국에 대해 우호적인 조치를 취한 거라 할 수도 있지만, 그걸 끌어낸 주역은 이 회장이다.

멀리 내다보는 리더

1995년 1월 한신·아와지대지진 때의 행동력도 대단했다.

내가 외무부 장관으로 임명된 지 3주일쯤 됐을 때다. 이희건 회장은 한신·아와지대지진 발생 후 사흘 뒤인 1월 20일에 서울에 들어왔다.

그때 이 회장이 하는 부탁이 "우리나라가 제일 먼저 대지진 현장에 구호단을 보내 달라"는 말이었다. 청와대에 들어가서 김영삼 대통령을 만나서도 똑같이 부탁했다.

당시 김영삼 대통령도 적극 호응했다.

"일본은 이웃나라니까 우리가 제일 먼저 가는 건 당연합니다."

돌이켜보면 리더라는 사람들은 착안점이 다르다. 멀리 내다보는 부관적俯觀的
인 안목을 지녔다.

당시 이희건의 흥은은 지진 피해자들에게 1인당 5만 엔씩 무담보 신용대
출을 해 줬다. 기존에 거래가 없는 사람까지도 그렇게 했다. 이런 긴급대응은
일본 은행 중에는 단 한 군데도 못한 일이다. 재난 속에서 상당히 많은 분들이
혜택을 입었다.

강력한 네트워크 소유자

장관 퇴임 후에 '사천왕사 왔소' 축제에 초청받아 오사카에 갔을 때다. 이희
건 회장이 사천왕사에서 다과茶菓 모임을 하자 해서 가 보니까 그 자리에 세
지마 류조瀬島龍三 선생이 와 있었다.

세지마 선생은 나카소네 야스히로 총리의 특사로서 한일을 오가던 일본
정관계의 실력자이다. 1980년대에 우리나라가 '안보 협력'이라는 명분으로
일본으로부터 경제협력자금 40억 달러(ODA 17억 5천만 달러 포함)를 받은 적
이 있는 데, 그때도 세지마 선생이 나카소네 특사로서 중개역을 맡았다.

그날 다과를 하면서 이 회장의 넓은 활동력을 다시금 실감했다. 일본 사회
와 이렇게 강력한 네트워크를 가진 재일교포 리더는 아마도 그가 유일한 인
물일 것이다.

선공후사의 실천가

이희건 인생에서 일관한 것은 멸사봉공滅私奉公과 선공후사先公後私의 자세였
다. 공익을 먼저 추구하고 개인을 뒤로 두는 철학이 몸에 밴 사람이다. 재일교

포 사회에 자산가는 많다. 돈을 만지기로는 이 회장도 둘째가라면 서러웠을 것이다. 하지만 그러지 않았다. 마지막에는 자기가 살던 나라奈良의 집까지도 내놓았다.

이희건이란 인물에 대해 많은 사람들이 오래 기억해 주기를 진심으로 바란다.

손수 불고기 구워 준 서비스정신

유흥수(柳興洙 · 한일친선협회중앙회 회장)

이희건 회장은 정말 훌륭한 애국자다. 나라를 사랑했을 뿐만 아니라 한일 양국관계가 원만하게 되도록 노력했다.

88 서울올림픽 때 재일교포의 100억 엔을 모금한 주역, 신한은행을 세울 때도 주춧돌 역할을 맡은 분이다. 우리나라가 못살던 시대에 조국이 잘살도록, 조국의 경제부흥을 돕겠다는 일념이 확고한 진짜 애국자다.

한신·아와지대지진(1995년 1월)이 일어났을 때 나는 마침 고베에 사는 사촌형의 딸 결혼식에 참가하기 위해 오사카에 머무르고 있었다. 그때 이희건 회장이 경영하는 간사이흥은이 담보도 없이 이재민들에게, 일본 사람들에게까지 대출해 줬다는 이야기를 듣고 깜짝 놀랐다. 일본에서 이토록 한국인의 이미지를 좋게 만든 애국자가 또 있을까.

그분은 개인적으로도 다정다감한 성격으로 참 정이 많았다. 나와의 첫 인연은 경찰 치안국 외사과에서 일본계장을 맡았을 때다. 재일교포, 일본 상사들이 한국에 본격 진출하던 때니까 1967년경이다. 이후 내가 정치에 입문한 뒤에도 종종 만났다.

13대 총선에서 국회의원에 떨어지고 났을 때다. 울적한 심경으로 교토대학에서 2년간 유학했는데 이 회장으로부터 위로를 많이 받았다. 언젠가 KOMA 골프장으로 초대받았다. 1박 2일 동안 이희건 회장과 골프를 치고 담소를 나누었다. 이 회장은 손수 불고기도 구워 내 접시에 올려 줬다.

낙선자까지 챙겨주는 넉넉한 아량을 가진 사람, 정겨운 인품이다. 권력자를 좇는 염량세태炎凉世態라지만 이 회장은 갓끈 떨어진 사람도 챙겨 주는 의리의 인물이었다.

　수많은 재일교포 리더가 있지만 이희건 회장처럼 한일관계 개선에 도움을 많이 준 인물은 드물다. 지금도 그 호탕하면서도 순수한 모습이 눈에 선하고 그립다.

이자 대신에 쌀

여건이(呂健二 · 민단 중앙본부 단장)

한국에서 재벌이 된 롯데, 한화, 코오롱그룹 등은 재일교포 1세가 한국으로 돌아와서 세운 기업이다. 각자의 사업 분야에서 크게 공헌하고 있다.

그중에서도 롯데그룹 창업자인 신격호 회장이 유통 및 호텔업계를 혁명적으로 바꾼 거인巨人이라면, 이희건 회장은 신한은행을 통해 한국 금융계를 혁명적으로 바꾼 거목巨木이다.

일본에서는 오사카흥은을, 한국에서는 신한은행을 설립한 재일교포 사회의 최고 지도자이다. 오사카흥은이 일본 신용조합 가운데 예금고 톱에 오른 배경에는 이희건 회장의 독특한 아이디어와 뛰어난 지도력이 있었다.

이런 에피소드가 있다. 정기예금 금리를 올려 달라고 요구하는 어르신 손님에게 흥은에서 제안했다.

"요구하신 대로 금리를 올려드리겠습니다만, 돈 대신에 쌀을 드리지요."

"어? 쌀이라고요?"

그런데 그저 쌀을 택배로 보내는 게 아니었다. 흥은 직원이 정기적으로 자택으로 찾아와 쌀을 전해 주며 건강은 괜찮은지, 불편한 데는 없는지 살폈다. 독거노인을 위해 더할 나위 없이 좋은 서비스였다. 고령의 부모님을 걱정하는 자녀 손님들이 무척이나 기뻐했다.

'손님을 소중히 받든다.' 이런 자세를 일본에서 축적해 한국에 이식해서 탄생한 것이 신한은행이다. 이희건의 서비스정신이 신한은행으로 이어져 일류 금융사가 된 사실이 재일교포로서 자랑스럽다.

최고의 민간외교관

신용상(辛容祥 · 민단 중앙본부 상임고문)

재일교포 리더 이희건 회장은 지도자로서의 품격이 있었다. 1995년 1월 고베에서 한신·아와지대지진이 일어났을 때다. 삶터를 잃은 재일교포와 일본인들은 모두 같은 곳에 피신했다.

대재앙이 발생하면 가장 큰 걱정이 가족이나 지인의 안부安否이다. 당시 이를 확인하는 유일한 수단은 공중전화. 필요한 건 10엔짜리 동전이었다. 나도 이희건 회장과 여러 피난처를 같이 둘러보았는데, 이희건 회장은 10엔짜리 동전을 100개씩 이재민에게 나눠 주게 했다. 간사이흥은과 신한은행의 구호 활동을 지켜본 오사카의 일본인들이 한국, 재일교포를 대하는 태도와 표정이 바뀌는 것을 나는 현장에서 직접 목격했다. 그가 훌륭한 민간외교관이란 걸 보여 주는 일화다.

'사천왕사 왔소'도 이희건 이야기에서 결코 빼놓을 수 없다. 이 축제는 선진 문화가 한반도에서 일본열도로 전파됐음을 역사고증을 통해 재현했다. 일본인들도 이 축제를 통해 우리나라가 문화적으로 선진국이었다는 걸 인식하도록 널리 알렸다. 일본 사회에서 동포들은 '조센진'이라 괄시받다가 이 행사 이후에 자부심을 갖게 되었다. 나아가 한국인, 재일교포, 일본인들에게 우호의 장을 제공해 공생사회 실현 가능성을 제시했다.

알다시피 88 서울올림픽 때 거액을 모아 모국을 후원한 일도 유명하다. 당시는 전 총리 다케시타 노보루竹下登가 대장성 장관이었다. 이 회장은 다케시타를 찾아가 재일교포의 심경을 전하면서 올림픽 기부금 면세를 부탁했다. 다케시타 장관은 재일교포 모금이란 말을 듣고 '기껏해야 10억 엔 정도겠지'라 여기고 승낙했다고 한다. 하지만 나중에 100억 엔이라는 말을 듣고 깜짝 놀랐다고 한다. 그때는 다케시타뿐 아니라 누구도 그런 거액이 모이리라 생각하지 못했다. 그걸 가능하게 만든 이가 이희건이다.

후배 엉덩이 두드려주는 형님

김화남(金和男 · 재일한국인 본국투자협회 회장)

"후배들 엉덩이를 두드려주는 형님, 재일교포 사회의 보스지!"

나는 선친께서 이희건 회장에 대해 이렇게 말씀하시는 것을 자주 들었다. 이 회장은 나에게는 구름 위의 존재다. 이야기할 기회가 그리 많지는 않았지만 그분과의 대화는 나에게 큰 의미를 던졌다.

그분은 경제, 사회, 최신뉴스를 잘 아셨다. 이야기를 하도 재미나게 해서 우리 청년들은 말씀에 끌려들어갔다. 한번은 이 회장의 둘째 아드님(이경재)에게 물어보기도 했다.

"회장님은 사람 만나기 전에 원고를 준비하시나요?"

흥미진진할 뿐 아니라 교훈이 될 만한 내용이 그득했다.

인상 깊은 이야기는 미국의 대부호 록펠러에 관한 일화이다. 어떤 모임이었는지는 기억이 희미한데, 재일교포 1세들이 자녀 세대인 2세들에 대해 불만을 토로하고 있었다. 나는 잠자코 옆에서 듣고만 있었다.

"부모들이 손에서 지문이 닳도록 고생하며 재산을 모아 놨더니 자식놈들은 뻔쩍뻔쩍하는 자동차 타고 다니지 않소? 비행기로 여행 갈 때는 비즈니스석을 타며 폼을 잡더라구! 사치투성이야!"

재일교포 1세인 이 회장도 같은 생각을 하는 줄 알았다. 그런데 그게 아니었다. 이 회장이 손사래를 치며 말문을 열었다.

"자자, 그러지 마시고!"

그는 '석유왕' 록펠러의 일화를 소개했다.

"록펠러가 뉴욕에서 볼일을 보고 늦은 밤 호텔에 묵게 됐소. 체크인할 때 스탠더드룸을 부탁하자 지배인이 '귀하 같은 분이 스탠더드룸을 이용하다니요. 귀하 아드님은 저희 호텔에서 항상 스위트룸을 쓴답니다"라고 말했다고 하오. 그러자 록펠러는 '스탠더드룸이면 충분해요. 나에겐 그처럼 부자 아버지가 없으니까'라고 대답했다고 하오."

우리 재일교포 2세는 확실히 사치스러운 경향이 있다. 야단칠 수도 있는 일을 이 회장은 넓은 마음으로 감싸 안았다.

"대신에 일은 똑바로 해라. 1세들 등을 잘 보고 배워라!"

이렇게 강조하셨다.

재일한국인 본국투자협회는 이희건 회장이 세운 조직이다. 그 유지를 이어받아 나는 이 회장이 그랬듯 많은 재일교포를 지원하겠다고 다짐한다.

남자도 반하는 남자

김효일(金孝馹 · 제일스포츠센터 회장)

보통사람이 아니다. 남자도 반하는 '남자 중의 남자'다. 뛰어난 통솔력을 갖고 있고 사람을 끌리게 하는 매력도 가졌다. 무슨 일을 하든지 맨 앞에 서서 열심이었다. 88 서울올림픽 때는 재일한국인 후원회를 만들어 100억 엔을 한국 정부에 기부했다. 아무리 모국을 돕겠다는 마음이라 할지라도 그렇게 큰돈을 모으는 건 대단한 일이다. 그걸 가능하게 만든 이가 이희건이다.

그와 필적하는 사람을 만난 적이 없다. 예를 들어 이희건이 1번이라면 2번은 없다. 3번, 4번부터 존재한다. 그만큼 출중했다.

함께 골프를 치러 갔을 때다. 골프시합을 재밌게 하려고 작은 내기를 했는데 실랑이가 벌어졌다.

"6타째야."

"아니야 7타째라니까."

골퍼들끼리 옥신각신하자 이희건 회장이 끼어들더니 "몇 점, 몇 점" 하면서 한 사람 한 사람 스코어를 정확하게 말했다. 보통은 자기 스코어조차 카드에 써 놔야 알지 않나. 그는 머리로 각자의 스코어를 전부 알고 있었다. 비상한 기억력의 소유자였다.

자기가 가진 걸 아낌없이 다른 사람에게 내준다. 다른 사람들은 별 신경 쓰지 않는 이에게까지 선물 주기를 아끼지 않았다. 지갑에 항상 100만 엔 정도 갖고 다녔다. 그리 많은 현금을 가지고 다닌 건 자기를 위해서가 아니다. 언제든 주위 사람을 도울 태세를 갖추고 있었던 것이다. 그런 사람이기에 모두가 그를 믿었고 그의 뒤를 따랐다.

100년에 한 번 나올 큰 인물

박충홍(朴忠弘 · 전 간사이흥은 부이사장)

이희건 회장은 언제나 상대를 배려하고 웃는 얼굴로 분위기를 부드럽게 만든다. 그는 타고난 사교가다. 사람을 끄는 신비한 매력이 있어서 일단 만나면 열렬한 팬이 되고 만다. 후덕한 인품과 이타심으로 재일교포 사회와 모국의 발전, 나아가 한일 친선을 이뤄내겠다는 높은 뜻을 실천했다.

화를 안 냈다. 내가 흥은에 근무할 때 큰 실수를 저질러 사표를 들고 갔을 때도 화내지 않았다. 포용력이 있는 사람이었다. 본질을 냉정하게 꿰뚫어보는 통찰력, 타인과의 공감력도 뛰어났다.

좌우명 중 하나는 '성誠'.

"진심을 담아 진지하게 상대방을 배려하라. 성심성의를 다하라!"

이 회장은 그걸 정말로 실천했다. 특히 강력한 행동력은 타의추종을 불허했다.

상재商才 감각도 뛰어났다. 자기 사업을 확장하는 경영에 전념했다면 롯데와 같은 거대 그룹을 만들 수도 있었다. 그러나 이희건 회장은 자기 사업의 확장을 목표로 삼지 않았다. 이타심을 갖고 사회에 도움이 되는 조직 만들기를 필생의 사명으로 여겼다. 많은 동지同志들을 모아서 그 목표 달성에 도전했다. 이 점이 다른 리더들과 다르다고 생각한다.

일본 자본주의의 아버지로 평가받는 시부사와 에이이치渋沢栄一와 비견된다. 오사카흥은, 신한은행을 세울 때 많은 찬동자들을 찾았고 대중으로부터 자본금을 모아 조직을 만들었다. 회사에 대한 출자금과 주식은 분산시켰고,

지배구조에서도 소유와 경영을 확실하게 분리했다. 시부사와 회장도 수많은 회사를 세웠으나 자기 재벌을 만들지는 않았다. 사회공헌 활동을 평생의 업으로 삼은 점도 두 사람의 공통점이다.

이 회장은 사명감을 갖고 있었다. 재일한국인의 경제 발전, 모국 한국의 발전, 한일 친선 증진에 헌신하겠다는 것. 그걸 실현하기 위해 재일교포들의 힘을 결집했고, 본인은 선봉에 섰다. 회사에서도 이타심을 기초로 직원들의 힘을 규합했다. 한국 금융계의 변혁, 신한을 오늘날 대한민국 톱 금융그룹으로 성장시킨 것도 그런 작은 힘들을 이끌어 낸 리더십이 있었기에 가능했다.

"이희건은 재일교포 사회에서 100년에 한 번 나올 리더!"

우리는 이렇게 기억할 것이다.

재일교포 안심하는 병원을

야마즈미 이사오(山住勳 · 육화회 대표)

이희건 회장과는 간사이흥은 파산 후에 그의 건강이 나빠지면서 관계가 깊어졌다. 주치의는 아니지만 의사로서 여러 건강 상담을 했다. 그게 가장 뚜렷한 추억이다.

이 회장은 흥은 파산 뒤에 반드시 남겨야 할 것 중 하나로 흥은이 경영하던 육화회기념병원을 꼽았다. 그리고 입버릇처럼 이렇게 발언했다.

"재일교포가 안심하고 올 수 있는 병원을 만들고 싶다."

"재일교포가 평상시 일본에서 행복하게 생활할 수 있는 환경을 만들고 싶다."

나는 그래서 육화회를 이어받을 때부터 그 마음을 소중히 간직하고 있다. 지금도 육화회 본연의 목적은 지역에 공헌하는 일로 오사카 이쿠노구를 중심으로 지역민 건강을 지키는 일이다. 이쿠노구는 재일교포들이 많이 사는 곳이기에 당연히 재일교포를 포함해 지역주민의 건강을 돕겠다는 이 회장의 뜻을 지킬 것이다.

이 회장의 리더십을 직접 볼 기회는 거의 없었지만 부모님으로부터 많은 이야기를 들었다. 특히 어머니로부터 들은 이야기가 기억에 남는다.

"이희건 회장은 카리스마적인 존재였다. 재일교포의 생활이 매우 곤궁하던 시절에 일본 은행들은 융자를 해 주지 않았다. 그런 가운데 흥은은 재일교포에게 사업자금을 빌려주었다. 이 회장이 존재하지 않았다면 지금의 생활은 존재하지 않았을 것이다. 재일교포 슈퍼맨이었다."

재일교포 사회의 아버지

히라카와 하루키(平川晴基 · KOMA컨트리클럽 대표이사)

어느 사회나 사회적 불평등은 존재하는 법이다. 하지만 재일교포 1세는 유독 불리한 사회적 환경에 놓여 있었다. 그중에서도 기업에 취직할 수 없는 건 엄청나게 심각한 문제였다. 그래서 일류대학을 나오더라도 자영업을 할 수밖에 없었다. 하고 싶어서가 아니라 하는 수 없이 택한 길이다.

그러나 창업해서도 재일교포에게 사업자금을 빌려주는 일본 은행은 거의 없었다. 이 와중에 이희건 회장은 신용조합을 통해 재일교포들의 경제활동을 대대적으로 지원했다.

재일교포 중 열정이 강한 이들이 많아서 일본에서 사업을 크게 성장시켜 나갔다. 그렇게 경제적으로 풍족해지면서 레저를 즐기는 사람이 늘어났다. 하지만 여기서도 다시 일본 사회의 벽에 부딪쳤다. 골프장 회원이 될 수 없는 것이다. 당시에는 그런 폐쇄적인 분위기가 존재했다. 그래서 이희건 회장을 중심으로 재일교포들이 자부심을 갖고 모일 수 있는 골프클럽을 만들자는 움직임이 생겨났다. 그렇게 탄생한 것이 KOMA컨트리클럽이다. 재일교포의 경제활동뿐 아니라 문화체육활동에도 세심한 관심을 기울인 것이다.

시대도 바뀌고 KOMA컨트리클럽은 재일교포의 골프클럽이라기보다는 역사의 흐름을 쫓으며 앞으로 일본 사회 속 골프클럽으로 갈 터이다. 하지만 '재일교포의 자랑'이라는 사실을 잊지 않고, 앞으로도 영구히 이어지도록 노력할 것이다.

국가마다 '건국의 아버지'라 추앙하는 리더가 있는데, 이희건 회장은 재일교포 사회에서 그런 아버지 같은 존재가 아니었나 싶다.

오십훈五十訓

나는 신한금융그룹의 임직원들에게 '삶의 지혜'라고 믿는 50구절을 정리해 전수하고자 한다. 1997년 신한은행 창립 15주년을 맞아 완성한 오십훈五十訓은 나의 인생철학, 경영사상을 응축했다.

1. 성誠이 있어야 세상을 바로 볼 수 있고, 가치 있는 삶을 누릴 수 있다. 성은 이 세상 어천만사於千萬事의 척도이니, 성을 중시해야 한다.

2. 지켜야 할 것은 끝까지 지키는 냉정冷情함, 버려야 할 것은 단호히 버리는 용기勇氣, 무엇을 지키고 무엇을 버릴지 판단할 수 있는 지혜智慧를 더욱 연마하여 사람들 기대에 당당히 부응하도록 하라.

3. 일에는 당연當然과 자연自然과 우연偶然이 있다. 당연에 전력을 다하고, 자연에 순응하며, 우연에 현혹되지 않아야 한다. 소인小人은 우연에 집

신한금융그룹 임직원에게 전수한 오십훈 중에서. 사진은 예전 이희건기념관 입구.

착하고, 자연을 대수롭지 않게 여기며, 당연을 저버리고 만다.

4. 외양外樣에 집착하거나 연연하기보다는 내실內實을 갖추는 것이 중요하다. 빈 수레는 소리만 큰 법, 속이 꽉 찬 실질강건實質剛健을 추구하라.

5. 사람은 능력能力을 갖추는 것도 중요하지만, 신용信用을 얻는 것도 중요하다. 둘 중에 더욱 중요한 것은 믿을 수 있는 사람이 되는 것이다.

6. 재물財物을 잃는 것은 조금 잃는 것이고, 신용信用을 잃는 것은 많이 잃는 것이다. 그러나 용기勇氣를 잃는 것은 전부를 잃는 것이다.

7. 고객을 대할 때는 항상 "고객顧客도 잘 되고, 자신自身도 잘 된다"는 마음을 유지해야 한다.

8. 취해도 좋고 취하지 않아도 좋은 경우는 취하지 않는 것이 좋다. 취하면 청렴淸廉을 해친다. 줘도 좋고 주지 않아도 좋은 경우는 주지 않는 것이 좋다. 주면 은혜恩惠를 상한다.

9. 사람은 부끄러움이 없을 수 없으니, 부끄러움이 없음을 부끄러워할 줄 안다면 부끄러운 일이 없을 것이다.

10. 사람은 자신의 분수分數를 알아야 한다. 자신의 분수를 아는 사람은 항상 몸과 마음이 평안하여 스스로 원하는 바를 얻게 된다.

11. 사람은 배우면 배울수록 아직도 더 배워야 한다는 겸허謙虛한 자세로 정진精進을 거듭해야 한다謙虛利中.

12. 사람은 항상 자신의 부족함을 부끄러워하는 마음恥心과 눈에 보이지 않는 천지신명을 두려워하는 마음畏心, 그리고 자신의 잘못을 과감히 고치려는 마음勇心을 유지해야 한다. 특히 지위가 올라갈수록 만사萬事에 두려워하는 마음을 갖도록 노력해야 한다.

13. 인생의 가치는 무엇을 얼마나 소유所有하느냐에 있는 것이 아니라, 얼마나 가치 있는 삶을 영위營爲하느냐에 있다. 사람은 항상 "나는 누구인가"를 생각하며, 자신의 직분職分을 알고, 이에 충실忠實하도록 노력해

야 한다.

14. 바라던 대로 뜻을 이루더라도 담담한 마음을 가지고, 일이 기대에 어긋나더라도 태연한 자세를 취하라得意淸然 失意泰然.

15. 초조해 하지 마라. 마음의 여유餘裕를 가질 필요가 있다. 때로는 시간만이 해결해 주는 경우도 있다.

16. 진언進言이나 충고忠告를 할 때는, 먼저 상대방의 입장과 자신의 위치에 대해 충분히 생각하고, 그 내용이 올바른 것인지, 그리고 그 시기가 적당한지에 대해 다시 한번 생각해야 한다.

17. 생각지도 못한 칭찬을 받는가 하면, 최선을 다했는데도 비난을 받는 경우가 간혹 있다. 참으로 중요한 것은 자신이 매일 후회後悔 없이 얼마나 열심히 노력努力했는가이다. 다른 사람의 칭찬이나 비난에 크게 마음 쓰지 마라.

18. 항상 모든 사람들에 대하여 감사感謝하는 마음을 갖고 겸손謙遜한 자세를 유지하라. 감사하는 마음은 상대방을 기쁘게 만들고 겸손한 태도는 상대방을 편안하게 만든다.

19. 정情을 베풀되, 보답을 원해서는 안 된다. 보답을 생각하지 않고 정을 베풀다 보면, 전혀 생각지도 않은 곳에서 도움을 받게 된다.

20. 헤엄도 치지 않고 노도 젓지 않은 채 인생을 마쳐서는 안 된다.

21. 진정한 금융인金融人은 스스로 근검절약勤儉節約하고 정직正直해야 하며, 고객을 대할 때는 항상 무엇인가 도울 것이 없는가 하는 마음가짐을 가져야 한다.

22. 지혜로운 눈은 있는 그대로의 참모습을 본다慧眼見眞.

23. 조직組織은 한 자루의 화살로 묘사할 수 있다. 매순간 어디선가 와서 어디론가 가는 것이다. 날 것인가, 떨어질 것인가. 이것이 조직이다.

24. 조직이란 의식적意識的으로 조정調整된 인간人間의 여러 활동活動이나 힘

의 체계體系이다.

25. 과거의 공통된 영광榮光과 현재의 공통된 의지意志를 가지고, 위대한 사업을 함께 이루고 그것을 추진하는 것에 하나의 조직이 가져야 할 조건이 있다. 과거에는 영광과 회한의 유산遺産이 있고 미래에는 실현해야 할 공통의 계획計劃이 있다. 조직의 존재는 그날그날의 집약集約이요 투표投票이다. 조직에 있어서 불가결不可缺한 것은 첫째는 공통의 사업에 의해 모두가 함께 사는 계획이요, 둘째는 이 매력적인 계획을 모든 사람들이 지지하는 일이다.

26. 조직은 조직의 목적目的이 달성되었는가의 여부인 유효성有效性과 조직구성원들이 가지고 있는 동기動機가 만족되었는가의 여부인 능률能率의 어느 한 가지가 충족될 때 존속存續한다. 장기적으로는 유효성과 능률 모두가 필요하게 된다.

27. 각각의 속에 모두가 있고, 모두의 속에 각각이 있다一卽多 多卽一.

28. 부트스트랩Bootstrap조직에서는 조직구성원 전원이 혼연일체渾然一體가 되어, 중심이 되는 일을 맡은 사람을 나머지 사람들이 혼신의 힘을 다해 밀어준다. 이처럼 일의 내용에 따라 중심이 계속 이동하며 유기적으로 움직이는 조직이야말로 강력하고 능률적인 힘을 발휘한다.

29. '나'는 조직의 외부에 머무는 관찰자觀察者가 아니라, 관여자關與者가 되어야 한다. 조직은 곧 '나'이며, 모든 것은 관여자인 '나'의 마음의 반영이다.

30. 시간이 흐르면 우리는 언젠가는 조직에서 사라지게 된다. 그러나 우리가 남겨 놓은 에너지는 영원永遠하다. 따라서 중요한 것은 영원한 에너지를 얼마나 남겨 두고 가느냐에 있다. 우리는 존재하고 계속 존재해야할 실존이기 때문이다.

31. 종전의 상태를 유지하기 위해서라도 있는 힘을 다해 계속 달리지 않으

면 안 된다. 한 단계 더 높은 곳으로 올라가기 위해서는 적어도 그 두 배의 속도로 달리지 않으면 안 된다.

32. 계속繼續하는 것이야말로 힘이 된다.

33. 기업의 성장과 존망은 천명天命에 달려 있고, 천명은 사람의 마음에 달려 있다. 기업에 있어서 인심人心이란 그 종업원과 고객의 마음이다. 따라서 기업의 존망은 종업원과 고객에게 달려 있음을 명심해야 한다.

34. 성공成功 속에 쇠망衰亡의 씨앗이 있다.

35. 전략적 요인이란 조직 목적組織目的의 관점에서 볼 때 전체 정황全體情況의 함수函數이다.

36. 보수報酬와 욕구欲求 수준의 차이에서 발생되는 전향적인 불만족不滿足이 끊임없는 탐색探索을 유발한다. 따라서 리더는 부하의 욕구 수준을 항상 높여 가는 것이 중요하다.

37. 길을 가는 도중途中이 숙박처보다 좋다.

38. 승리勝利의 핵심은 적이 이길 수 없는 방비防備를 갖추고 적의 빈틈을 공격하는 것이다. 적에게 이긴다는 것을 아는 것은 가능해도, 무리하게 승리를 만들어 낼 수는 없다.

39. 상황에 따라 뜻을 달리하는 사람은 중책重責이라 할 수 없다. 어려운 때이거나 평안한 때이거나 한결같이 일관성一貫性을 가져야 한다夷險一節.

40. 하지 않는 것不爲과 할 수 없는 것不能은 근본적으로 다르다. 맡겨진 권한과 능력을 발휘하여 그 의무를 수행할 수 있음에도 이를 행하지 않는 것은 큰 잘못이다.

41. 사소한 일에 자신을 몰입시키면 자기도 모르게 대소경중大小輕重의 분별력과 선후완급先後緩急의 조정력을 잃게 된다. 중책重責은 사소한 일보다 크고 위대한 일에 신경을 쓰는 명백간이明白簡易한 자세를 가져야 한다.

42. 윗사람이 어떤 고귀한 것으로도 가장하지 않고 아랫사람과 사귀며, 그

들과 함께 즐거움을 나누면, 그들은 자신들이 미력한 존재라고 생각하지 않게 된다.

43. 지도자는 자신이 싫어하는 일을 다른 사람에게 억지로 시켜서는 안 된다.

44. 공식조직에서의 권위權威는 전달傳達로서의 명령命令이 수용될 때 성립된다. 명령의 수용 여부는 명령을 내리는 사람에 의해서가 아니라, 그 명령을 받는 사람에 의해 결정된다.

45. 관리자는 도덕준칙道德準則을 엄격히 따짐으로써 이에 어긋나는 직접적인 충돌을 물리치고 욕망이나 관심을 도덕준칙에 맞는 방향으로 가져가는 책임능력責任能力을 갖추어야 한다.

46. 리더는 변용變容의 리더십을 발휘해야 한다. 먼저 스스로를 불태워서 부하들과의 관계에 자신을 투입하면 부하들은 의기意氣가 활성화되어 순차적으로 새로운 리더로 변용變容해 간다.

47. 리더는 이길 수 있는 목표目標를 만들어야 한다. 아무리 사소한 일이라도 이기는 일은 그 팀을 강하게 만드는 비결이 된다. 몇 번인가 승리하는 가운데 조직의 시스템이 변화하기 시작하고 어느 틈엔가 과거의 조직과는 전혀 다른 팀으로 성장해 간다.

48. 경쟁에서 이기는 조직은 이미 승리할 태세를 갖추고 적을 대한다. 경쟁에서 지는 조직은 우선 싸우고 나서 뒤에 승리를 구하려고 한다. 일반 사람으로부터 지모智謀가 뛰어나다는 평판評判도 무용武勇이 출중하다는 찬사讚辭도 받지 못하지만(無智名無勇功) 항상 이기는 지도자야말로 최고의 지도자이다.

49. 가정家庭은 직장職場의 출발점이다. 좋은 가정을 위해 힘쓰는 사람은 좋은 직장을 위해서도 힘쓰게 마련이다.

50. 건강健康은 최대의 부富, 소욕小欲은 최상의 쾌락快樂, 만족滿足은 최고의 복록福祿이다.

신한금융그룹 연표

1981. 4.	재일동포의 교민은행 설립에 관한 대정부 청원서 제출
1981. 7.	교민은행 설립을 위한 발기인 대회
1982. 7. 7.	신한은행 창업(국내 최초 민간 시중은행 탄생)
1985. 6.	동화증권 인수
1986. 10.	총 예금 1조 원 돌파
1987. 5.	신한종합연구소 개소
1987. 7.	연수원 개원
1988. 11.	본점 신축 이전(서울 중구 세종대로9길 20 대경빌딩)
1989. 11.	기업 공개 및 주식 상장
1990. 1.	신한생명보험 설립
1991. 3.	고객만족을 위한 경영혁신, '리테일 혁명' 추진
1991. 4.	신한리스 설립
1991. 5.	신한은시스템 설립
1991. 8.	국내 최초 PC 뱅킹 서비스 시행
1993. 10. 1.	국내 최초 무인점포 개설(365일바로바로코너)
1994. 1.	신한 21세기 비전 선포
1994. 7.	국내 최초 텔레뱅킹 서비스 시행
1994. 10.	총 예금 10조 원 돌파
1995. 9.	미국 Marine National Bank 인수
1996. 8	신한투자신탁운용 설립

1998. 8.	동화은행 인수
1999. 1.	국내 은행 최초 고객별 영업점 체계(MRB) 시행
1999. 7.	국내 은행 최초 인터넷뱅킹 시행
2001. 6.	호주 맥쿼리은행과 신한맥쿼리금융자문㈜ 설립
2001. 9.	신한금융지주회사 설립, 증권거래소 상장
2002. 5	제주은행 인수
2002. 6.	신한은행 카드사업부문을 분할하여 '신한카드㈜' 설립
2002. 7	신한신용정보 설립
2002. 8.	신한금융그룹, 新 CI 선포
2003. 9.	신한금융지주, 뉴욕증권거래소(NYSE) 상장
2004. 6.	외국은행 최초 일본 '하네다공항 환전소' 개소
2004. 9.	여자프로농구 '에스버드' 창단
2005. 7.	국내 금융권 최초 '사회책임보고서' 발간
2006. 4.	통합 신한은행 출범(조흥, 신한)
2007. 10	통합 신한카드 출범(LG, 신한)
2007. 11.	신한크메르은행(캄보디아) 개점
2007. 12.	미국 NANB North Atlanta National Bank 인수
2008. 5.	중국현지법인 중국 신한은행 유한공사 설립
2008. 5.	신한 아이타스㈜ 인수
2008. 6.	UN Global Compact 가입(사회정의·기업시민정신 서약)
2009. 3.	캐나다 신한은행 개점
2009. 6.	신한 카자흐스탄은행 현지법인 개업
2009. 9.	국내 금융권 최초, 일본 현지법인 SBJ 은행 개점
2009. 11.	신한베트남은행 영업 개시
2010. 1.	신한금융지주, '신한 WAY' 선포(미션 및 핵심가치 재정립)

이희건李熙健 연보年譜

1917. 6. 29.	경북 경산군 압량면 가일리 137번지 출생
	부父 이은화李股和, 1868~1932, 모母 안이생安二生, 1891~1960
1926. 4.	경산 자인보통학교 입학
1932. 3.	경산 압량보통학교 졸업
1932. 4.	대구사범학교 입시에서 낙방 후 상경
1932. 11.	관부연락선 타고 도일渡日, 오사카大阪 정착
1946. 7.	일본인 이쓰카게 미수五影美壽, 1926년생와 결혼
1946. 8. 1.	쓰루하시鶴橋 시장 폐쇄
1947. 3.	쓰루하시 시장 재개 승인
1947. 5. 9.	장남 승재勝載 출생
1950. 7. 23.	차남 경재慶載 출생
1953. 7. 12.	재일교포 상공회 제1차 모국산업시찰단(단장 서갑호)
1955. 2. 7.	3남 융재隆載 출생
1955. 4. 11.	재일교포 상공회 제3차 모국산업시찰단(단장 이희건)
1955. 11. 11.	오사카흥은大阪興銀 설립, 개점
1956. 5. 29.	오사카흥은 이사장(제2대)
1956. 6. 16.	재일한국인 신용조합협회(한신협) 결성
1959.	재일한국인 상공인연합회(한상련) 부회장
	재일대한체육회 간사이關西 본부 상임고문
	재일대한체육회 유도회 부회장

1961. 3.	이희문李熙文에서 이희건李熙健으로 개명(대구지방법원)
1964.	도쿄올림픽 한국선수단 임원(간사이 올림픽 회장)
1966.	대한관광개발 대표이사 회장
1968. 3. 21.	대한민국 국민훈장 동백장冬栢章 수훈
1968. 5. 27.	오사카흥은 본점 신사옥 완공, 총 예금 100억 엔
1968. 6. 1.	영남대, 경산군 경산읍·압량면에 학교 부지(105만 평) 마련
1970. 3. 14.	오사카엑스포EXPO 재일한국인 후원회 회장
1970. 7.	대한올림픽위원회KOC 명예위원 위촉
1970. 11. 11.	대한민국 국민훈장 무궁화장 수훈,
	오사카흥은 대통령표창 수상
1972.	재일한국인 신용조합협회 회장
1972.	학교법인 영남학원(영남대) 이사
1974. 2. 5.	재일한국인 본국투자협회 초대 회장
1974.	재일본대한민국민단 중앙본부 상임고문
1974.	한국야시로주식회사 회장
1975. 6. 4.	서울특별시 명예시민
1976. 7.	몬트리올올림픽 참관단(120명) 인솔
1977.	재일한국인 상공회연합회 고문
1977. 7. 19	제일투자금융 설립(초대 회장)
1979. 4. 26.	새서울상호신용금고, 부민상호신용금고 인수
1979. 8. 31.	오사카 납세경우회 연합회 결성
1980. 9. 12.	코마KOMMA,高麗개발 대표이사 회장
1980. 10. 27.	제3회 청년 모국산업시찰단 / 제5회(1983년)
1981.	동해오픈 골프선수권 대회(현 신한동해오픈) 창설
1981.	민주평화통일자문회의 자문위원

1982. 6.	88 서울올림픽 재일한국인 후원회 회장
1982. 7. 7.	신한은행 설립
1982. 10. 29.	아내 별세
1985. 6. 19.	동화증권(신한증권) 인수
1985. 7. 19.	대한올림픽위원회KOC 명예위원
1985. 9. ~ 11.	'왕인 박사王仁博士 도일渡日 경로 릴레이' 주최
1986. 3. 19.	신한은행 오사카지점 개점
1986. 9. 1.	제일컨트리클럽 개장
1987. 11. 4.	대구직할시 명예시민
1987.	신한증권 대표이사 회장
1987. 11. 30.	서울올림픽 재일한국인 후원회 1차 성금 300억 원 전달 (3차에 걸쳐 총 541억 원 전달)
1987. 12. 1.	대한민국 체육훈장 청룡장靑龍章 수훈
1988. 7. 1	재일교포, 호돌이대행진 시작. 일본·한국 주요 도시 순회
1988.	신한종합연구소 대표이사 회장
1988.	일본 간사이關西 경제연합회 회장
1988.	국제친선 공로 오사카 시민 표창 수상
1989. 10. 29.	오사카엑스포EXPO 90, 한국정원 기공
1989.	일본 국훈 3등 서보장瑞寶章 수훈
1990. 1. 6.	신한생명보험 대표이사 회장
1990. 8. 19.	'사천왕사四天王寺 왔소' 축제 주최
1990.	오사카 국제꽃박람회 재일한국인 후원회 회장
1990. 10.	오사카흥은 창립 35주년(총 예금 1조 엔)
1991.	*Asia Money & Finance* 지誌 선정 '올해의 금융인'
1991.	오카사흥은 회장

1991.	일본 감수포장紺綬褒章 수훈
1992. 6.	모국상품 구매운동 '바이 코리안 Buy Korean 운동' 전개
1992. 8. 21.	영남대 명예 경제학 박사
1992. 11. 25.	한일우호친선 공로자 오사카 시민 표창 수상
1993. 7. 9.	고향 경산慶山에 모원정慕遠亭 중건 준공식
1993.	간사이흥은 회장
1994. 1. 16.	제주도 명예도민
1994. 9. 10.	제주도 종합개발계획추진 민자유치 위원
1995.	한신·아와지대지진 이재민 구호 및 긴급 생활자금 지원
1998. 11. 5.	경산시 명예시민
1998. 12. 16.	동국대 명예 경제학 박사
2001. 5. 19.	2002 부산아시안게임 홍보위원
2001.	신한은행 명예회장
2003. 10. 22.	신한은행 상하이지점 개점
2004. 11. 7.	'사천왕사 왔소' 행사 부활
2006. 4. 1	신한은행, 조흥은행 통합
2006. 8. 30.	한국프로골프협회KPGA 5번째 명예회원
2008. 8. 15.	대한민국 건국 60주년 기념사업위원회 명예위원
2008. 6. 20.	한상韓商 조직발전 공헌 감사장
2008. 10. 8.	이희건 한일교류재단 설립
2011. 3. 21.	오사카에서 별세(묘소: 교토부京都府 미나미야마시로촌南山城村)